アリストテレスの時間論

篠澤 和久

東北大学出版会

Aristotle's Theory of Time
Kazuhisa Shinozawa
Tohoku University Press, Sendai
ISBN978-4-86163-290-7

目　次

第 1 章　　『アリストテレス著作集』と〈時間〉　　1

第 2 章　　海戦問題再考 ──『命題論』の時間　　23

第 3 章　　様相論理と時間 ──『分析論前書』の時間　　73

幕間 1　　エネルゲイア論の位置 ── ある論争からの断想的俯瞰　　129

第 4 章　　エネルゲイアと時間 ──『自然学』の時間　　151

幕間 2　　「アスペクト論」への補遺 ── 言語と実在　　193

第 5 章　　無抑制の時間的構図 ──『倫理学』の時間　　217

第 6 章　　ミーメーシスの物語的時間 ──『詩学』の時間　　253

梗　概 ── 結語に代えて　　289

あとがき　　303
参照資料（図・表）　　307
文献表　　313
事項索引　　325
人名索引　　334
出典索引　　338

i

凡　例

(1) 『アリストテレス著作集（全集）』の書名は、標準的なラテン語タイトルによって表記する。日本語タイトルを用いる場合は、『(新版) アリストテレス全集』（岩波書店）に準拠したうえで、一部の書名は簡略化して表記する。

(2) 『アリストテレス著作集』からの引用にさいしては、Bekker（ベッカー）版の巻・章・行を表記する。なお、『ニコマコス倫理学』*Ethica Nicomachea* については、（巻末の出典索引も含めて）前掲『新版全集』その他で一般的になっている章立てに準拠する。

(3) 引用文献は、Ackrill［1965］、藤澤［1956］123、のように氏名と刊行年（および頁数）によって表示する。そのさい、文献表 A および B の欧語文献については、Ackrill［B 1963］のように表記して、文献表 D との区別を明示する。なお、刊行年が同じ場合は、刊行年のあとに a, b, … を付記する。

(4) 第 1 章と幕間をのぞく各章において主題となる著作については、引用にさいして該当する章内ではその書名を省略する。主題となる著作とは、第 2 章では『命題論』、第 3 章では『分析論前書』（『前書』）および『分析論後書』（『後書』）、第 4 章では『自然学』、第 5 章では『ニコマコス倫理学』（『倫理学』）、そして、第 6 章では『詩学』である。

第1章　『アリストテレス著作集』と〈時間〉

> そしてじっさいのところ、古くから、また、いまもなお、そのつどつねに探究され、そして、そのつどつねに行き詰まってしまう問い、すなわち、「〈ある〉とは何か」という問い、これは「〈まさにあるもの〉とは何か」という問いにほかならない。
> ── アリストテレス『形而上学』Z巻第1章[1]
>
> It is not a paradox to say even today that man is an unknown being.
> ── Jan Łukasiewicz

はじめに

『アリストテレス著作集（全集）』 Corpus Aristotelicum の〈形而上学＝存在論〉[2]について、その基層を解明する作業の一端として〈時間〉概念の再検討を試みること ── これが本書の主旋律をなす課題である。

　しかし、端的に〈存在（ある）〉ではなく、なぜ〈時間〉なのか。そのやや遠回しになる概略的な「弁明」をもって本書全体への「序論」に代えたい。弁明としての本章では、「アリストテレス」と「われわれ」とのあいだに浮かび上がるように思われる隔たりあるいはずれをめぐって、導入的な粗描に終始する。

　『アリストテレス著作集』（以下『著作集』と略記）をあるひとつの視点から俯瞰しようとするとき、予想される困難の一因は、アリストテレスが探究した領域の広さと深さにある。形式論理から文芸創作論まで、あるいは、ムカデから不動の動者まで、といった振幅と深度を有する『著作集』全体を統一的に俯瞰しうる視点をはたして設定できるのか。そしてこの疑問は、アリストテレス自身の方法論によって増幅される。なぜなら、対象領域に即応した探究方法にこそ、着想の特色と可能性があると考えられるからである[3]。

　しかし他方で、アリストテレス哲学の根本概念として、いわゆる〈可

能態・現実態〉という対概念が欠かせないことも、おそらく衆目の一致するところであろう[4]。とすれば、その〈形而上学＝存在論〉的な考察に何らかのかたちで〈時間〉が関与することも見てとれる。教科書的な事例に託していえば、ブナの木になる可能性をもつブナの実はやがて現実にブナの木になる。そこには、成長としての運動変化が、それゆえまた〈時間〉が前提的あるいは背景的な契機として浮かび上がる。

　このことは、木材や石材が大工職人によって家になる、あるいは、一塊の大理石から彫像職人によってヘルメス像が削り出される、といった人工物でも事情は変わらない。そして、こうした事例を〈可能態・現実態〉に重ね合わせるとき、もうひとつの根本的な対概念である〈質料・形相〉に行き当たったとしても、われわれにとっては自然な思考の流れであるように思われる。〈質料〉は材料（素材）として、〈形相〉は「完成形」として、ひとまず了解できるからである。

　可能態・現実態であれ質料・形相であれ[5]、アリストテレス哲学の存在論的基層と時間概念との距離は近い。だが、近さや自明性は事柄そのものの解明を不要とするものではない。本書では、「アリストテレスの時間論」と題したうえで、『著作集』に見出される哲学的構図あるいはその構想の解明を試みることにしたい。

　ただし、『著作集』の形而上学＝存在論的基層に照準を定めると宣言しておきながら、本書が主題的に取り上げる著作はきわめて限定的である。具体的にやや立ち入って考察の俎上に載せるのは、『命題論』『分析論前書』『自然学』『ニコマコス倫理学』そして『詩学』にとどまる。しかもそのごく一部のテクストにすぎない。関連するテクストへの言及があるとはいえ、「アリストテレス哲学」の全貌からはほど遠い。あまつさえ、『形而上学』を主題的に取り上げることもしない（できない）[6]。

　そこでその釈明の意味も込めて、かなり図式的にならざるをえないが、二つの観点から『著作集』への接近ルートを確認しておくことにしたい。ひとつは、［I］アリストテレスの「学問分類」であり、もうひとつは、［II］アリストテレスの「世界の眺め方」である。

1　アリストテレスによる学問分類

　『著作集』は、そのほとんどが講義ノート（の草稿）の類とみなされている。それにもかかわらず、アリストテレスを「あらゆる学問分野に関して卓越した能力の持ち主」[7]と呼ぶに足る偉容を具現している。くわえて、『著作集』には「万学の祖」たる所以を自ら説明する（自認する）記述もある。そのひとつが、『著作集』を横断あるいは縦断する学問分類の基本指針である。哲学史の常識にもなっている分類ではあるが、本書のねらいを釈明するためにも再確認する。あわせて、（本書の構想を左右するものではないが）若干の改変も提案することにしたい。

　『形而上学』E巻第1章と『ニコマコス倫理学』Z巻第1章を踏まえれば、細部に多少の違いはあっても、アリストテレスの学問領域には「観想的」θεωρητική・「行為的」πρακτική・「製作（制作）的」ποιητική という基幹的指標に基づいた区分が設定できる。そうした「万学」の配置を一案として図化してみれば、おおかた**図A**のようになるであろう[8]。そのさい、通常の学問分類表では除外される「論理学」関係の著作（いわゆる「オルガノン」）も組み入れることにする。「オルガノン」の有無はどちらでも大差ないように思われるが、「オルガノン」の組み込みによって『著作集』にひとつの基準線を引くことができる。その点をまず確認しておく。

　論理学関係の論稿群は、「オルガノン」つまり「道具」として諸学の基礎部門をなすと考えられる。これによって『著作集』全体は、論理学関連の基礎部門と通常の諸学問[9]の本体部門とに大別される。基礎部門には、その全般的志向として「論理」がベースになることから〈論理＝ロゴス〉という指標語を与えておく。他方、本体部門の諸学には、それぞれが固有の「存在（ある）」を探求することを踏まえて〈存在＝ピュシス〉という指標語をもたせることにする。そのうえで、取り扱いの難しい『形而上学』は、『著作集』での中軸的な位置を反映させて、「心柱」という要衝的な配置としておく[10]。この心柱は、『形而上学』の内

容に即して、〈論理＝ロゴス〉と〈存在＝ピュシス〉を貫通しているとみなす。

こうして、『著作集』の「オルガノン」の領域を〈論理＝ロゴス〉とすれば、「〈まさにあるもの〉とは何か」を探究する『形而上学』という心柱の両翼にひろがる個別の学問群全体には〈存在＝ピュシス〉という指標語が設定される。これら二つの指標語は、〈ロギコース〉λογικῶς と〈ピュシコース〉φυσικῶς というアリストテレスの探究方法上の鍵概念にも呼応するものとする[11]。これに合わせて、基礎部門は〈論理＝ロゴス＝言語〉、（『形而上学』も含めた）本体部門は〈存在＝ピュシス＝世界〉というかたちで概念的に拡張しておく。

以上が『著作集』の概観である。そのうえで本書では、まったく試論的ではあるが、図Aに若干の変更を加えたい（その修正版を**図B**とする）。修正の要点はつぎの二点である[12]。

(1)図Aでは「製作的（制作的）」とされた『弁論術』を、そのA巻第1・2章の規定を踏まえて、図Bでは基礎部門の「オルガノン」に配置転換する。アリストテレスによれば、弁論術は、他の論理学的考察と同様に、どんな問題が与えられてもそれについての説得方法を発見することを目的とする。つまり、技術としての弁論術の活用は特定の領域に限定されることはなく、その意味では普遍的あるいは形式的な性格をもつ[13]。説得を目的する弁論術は、論理学はもとより倫理学・政治学の話題にも通底する多様で広範な問題を取り扱うにもかかわらず、あくまで「特定のあるものを対象にして、それがどのようにあるのかを明らかにする知識ではなく、言論［ロゴス］を生み出す能力」[14]とみなされる。

(2)前項のように配置転換すれば、現行の『著作集』で製作的領域に残るのは『詩学』だけとなる。ところで、ポイエーシスとしての『詩学』の基本概念のひとつは「ミーメーシス」（模倣）である。そして、『詩学』が主題とする悲劇作品などにおいて模倣の対象になるのは、アリストテレスによれば、「人間の行為」にほかならない[15]。他方、アリ

ストテレスには「技術は自然を模倣する」という見方がある[16]。こうして、「模倣」の対象という観点から「自然」と「人間の行為」という大局的区別が設定可能である。そこで、この区別を『著作集』の配置図に適用すれば、つぎのような見方が可能となろう。

まず、図Aの右翼に位置する行為的領域の模倣的製作は、倫理学・政治学が主題的に考察する「人間の行為」を模倣する『詩学』である。そして、左翼の観想的領域の模倣的製作となるのは、自然物や自然法則を効果的・効率的に利用しながら人工物をつくる建築術や造船術、自然的な生命活動のあり方に即しながら（その維持・促進も含めて）健康をつくる医術などである。こうして、製作的領域は、図Aのように右翼に限定されるのではなく、図Bのように模倣対象の「自然」と「人間の行為」に対応して両翼に配置される。この小さな修正によって、『著作集』の学問分類は均衡のとれた構図になる[17]。

上述(1)(2)のように修正したうえで、懸案であった弁明に移る。ただし以下の弁明は、これまでと同様に、アリストテレス哲学では周知の基本概念を用いながら、「アリストテレスの時間論」に向けた素描にとどまる。

図B（あるいはその修正版である**図C**[18]）のように配置された『著作集』を俯瞰するためには、四つの大領域、すなわち、基礎部門の論理学、左翼の観想的学、右翼の行為的学、そして、人間の行為の模倣と自然の模倣とに区分される製作的学から、それぞれ適切な著作を少なくともひとつは選択しなければならない。このような必要最低限の条件を満たさなければ、俯瞰的考察からはますますほど遠いものとなる。そこで本書では、論理学については『分析論前書』の様相論理、観想的学については『自然学』の時間論、行為的学については『ニコマコス倫理学』の無抑制（アクラシアー）論、そして、製作的学については『詩学』の筋立て（ミュートス［物語］）を取り上げることにしたい[19]。

だが、著作やテーマの選定をめぐる恣意性や適切さへの疑念はなお拭いきれない。ピックアップされた「様相論理」「自然学的時間」「無抑

制」「筋立て」といったテーマがどのようなかたちで「『著作集』の時間論」になるのか。そこで［Ⅰ］に続く［Ⅱ］として、「アリストテレスが眺めている〈世界〉のあり方」あるいは「アリストテレスによる世界の眺め方」を一瞥することにしたい。そのねらいは、［Ⅰ］での、（概念をさらに緩く拡張すれば）「論理」「時間」「行為」「物語」がどのような「世界」に向けられたものなのかをあらかじめ呼び出すところにある。これらの基本概念を寄せ集める本書のねらいは、それらが「人間」において焦点のひとつを結びうるのではないか、という点にある。いずれにせよ、この呼び出しによって、本書の取捨選択への疑念を多少なりとも緩和して、「アリストテレスの時間論」への地ならしとしたい。

2 アリストテレスによる「世界の眺め方」

　では、アリストテレスは「世界」をどのように眺めていたのか。いささか茫洋とした問いであるが、われわれにとって幸いなことには、『著作集』のどこかを少し繙いて読み進めてみれば、その手がかりを見出すことはさほど困難ではないように思われる。これは、『著作集』の強みであり利点であるといえる。ここでは、「論理」への予備的作業も兼ねて『分析論前書』（以下『前書』と略記）を見ることにしたい。
　三段論法の体系的構築を課題のひとつとする『前書』は、その体系性の観点から、構文論（統語論）syntax と意味論 semantics という二つの主要部門をもつとみなしうる。アリストテレスは、構文論と意味論を截然と区別したうえで、その体系化に向けた理論的構築を展開しているわけではない。しかし、アリストテレスの意味論的世界を考えるための手がかりはある。それは「反例」の提示という方法である。『前書』では、ある推論式（三段論法）が妥当でないことを証明するとき、反例を挙げるのが原則になっている。反例が反例として機能するためには、（アリストテレスも含めた）「われわれ」のあいだでその反例の真偽が共有さ

れていなければならない。そして、真偽の確定は命題と世界との（ある仕方での）一致・不一致にあるとひとまず仮定すれば[20]、そうした「真偽の共有」とはとりもなおさず「世界の共有」にほかならない。

　それでは、アリストテレスはどのような命題を反例として用いているのか。それは、たとえば、掲載図のように表示できる（**図D**とする）[21]。図Dは、そこに算術や幾何の基本用語も含まれているとはいえ、推論式の妥当性をめぐる体系的考察においてわれわれの眼前にひろがる「日常世界」を想定したものである。もとより、きわめて簡素かつ断片的な世界にすぎない。しかし、例示された名辞間に成り立ちそうな量化（全称・特称・単称）や様相概念（必然・偶然・可能）も含めて、われわれはその箱庭的な世界をおそらく大過なく了解するであろう[22]。つまり、「オルガノン」としての〈論理〉を考察する段階において、このような「世界のあり方」が「（われわれにとって）世界の自然な眺め方」として先行的に作動しているわけである。

　したがって、アリストテレス哲学ではお馴染みの「実体（何か）」「性質（どんな）」「量（どれだけ）」などの種々の「カテゴリー」、さらには、「本質」「固有性」「付帯性」などの概念が、存在論を語るための哲学的ジャーゴンとして導入されたとしても、そこにはわれわれの日常世界からまったく切り離されてしまうような断絶的飛躍はない。われわれの世界の眺め方にとって、それらの哲学的術語は、常識的なレベルで先行的に了解された事象的世界を言語化していく作業の延長線上にある。ジャーゴン的な用法はあくまで、その眺め方をまさに概念的に明確にするためのものである。じっさい『著作集』では、形式的な論理体系を主題とする『前書』に先立って、上掲の主要な用語群は、日常言語のもつ非形式論理を取り扱う『トポス論』において導入され、一定程度の整備と錬成が施されるのである。しばしば言われるように、形式論理（記号論理）は非形式論理（日常言語）の曖昧さや夾雑物を取り払うというかたちで抽象化される言語である。しかし、ことアリストテレスにあっては、非形式論理をめぐる考察の段階で取り出された概念群（上掲以外の

基幹語としてはまさに「推論」συλλογισμός がある）がそのまま形式論理に転用されることになる[23]。

ただし言うまでもなく、こうした転用によって形式論理の探究が万事完了するというわけではない。先に例示したような意味論的世界をただ眺めやってみるだけで、妥当な推論がどのような「体系」をもつのかといった見通しはもちろんのこと、「世界のあり方」が包み隠さず開示されていると確信する人は（おそらく）いない[24]。われわれの眼前には、〈ロゴス＝論理〉にせよ〈ピュシス＝存在〉にせよ、「探究」の可能性はひろがっているのである。そして、探究の可能性には、少なくともギリシャ哲学においては、しかるべき応答が求められるが[25]、いまここでその原理的な考察に踏み込む余裕はない。以下では、アリストテレスの常套句を借用して、本書の論点を見定めておきたい。

その常套句のひとつは、探究の展開的移行のために導入される、「自然のうえではより明らかではないが、われわれにとってはより明らかな事柄」（「われわれにおける明瞭さ」）から「自然のうえではより明らかで、より知られうる事柄」（「自然における明瞭さ」）へという深化的移行である[26]。このような探究の可能性は、すでに端緒的なかたちで図Cにおける〈論理＝ロゴス〉と〈存在＝ピュシス〉という大局的な領域区分として措定されている[27]。そして、〈論理〉から〈存在〉へ移行は、きわめて原理的指針だけについていえば、二重の仕方で実行される。その点をアリストテレスの「語り方」で確認しておく。

ひとつは、「われわれの語り方」としての〈論理〉に見出される方法論が〈存在〉における原因の探究として展開される、という視点である。すなわち、「われわれがそれぞれのものを知っていると語るのは、われわれがその原因を知るときである」という〈論理＝ロゴス＝言語〉における方法論上の着眼が、まさに〈存在＝ピュシス＝自然〉の一領域である「自然学」的探究に適用されるのである[28]。

もうひとつは、探究の道具としての〈論理＝言語〉が〈存在＝自然〉の探究において適用されるとき、それは大局的には言語による分節化と

して、すなわち、〈一般的なもの［普遍的なもの］〉τὰ καθόλου から〈個別的なもの〉τὰ καθ' ἕκαστα への移行として立ち現われる、という洞察である[29]。アリストテレスは、（いささか珍妙な例ではあるが）幼児が最初はすべての「大人の男性（女性）」を「パパ（ママ）」と呼ぶが、やがて特定の一人の人間（自分の父親ないし母親）を区別してそう呼ぶようになる、という例を挙げている。ここには、日常世界の眺め方とは異なる科学的学知（エピステーメー）の世界への端緒が見てとれる。「言語による分節化」における「一般（普遍）から個別（個物）へ」という移行は、たんに個別的事例から「帰納」によって普遍的法則を発見するプロセスの逆のことではない（それは通常「演繹」と呼ばれる）。それは、これまで述べてきたように、〈論理〉という普遍性つまり汎用性をもつ道具を用いながら、個別領域における〈自然〉を解明していく過程にほかならない。

　再度確認すれば、「われわれにおける明瞭さ」から「自然における明瞭さ」への深化的移行の端緒は、「論理学」「自然学」「倫理学」などの個別諸学内部での事柄としてではなく、それに先立って、〈論理＝ロゴス＝言語〉と〈存在＝ピュシス＝自然〉の大局的構図において捉えられなければならない。「われわれにおける明瞭さ」は、〈ピュシス〉を明るみに出す道具としての〈ロゴス〉の側にまずもって位置づけられ、そのかぎりにおいて、〈存在〉は「われわれにとってより明らかな事柄」ではないがゆえに探究の対象となる。

　ただし、述べてきたような、〈論理＝ロゴス＝言語〉と〈存在＝ピュシス＝自然〉との対照的区分は、たとえば、前者が記号の体系としての「言語」で、後者が言語外的な事象としての「世界」といったかたちで、截然と分断されるわけではないことも、併せて確認しておかなければならない。やはりよく知られているように、アリストテレスは、図Cでの観想的領域であれ行為的領域であれ、探究を「パイノメナを立てる」τιθέναι τὰ φαινόμενα ことから始めるが[30]、その〈パイノメナ〉は〈ロゴス〉が濃淡をもって浸透する〈エンドクサ［通念］ἔνδοξα〉であり、〈レ

ゴメナ［語られる事柄］λεγόμενα〉とも言い換えられる。つまり、事象としての〈存在〉の探究は言語としての〈論理〉なしには困難なのであり、より強く言えば、不可能なのである。その意味もこめてアリストテレスの探究は、まさに *Phainomena* + *Logos* としての「現象の学」にほかならない。

3 探究方法と哲学的概念

　だがそうなると、少なくとも（アリストテレスならざる）「われわれにとって」は連動する二つの疑問が生じる。
　ひとつは、〈論理〉＝「われわれにおける明瞭さ」対〈存在〉＝「自然における明瞭さ」が端緒的な対比だとすれば、〈論理〉内部での探究は無意味になってしまうのではないか、という疑問である。この対比的配置は、われわれの常識的な見方に反すると言わざるをえない。じっさいアリストテレス自身も、日常論理（非形式論理）や形式論理の細やかな分析、従来の理解や実践とは一線を画する「弁論術」の解明を展開しているのである。だが、これらの作業はまさに探究にほかならないのではないのか。逆に、もしそれが探究でないとすれば、いかなる意味での知的活動なのか。
　『著作集』のアリストテレスは、この疑問をある意味で明快な仕方で解消しているように思われる。「オルガノン」を組み入れた図 C を提示しておきながらそれを反故にしかねないが、〈論理＝ロゴス＝言語〉の内部での探究はやはりあくまで「予備学」にとどまる、というのがアリストテレスの基本的な見方となる。〈論理〉の領域には、たとえば『自然学』とはちがって、目指すべき「自然においてより明瞭な事柄」は存在せず、それゆえまた、正式の学問分類表には掲載されない。表 1・2・3 のように、学問分類図には「オルガノン」が登場（存在）しない所以である。言い換えれば、「われわれにおける明瞭さ」である〈論理〉の

第1章

諸道具は、〈存在〉の探究に先だってすでに明晰透明であることが求められるのである。

この要請は、『自然学』の記述からも推測できる。先に確認したアリストテレスの常套句に従うと、自然学的探究は、「自然のうえではより不明瞭であるが、われわれにとってはより明瞭な事柄」から「自然のうえではより明瞭であるが、<u>われわれにとってはより不明瞭である事柄</u>」への展開とみなされるかもしれない。ところがアリストテレスは、「自然のうえではより明瞭なもの」に「われわれにとってはより不明瞭なもの」を結びつけてはいない。つまり、下線部の規定はないのである。「われわれにおける明瞭さ」とされる〈論理＝ロゴス＝言語〉は、「われわれにとって」はどこまでも明瞭である、あるいは、そうでなければならない。これは、たんなる建前の話ではない。アリストテレスは、この根本条件をクリアすべく、論理学関連の諸論考をときにその一部については創始者であることを自認するほどまでに整備することを試みているし、また、整備しなければならなかったといえる[31]。これが、アリストテレスによって道具的予備学に課せられた必須要件なのである。

しかし、疑問がもうひとつある。本書の冒頭においてわれわれは、すでにつぎのように語っていた。すなわち、〈可能態・現実態〉や〈質料・形相〉といったアリストテレス形而上学の基幹的な対概念によって開示される事態（意味の世界＝存在）は、ブナの木の成長やヘルメス像の製作に即してみれば、われわれにとって明らかな事柄である、と。念のために、碩学の言葉を引用しておこう。

> 現実性、現実態、顕在、顕勢態、現勢態。――並べられる漢字は難解そうに見えても、われわれはこれらの語の意味するところを、可能性（可能態、潜在、潜勢態）との対比において、さして苦もなく了解するであろう[32]。（下線強調引用者）

これらの哲学的な対概念は、〈論理〉における「われわれにおける明

瞭さ」にふさわしいものである。それでは、「さして苦もなく了解する」ものをなぜわざわざ探究する必要があるのか。そして、なぜこれらの概念がアリストテレスの〈形而上学＝存在論〉の根本概念になりうるのか。逆に、この探究によって新たに拓かれるのはいったいどのような地平なのか。その見通しは、一見簡単なようでありながら、「さして苦もなく了解」できるとは言いがたいように思われる[33]。

この疑問にたいする『著作集』のアリストテレスが提示する構図は、先の疑問への返答よりもさらにドラスティック、というより、むしろ破壊的である。その破壊の起爆装置は、『著作集』のテクストにかんしてよく知られている事実、すなわち、〈論理〉としての「オルガノン」には〈質料〉概念が登場しない、という事態にある。述べてきたように、「オルガノン」の課題は、予備学として、〈存在＝ピュシス＝自然〉に向けて〈論理＝ロゴス＝言語〉の多様性と体系性を、しかるべき範囲と精度において理論的に整備しておくことであった。したがって、その〈論理〉における質料概念の欠落は、アリストテレス哲学の根幹にとって致命的な影響を及ぼしうる。

「オルガノン」に質料概念が見当たらないことは、『著作集』の編纂経緯にかかわる偶然事ではない。われわれはすでに、図Dによって日常世界に根ざしたアリストテレスの意味論的世界を瞥見していた。アリストテレスの〈質料〉ὕλη は、「材料」としての「木材」というまさに日常語から転用されたものである。したがって、質料＝材料は、木工細工をしたり粘土をこねたりする子どもでさえ、「さして苦もなく了解する」ことができる概念のはずである。このような基本概念はしたがって、その気になればいつでも図Dに取り込めるはずだ。にもかかわらず、「オルガノン」の〈論理〉に〈質料〉は登場しないのである。なぜか。

その理由のひとつは、以下のように考えられる。図Dの名辞群は、形式論理での反例から寄せ集められたものであった。そこで、反例を工夫すれば、図Dに質料概念があっても何ら不自然ではないように思われる。ところが、反例例示という方法は質料概念にとって不利にはたら

くように思われる。この点を確認しておこう。

　アリストテレスによる反例提示では、全称肯定と全称否定とのペアが反例として用いられる。すなわち、二つの前提（大前提と小前提）について（両立不可能な）全称肯定と全称否定がともに成立可能だとすれば、当該前提から必然的に帰結する結論はありえないことになる[34]。だがそうなると、この論法をそのまま質料概念に適用することはできない。なぜなら、（量化云々の論点は不問として）たとえば「（すべての）木材は家である」「（ある）大理石はヘルメス像である」といった肯定命題（およびその否定命題）は、いかなる事態を意味する命題なのか、また、そもそも文法的に（ここでは日本語として）適格なのか、という問題が生じるからだ[35]。じっさいアリストテレスは、『形而上学』の核心部に属するΘ巻第7章において、（主述を入れ替えた）「この木箱は木である」という命題は事態のあり方を捉え損なうものであり、「この木箱は木製である」という記述が正しいといった言語分析を提示してみせる[36]。

　「材料」はまさに何かの材料として存在するかぎりにおいて、その取り扱いには留意が必要なのである。そして、その留意すべき点がどこにあるのかといえば、「われわれ」にはほとんど自然な意味了解のようにも思われるかもしれないが、たとえば「この木材は可能的に家である」といったかたちで出現する様相概念にほかならない。つまり、「オルガノン」に質料概念が欠落している理由の一因には、様相概念にたいするアリストテレスの（慎重な）警戒があるといえる[37]。そこでは、いまも見たように、形而上学的な考察が要請されるとアリストテレスは捉えているのである[38]。この検討は本書の課題にも関わってくるはずであるが、いずれにせよ、質料概念の欠落は、アリストテレスの『著作集』において決定的な意味をもつ。〈質料〉という哲学的根本概念の有無が、〈論理＝ロゴス〉と〈存在＝ピュシス〉との位相を象徴的に表明していると考えられるからである。

　こうした事情は、『形而上学』Z巻からの実体論（「実体とは何か」の探究）で言及される質料概念によって補強される。これもまたよく知ら

れているが、アリストテレスはつぎのように語るからだ。

> 私［アリストテレス］が〈質料〉と言うのは、それ自体では、〈あるもの〉を規定する「何か（実体）」とも「どれほど（量）」とも、また、そうしたその他のどれとも言われないもののことである[39]。

つまり、〈論理〉の『トポス論』で理論的に整備された「カテゴリー（述定）」のいずれでもないもの、つまり、「カテゴリー」という言語の網の目を基盤とする〈論理〉の領域では捉えられない概念、それがまさに質料にほかならない。これは、アリストテレスがいわゆる無形質料や第一質料の〈存在（ある）〉を認めているということではない。実体論は、このような〈ロギコース〉な考察も取り込みながら、〈ピュシコース〉な探究を開始するのである[40]。裏返せば、無形ではなく有形の質料であれば、〈論理〉の網で捉えうることになる。じっさい、われわれの日常世界で語られるレベルでの質料＝材料とはまさにそうしたものである。だが、「オルガノン」には「われわれにおいて明瞭」であるはずの質料が登場しないのである。『著作集』のアリストテレスがなぜこれほどまでに材料＝質料や可能性＝可能態という概念装置にたいして慎重であるのかが、われわれには不可解である。アリストテレスはそこにどのような哲学上の問題あるいは危険を感知していたのであろうか。

4　〈論理〉から〈存在〉への課題

以上の検討を敷衍して整理すれば、以下のようになる。
　(a)「カテゴリー」のいずれでもない質料概念は〈論理〉のうちに場をもちえない。そして、質料概念がなければ、影響を受けるのが（生成消滅も含めた）運動変化である。なぜなら、質料との対概念が形相であり、質料・形相の対概念に通底する可能態・現実態だけを用いて、「可

能態の、可能態としての、現実態」と定義されるのが〈運動〉にほかならないからだ[41]。しかし、〈運動〉そのものは〈論理〉の世界にもしっかりと投錨している。図Ｄでは例示されていないが、反例として「運動」は使われている[42]。〈論理〉における（日常世界も含めた）意味論的世界に運動があることは、やはり（エレア派などを別にすれば）疑いをえない。したがって、問題はこうなる。〈論理〉のレベルで「われわれにおける明瞭さ」に属すると思われる材料＝質料概念が封殺されるとき、われわれは運動をどのように（先行的に）了解し、そして語っているのか。そしてそれは、〈存在＝ピュシス〉における運動の定義とどのように異なるのか。

（b）〈論理〉と〈存在〉とのあいだにおいて、〈運動〉の了解にはアリストテレス的な展開的移行（「われわれにおいて」から「自然において」へ）が設定可能である。とすれば、〈運動〉と密接に連動するとわれわれが了解する〈時間〉はどうなるのか。時間了解についても、「われわれにおける明瞭さ」と「自然における明瞭さ」との位相はあるのか。前者の〈時間〉であれば、「カテゴリー」としての「いつ（時）」はもとより、「未来」も「過去」も、さらには「時間的前後関係」もわれわれの日常世界の事柄と言えそうである[43]。したがって、問題はこうなる。〈論理〉における時間了解は、〈存在〉での「前後にかんする運動の数」という時間の定義といかなる対比を浮かび上がらせるのか[44]。

（c-1）上述の(a)(b)は、質料概念の欠落から再考の必要性が予想される〈運動〉と〈時間〉について、〈論理〉から〈存在〉への探究を促すものである。したがって、質料概念の欠落は何らかのかたちで補正あるいは改善される可能性を残している。ところが、この期待にはすぐさま陰りが差す。運動の定義（「可能態の、可能態としての、現実態」）と時間の定義（「前後にかんする運動の数」）とを比較すればすぐに見てとれるように、時間の側には運動が不可欠であるが、運動の側は時間を必要としないからだ[45]。しかし、ブナの実がブナの木になるといった事象は、「われわれにとって」は可能態（可能性）と現実態（現実性）が時間的

概念でなければならないことを告げていた。われわれの常識的な了解に即して可能態・現実態をある種の時間的概念としたならば、アリストテレスよる運動の定義と時間の定義は、(表面上はそうではないが)循環することになる。このような不備を、〈存在〉におけるピュシコースな考察においてアリストテレスが容認する(あるいは見落とす)ことがあるだろうか。もしそれがありえないとすれば(じっさいアリストテレスの定義そのものは循環してはいない)、退けられるべきは、むしろわれわれの側の時間了解だということになる。しかしそうなると今度は逆に、われわれはその指弾を承服するだろうか、ましてや、「苦もなく了解している」はずの何かを見落としている(かもしれない)ということを[46]。

(c-2) 前項では、矛先がわれわれに向かってきた。最後に、再度アリストテレスに矛先を向けて、本書の序論的考察を終えたい。

〈論理〉におけるアリストテレスは、(a)で見たように、明示的には質料形相概念にコミットすることなしに「運動」に言及している。したがって、われわれとしては、(b)での日常的な意味で了解される「時間」にも言及しているとみなしうる。それでは、アリストテレスは「オルガノン」において「運動」と「時間」が接合する言語的事象をどのように取り扱っているのか。本考察の見立てによれば、その舞台となるのが『命題論』第9章であり、また、その延長線上で展開される『前書』A巻第13章にほかならない。前者は、いわゆる「海戦問題」と呼ばれる箇所であり、未来時制言明の真理値をめぐる考察が展開される。後者は、様相論理の体系的構築に向けて、とりわけ許容様相 (ἐνδέχεσθαι, ἐνδεχόμενον) の多義性が検討される箇所である。述べてきたような疑問を解消する糸口が見出せることを期待して、前者については本書第2章で、後者については第3章で少し立ち入って検討することにしたい。

だが、あらかじめ述べておけば、これらのテクストは、『著作集』における構図、すなわち、〈論理＝ロゴス＝言語〉から〈存在＝ピュシス＝自然〉への端緒的な移行という基本的構想について、いわばちゃぶ台をひっくり返すような混乱をもたらす。アリストテレスによる形式言語

も含めた〈論理〉は、構文論と意味論がセットになってわれわれの日常世界をモデル化するものであった。だが、その日常世界から除外できそうにもない未来時制言明は、まさに海戦さながらの乱戦状態をもたらす。他方、ピュシス（自然本性）の世界を語るために構築される（はずの）様相論理体系は、不整合と過誤の見本市の様相を呈するのである[47]。そして、〈論理〉の探究におけるこのような不首尾と踵を接するかのように〈存在〉の探究において登場するのが、質料・形相に連動するとみなされる可能態・現実態という対概念にほかならない。

　ロギコースな考察としての〈論理〉は、〈存在〉におけるピュシコースな考察のために事前に整備されておくべき予備学でなければならなかった。とりわけ「命題」と「推論（論証）」は、事象的世界を理論的に言語化していくためには不可欠の道具になるはずである[48]。ところが、時間的に運動変化・生成消滅する自然的世界のために準備しておくべき「未来時制言明」も「様相論理」も、そのままでは使える代物ではないことが露呈するのである。

　したがって、未来時制言明および様相概念にまとわりつく困難は、可能態・現実態、そして質料・形相という概念的枠組みへの転換によって、どのように解決されるのか、言い換えれば、なぜそれらの概念の導入が解決になりうるのか、が問題になる。そしてこの問いは同時に、それぞれの対概念には、可能態から現実態へ、質料から形相へ、という時間的移行が暗黙裏に埋め込まれているように思われる以上、「時間とは何か」という問いをふたたび誘発することになる。

　ブナの実からブナの木へ、大理石からヘルメス像へ、といった時間的推移であれば、述べてきたように、われわれには「さして苦もなく了解」できる事態であるように思われる。だが、アリストテレスにとっては、そうではなかった。いったい何が「世界の眺め方」にこのような落差をもたらすのか。「われわれにおける明瞭さ」を確認するためにも、さして苦もなく了解することに立ちはだかる「未来時制言明」と「様相論理」が登場する『命題論』と『前書』をともかくも検分することにし

たい。その作業によって、〈論理＝ロゴス〉から〈存在＝ピュシス〉への、すなわち、「われわれにおける明瞭さ」から「自然における明瞭さ」への深化的移行の「端緒」も垣間見ることができると期待される。

　以上で、かなり遠回りとなった弁明的序論は終えて、舞台を『命題論』第9章に移すことにしたい。だが、「われわれ」を待ちうけているのは、「序論」以上にさらに長い助走路である。本考察では、その助走路を走るのではなく、致し方なくゆっくり歩むことになる。

1　*Metaphysica* 1028b2-4. καὶ δὴ καὶ τὸ πάλαι τε καὶ νῦν καὶ ἀεὶ ζητούμενον καὶ ἀεὶ ἀπορούμενον,τί τὸ ὄν, τοῦτό ἐστι τίς ἡ οὐσία. ここでの 'οὐσία' には、『新版アリストテレス全集』（以下『新版全集』と略記）の「本質存在」という訳語の提案、および、編者（中畑）の解釈を踏まえて、「まさにあるもの」とするが、以下では符丁的に旧来の「実体」を用いる。
2　アリストテレス自身は「形而上学」metaphysics に相当する語を使用していないが、一般に『形而上学』と呼ばれている論稿群が「存在（ある）についての学」（ἐπιστήμη τις ἣ θεωρεῖ τὸ ὂν ᾗ ὄν）と呼ばれているので（*Metaphysica* 1003a21）、このような表記を用いることにする。
3　Cf. Lennox［2015］10-11.
4　こうした「衆目の一致」が孕む問題の一端については、本考察でものちに言及する。なお、「デュナミス」と「エネルゲイア」（「エンテレケイア」）には、「可能態」（文脈によっては「能力」）と「現実態」という従来の訳語をそのまま用い、「ありうる」および「ある」という意味表示を残しておく。
5　〈可能態-現実態〉が自然物に、〈質料-形相〉は人工物に対応する、ということではない。
6　さらに言えば、『魂について』その他の魂論関係の論稿群についても検討できない。この点については、本書第6章末尾の「前途瞥見」で釈明する。
7　ディオゲネス・ラエルティオス『ギリシャ哲学者列伝（中）』29。
8　参考までに、藤澤［1980］39、中畑［2008］542、神崎［2013］371 による**表**および本稿での**図**を巻末に掲載しておく（図の「外観」の図柄は本質的ではない）。
9　**図A**では、『著作集』の配列に合せて便宜的に左から右に並べている。
10　『形而上学』A巻から最終巻までの構成を整合的かつ説得的に説明することは、絶

望的である。cf. Makin［B 2006］xix-xxii.
11 このことは、〈論理〉と〈存在〉の位相が〈ロギコース〉と〈ピュシコース〉のそれに重なり合うことを意味しない。〈ロギコース〉〈ピュシコース〉そして〈アナリュティコース〉の位相についての考察は、千葉［2002］を参照。cf. Burnyeat［2001］Ch. 5.
12 関連する論点をめぐる解釈史も含めた紹介と整理は、神崎［2013］369-376 を参照。ただし本考察では、神崎からの疑義に反した見方を採用することになる（その注(6)を参照）。同様に、中畑［2013］の「『カテゴリー論』解説」277-8 の警鐘も参照。
13 *Rhetorica* 1355b31-34「弁論術は、いってみれば、どんな問題が与えられても、それについての説得方法を探究できるように思われる。それゆえ、われわれもまた、弁論術は技術としての機能を発揮する領域はある固有の種類に限られているのではない、と主張する」（戸塚訳を一部改変）。また、「説得はある種の論証である」（1355a4-5）「エンテューメーマ［説得推論］はある種の推論である」（a8）も参照。なお、『著作集』における『弁論術』の混合的性格（方法論的考察と倫理学・政治学・心理学的考察との融合状態）については、Burnyeat［2001］104-5、堀尾［2017］585-6 を参照。ただし、このことによって、『弁論術』が「ポリス的動物」である「人間」にとって予備学的位置を占めることが否定されるかどうかについては、なお検討の余地があるように思われる。
14 *Rhetorica* 1356a32-33.
15 *Poetica* 1450a4, 1a31, b29.『詩学』の「模倣」については第 6 章で検討する。
16 *Physica* 194a21-22, 9a15-17, *Meteorologica* 381b6.
17 むろん均整的な構図でなくとも特段支障はないわけだが、『ニコマコス倫理学』最終巻での「倫理学」から「政治学」への架橋についての探究方針に即するならば、右翼の政治学関係には「158 の国家の国制」と呼ばれる膨大な資料集があったとされる（『ギリシャ哲学者列伝（中）』38）。この報告の通りであれば、「ポリス的動物」である「人間」についての国制論集は、左翼の「動物」をめぐる論稿群と双対をなすと考えられる。
18 左翼において基礎となる原理論的考察が『自然学』であり、右翼のそれが『倫理学』だとすれば、諸学に階層性をもたせることによって、図 B は図 C のように改鋳できるであろう。そのさい、動物学関係と国制論関係の論稿群は「データベース」的な位置づけとなる。なお、諸学の階層性がもつ意味については第 6 章であらためて言及する。
19 「自然」の模倣としての製作的学問も含めれば、選択対象の領域は五つになる。アリストテレスがこうした技術的学問にも絶大な関心を寄せていることに疑問の余地はない。しかし、『著作集』のなかのアリストテレスは、医者自身や建築家自身あるいは職人自身である以前にやはり哲学者であったといえる。医術と哲学

との関係についての興味深い記述は、『感覚と感覚されるものについて』第1章 436a19-b1 を参照。そこでは、自然学者たちの大部分は医術にかかわる様々なことで研究を終え、他方、哲学的な仕方で医術を学ぶ人々は自然に関する種々の事柄から研究を始めるといわれている。技術の哲学的考察がアリストテレスの存在論にも深く影響していることは、疑いをえない。

20 考察のための「仮定」であることは強調しておかなければならない。

21 ここでは、Thom [1996] 329 に準拠した**図**を巻末に掲載する。

22 参考までに、反例に使用されている他の名辞を挙げれば、知識、医術、善、様態（ヘクシス）、思慮、無知、無生、有生、野生、健康、目覚め、睡眠、着物、運動などである（『旧版全集』の『前書』「訳者解説」付表IIを参照）。われわれの「日常世界」がほんの少しばかり彩り豊かになるかもしれない。

23 その意味でもやはり、日常言語を基盤とする『弁論術』は基礎部門（オルガノン）に帰属する。なお、オルガノン内部での著作の配列については、近年『トポス論』の観点からの再構成が提案され、標準化しつつある。Whitaker [1996] を参照。

24 『前書』のアリストテレスは、日常的世界から濾過された論理的概念によって構文論としての体系を探索しながら、『後書』において科学的探究の方法論を構築していくことになる。その考察への深化的移行については第3章で言及する。

25 これは、プラトン『メノン』における「探究のパラドクス」をいかに解決するかという問題となる。*Analytica Posteriora* 71a29.

26 *Physica* 184a23-b14. διόπερ ἀνάγκη τὸν τρόπον τοῦτον προάγειν ἐκ τῶν ἀσαφεστέρων μὲν τῇ φύσει ἡμῖν δὲ σαφεστέρων ἐπὶ τὰ σαφέστερα τῇ φύσει καὶ γνωριμώτερα. cf. *De Anima* 413a11-16. アリストテレスの方法論的指針としてまさに常套句のようになっているが、その不分明さも指摘されている。以下を参照。Ross [A 1936] 456-8, Charlton [B 1970] 51-3, Bolton [1991] 2-7.

27 ここでの「端緒（的）」という表現は中畑 [2013] 288 に負う。なお、〈論理〉の探究がすべからく〈存在〉の探究に時間的に先行しているということではない。後者の探究によって前者にも一般的言説のレベルでの追加や修正は必要となる。たとえば、『命題論』第1章における『魂について』への、あるいは、『弁論術』A巻第8章における『政治学』への参照指示がある。

28 *Physica* 184a10-16.

29 *Physica* 184a23-b14.

30 Owen [1961] を参照。この方法論が具体的に適用される典型例のひとつが「無抑制」をめぐる考察であるが、それについては第5章で論じる。

31 神崎 [2013] 372-3 を参照。なお、「オルガノン」としての「論理」に課せられた要件としてみれば、アリストテレスにとっても、「論理は自分で自分の世話をしなければならない」（ウィトゲンシュタイン『論理哲学論考』5.473）のかもしれない。

32 藤澤［1980］231。
33 藤澤も「その内実は必ずしも充分に明らかではない」と語る（［1980］234）。
34 たとえば、大前提が特称肯定（あるいは特称否定）で、小前提が全称否定となっている推論についてであれば、大項・中項・小項の組み合わせとして、白—馬—白鳥と白—馬—鳥（カラス）が反例として挙げられている。前者の場合であれば、大前提は「ある馬は白い」、小前提は「どの白鳥も馬ではない」、そして結論は「どの白鳥も白い」（全称肯定）となり、後者の場合であれば、大前提は「ある馬は白い」、小前提は「どの鳥も馬ではない」、結論は「どの鳥も白くない」（全称否定）となるので、形式的に妥当な結論はないことが例証される。
35 一般に『前書』のアリストテレスが命題（前提）を提示するときには、いわゆる主語述語文（「AはBである」）ではなく「BはAに帰属するὑπάρχειν」という人工言語的表記が使用されるが、命題の適格性は主語述語文による判定で支障はない。
36 *Metaphysica* 1049a18-20.
37 **図 D** について先に述べたように、質料概念が表面化しない場合、たとえば、（量化を考慮しないで）「人間は白い」「馬が歩く」などでは、様相概念の了解が致命的な困難に陥ることはない。
38 Frede［1994］176-9 によれば、「ブナの実がブナの木になる」「大理石がヘルメス像になる」といった事態に見出される可能性（可能態）概念をめぐるアリストテレスの考察について、読み手の側が「期待」するものを見出そうとすると、「読み手＝われわれ」と「アリストテレス」との距離は逆に深まる。そのような「われわれ」には錚々たる Ross や Bonitz といった研究者も含まれる。なお、どのように慎重な警戒が必要かについては、ibid. 188-93 を参照。
39 *Metaphysica* 1029a20-21. λέγω δ᾽ ὕλην ἣ καθ᾽ αὑτὴν μήτε τὶ μήτε ποσὸν μήτε ἄλλο μηδὲν λέγεται οἷς ὥρισται τὸ ὄν.
40 『形而上学』Z 巻第 3 章では、「実体」の候補として、本質 τὸ τί ἦν εἶναι、普遍 τὸ καθόλου、類 τὸ γένος、基体 τὸ ὑποκείμενον、という四つが挙げられ（1028b33-36）、さらに、その基体の候補として、質料 ὕλη、形相 μορφή、複合体 τὸ ἐκ τούτων（質料＋形相）の三つが示されて（1029a2-3）、探究が本題に入っていく。「オルガノン」における質料概念の欠落という視点から実体論を展開した論考としては、Graham［1987］がある。本考察の着眼も同じではあるが、実体論の帰趨を見定めるためには時間概念の解明がより基底的であると考える。
41 *Physica* 201a10-11.
42 注 22 を参照。〈論理〉における具体例としては、たとえば、『トポス論』B 巻第 4 章には、「魂が動く」に絡めて生成消滅を含む運動への言及がある（111a33-b12）。
43 この点で、『弁論術』A 巻第 3 章や B 巻第 19 章における「過去」「現在」「未来」としての「時間」への言及は興味深い。

44 *Physica* 219b1-2. この問いはむろん、『自然学』の時間論のテーマであり、第 4 章で検討する。

45 念のためにいえば、「場所（空間）」はそうではない。場所的運動（移動）にとって「場所」は欠かせない。cf. *Physica* 200b20-21. ただし、『自然学』Z 巻その他における記述では、〈運動〉の規定的要件として「時間」が明記されている（235a13-14, 6b2-4, 19, 66a13-14 et al.）。これは「ゼノンのパラドクス」の伏線となるわけだが、この点については（前注の問題と併せて）第 4 章で考察する。

46 たとえば、アリストテレスの定義を額面通りに受け取れば、「時間的変化（時間の変化）」あるいは「時間は流れる」といったような了解は形容矛盾的な言語表現になる。このことは、時間了解として何を告げるのか。

47 『前書』の様相論理にかんする体系的記述上の問題点については、第 3 章でやや立ち入って検討することになるが、その簡潔な説明は『新版全集』「解説」543-55 を参照。

48 推論・論証は、自然学的事象だけなく、いわゆる実践的三段論法（実践的推論）として人間の行為の説明にもかかわる。

第 2 章　　海戦問題再考 ──『命題論』の時間

> … 今日明日にも海戦が予想されるので …
> ── トゥキュディデス『歴史』[1]
> 人間のやることであるから海戦には多くの錯誤がつきものである。
> ── 大岡昇平『レイテ戦記』

はじめに ── 戦端

　第 1 章の見通しを踏まえて、〈ピュシス＝存在〉を遠望しながら〈ロゴス＝論理〉についてまさに端緒的かつ原基的考察を提示する『命題論』を取りあげることにしたい。ただし、関連する論点については必要な範囲で適宜言及することにして、本書の企図に直接関係するテクストに直行する。すなわち、「海戦問題」である[2]。

　「海戦問題」とは、アリストテレスの『命題論』第 9 章に端を発する論駁的議論を指す。この章の主題は一般には、「未来時制の単称命題」（以下「未来単称命題」とする）の真理値をめぐる問題にあると考えられるが、その議論のなかでアリストテレスは、「明日海戦が起こるだろう」というセンテンスを引き合いに出している。このため『命題論』第 9 章は、「海戦問題」（あるいはたんに「海戦」Sea Battle, Sea Fight, Seeschlacht etc.）といういささか物騒な名称で定着することになった。

　海戦の主戦場は、「決定論」や「宿命論」と呼ばれる海域でもある。この海域は、人間存在の崇高な理念にも結びつきうる「自由」や「自由意志」の領域と重なり合っている。こうした事情もあって、海戦はまたたくまに各陣営が入り乱れる乱戦となった[3]。哲学的主題のひとつとして認知されたわけである。だが、哲学的論争の多くがそうであるように、ある艦隊が他のすべての敵艦隊を壊滅するまでには至っていない。戦闘は、しだいに長期化するとともに局地戦の様相を呈していく。たしかに

自陣の補強は周到になり、敵陣への攻撃にも新たな戦術が生み出された[4]。だが、そうした精錬さと引き替えに海戦全体の動向は掌握しにくくなった。斥候の報告も千差万別である。過去二千年以上にわたる海戦史について簡潔な概要報告をまとめた Weidemann の評言にならえば、戦況は「手詰まり」に陥ったということになろうか[5]。

海戦の宣戦布告は、一見不注意のようにも思われる表記上のゆらぎを伴いながら、以下のように切り出される。

> さて、現在の事柄や過去の事柄については、(a)「肯定命題あるいは否定命題は真あるいは偽」が必然である[6]。そして、普遍的な仕方で語られる普遍的な事柄[7]については、(b)つねに「一方は真で、他方は偽」であり、また、個別的な事柄[8]についてもそうであって、すでに述べられた通りである。そして、不定称の仕方で語られる事柄[9]については、それは必然的ではないが、これらについてもすでに述べられた。しかし、個別的で未来に起こる事柄については[10]、事情は同様ではない。というのは、もし(c)「すべての肯定命題あるいは否定命題も真あるいは偽」であるとすれば、すべての出来事もまた、「ある」あるいは「あらぬ」ということが必然であるから。(18a28-35)

海戦が膠着状態に陥ったのはなぜか。『命題論』第9章全体の構成は、未来単称命題の真理値問題を念頭に置けば、大略以下のようになると考えられる[11]。

[Ⅰ] 一般に妥当とみなされるある規則（以下「規則 G」）が未来単称命題に適用されると決定論が帰結する。
[Ⅱ] しかし、決定論は常識的了解に反するので否定される。
[Ⅲ] それゆえ、[Ⅰ] は妥当ではない。

このような構成をみるかぎり、その細部は別にして、海戦が決定論に

深く関与していることは明らかである。だが、構成が単純明快であるだけに、その不透明な部分（問題を誘発する論点）を指摘することも難しくはない。すなわち――

(1)全体として、海戦の主題は規則Gの適用にかんする何らかの制約を確認するところにあると思われる。では、規則Gとは具体的に何を指すのか。
(2)規則Gを未来単称命題に適用すれば決定論が帰結するとされる。では、その論拠あるいは論証はどのようなものか。
(3)決定論の不条理さが海戦の前提である。では、決定論を不条理とみなす理由は何か。

これらの論点は、たんにアリストテレスのテクスト解釈に限定される特殊な問題ではない。決定論や自由意志をめぐって哲学的な論争が発生するとき、いつも浮上してくる争点だといえる。そして、問題の核心と論拠が判然としないまま、論争は論争を呼び込み、収拾は着かなくなる。いわばその本家本元の海戦もまたそうなのだ。そして、（アリストテレスではお馴染みともいえる）テクストの乱れや簡略な表記が、それに油を注ぐ。本考察によって、これらの混乱をすべて沈静化することは望むべくもない。また、(1)(2)(3)の各論点を詳細に検討する余裕もない。われわれとしては、海戦がアリストテレスの卓抜な哲学的着想の源泉のひとつであることを見定めるべく、以下の戦術をとることにしたい。

海戦では、偶然的事象や自由な（自発的）行為の存在という経験的事実に基づいて、決定論そのものは明確に拒否されている（19a7-22）。われわれの豊かな経験的事実を踏まえれば、決定論が間違っていることは自明である。したがって、(3)に関するアリストテレスの立場は旗幟鮮明であるとみなす。決定論と自由意志という哲学的問題（たとえば両立的か排他的かといった問題）は、海戦の主戦場ではない。海戦域で発生したかにみえる決定論云々の論題は、斥候の稚拙な探索による疑似問題

だった可能性が高い。

　他方、決定論はどのようにして導出されるのか。テクストに即するかぎり、その核となるのは、「真なる命題P」から「（真なる命題に対応する）事態Pの必然性（Pでないことはありえない）」が帰結するというものである（18b9-16）[12]。真なる命題と事態（出来事）との対応関係は、それをいわゆる真理の対応説とみなすかどうかは措いて、海戦での（当座の）前提とみなしうる。この点で決定論への応接と同じである。ただし、この対応関係そのものが規則Gなのではない。規則Gは、その真なる命題の取り出しを可能ならしめる原則にほかならない。

　こうして海戦全体は、「規則G」⇒「真なる命題の取り出し」⇒「事態の必然性」という論理的な構成を踏まえるかたちで展開され、そのうえで決定論は拒否される。述べたように、第二段階の推論は議論の前提である。したがって、争点となるのは、規則Gが否定されるか（あるいはなんらかの制限が課せられるか）、あるいは、規則Gから真なる命題の取り出しの導出（第一段階の推論）が否定されるか、のいずれかである。そのいずれにせよ、そもそも規則Gとは何かが問題となる。

　以上が海戦問題の概況である。起点の(1)が不透明であるかぎり、(2)のみならず(3)もまた不透明となることは避けられない。本稿では、このような問題状況を明晰にするために、海戦の「手詰まり」を打開する「鬼手」を放ち、現在標準化しつつあると思われるWhitakerの解釈を検討することにしたい[13]。

　本章の構成は二段階となる。前半（1・2）では、Whitaker解釈を下敷きにして海戦の暫定的な方向性を確定する[14]。いわば前哨戦である。後半（3以降）では、Whitaker解釈への疑義を確認しながら、アリストテレスが海戦に込めた本来の企図を再定位する。Whitakerによる規則Gの解釈は、海戦の動向を知るうえで重要な争点を解消しうる視点を提供した。言い換えれば、局地戦のいくつかに終止符を打ったことは間違いない。だがしかし、本考察の見方によれば、その方向性は『命題論』の文脈における海戦の最終目標ではないと考えられる。その点については、

これから論じることとして、アリストテレスの企図を再定位するために看過できない論点をあらかじめ確認しておきたい。

　規則 G は、ロゴス的（論理的・言語的）な原理である。『命題論』の主要な考察対象のひとつが「ロゴス」であり（16a2, b26）、その「ロゴス」に何らかの仕方でかかわる問題であるからこそ、海戦は『命題論』に組み込まれた。また、規則 G から導出される「決定論」に対置されるのは、論点(3)が述べるように、われわれの経験的事実である。こうして海戦では、言ってみれば、〈論理〉と〈経験〉との接点問題が浮上する。海戦が迷走するのは、まさにその接点をめぐる思いのほかの捉えにくさにある。言語的世界と経験的世界は、本考察第 1 章での〈ロゴス＝論理〉と〈ピュシス＝存在〉に照応する。したがって、この論点をめぐる海戦の標的がどこにあるのか、それが問われなければならない。Whitaker 解釈のように、「海戦」がよしんば規則 G の「例外」にすぎないとしても、〈ロゴス〉と〈ピュシス〉の境界面ともなれば、その「例外」は期せずして（まさに本来の探究対象とすべき）「範例」に転化する起爆力を秘めているかもしれないのだ。

1　Whitaker による戦況分析

　Whitaker 解釈は、規則 G の内容を、海戦が『命題論』全体で占める文脈的位置から一意的に確定しようとする。この当然とも思われる手続きを怠ってきたがために海戦は紛糾することになった。これが Whitaker による戦況分析である。規則 G に議論を集中するのは、さきに述べたように、規則 G が海戦の要諦だからである。ところが、その肝心の規則 G の内容が不明瞭なのだ。前掲の引用文（第 9 章冒頭）でも、その候補となりそうな三つの定式［(a)(b)(c)］が提示されていた[15]。規則 G が確定できないかぎり、当然のことながら、アリストテレスの企図そのものもまた不透明にならざるをえない。

さて Whitaker によれば、規則 G とは Rule of Contradictory Pairs すなわち「矛盾対立的な関係にある二つの命題のうち、一方は真で、他方は偽である」(Of every contradictory pairs, one member is true and the other false.) とされる（以下 RCP と略記し、適宜「一方が真、他方が偽」と略記する）[16]。「矛盾対立的な関係にある二つの命題」とは、アリストテレスの規定によれば、或るものについて或るものを肯定する命題と否定する命題とのペアである（17a33-35）。したがって、RCP をより詳しく定式化すれば、「矛盾対立的な関係にある肯定命題と否定命題とのペアについて、その一方は真であり、他方は偽である」となる。そのうえで Whitaker は RCP を、従来の解釈が主として念頭に置いてきた「二値原理」principle of bivalence すなわち「どの命題も真か偽である」(Every proposition is true or false.)[17] から区別して取り扱うことを要請する。二値原理が成り立たなければ、RCP も成り立たないが、RCP が成り立たないからといって、二値原理が否定されることはない。命令文や嘆願文などをのぞいた言明（ロゴス）全般が真理値をもち、二値原理に従うということは、『命題論』の基本的な立場である（その第 4 章を参照）。したがって、海戦において二値原理そのものの妥当性が論議の対象となることはない。

つぎに、Whitaker が規則 G を RCP とみなすためにとった戦略の基本を見ておこう。

まず、第 9 章の海戦が開始される直前の第 8 章末尾（18a26-27）では、RCP と読める定式（「矛盾的命題の一方が真、他方が偽」）[18] が確認され、それを引き継ぐかたちで議論は海戦に突入する。そして、海戦の最終局面においてアリストテレス自身の見解が表明されていると思われる箇所（19a36-b2, とくに 19b1-2）でも RCP への言及が確認できる[19]。戦端と終焉は、このように海戦の主戦場が RCP にあることを示唆しているように読める。したがって、アリストテレスのテクストではしばしば見られる定式化の不安定さに惑わされることなく、それらを一貫して RCP とみなすならば、海戦の経緯は整合的かつ説得的に掌握できるというの

が、Whitaker の戦略である。

　Whitaker はさらに、海戦のねらいを『著作集』の文脈から再検討することによって、規則 G = RCP を確固たるものにする。『命題論』を「ディアレクティケー」（問答法）への序論として位置づける解釈が、それである。伝統的な見方では、『命題論』は『カテゴリー論』と『前書』との中間に位置づけられてきた。『カテゴリー論』は「命題」の要素としての「項」（単語）の分析を、『前書』は命題の結合による「推論」（三段論法）の考察をその主要課題とする。そして、「オルガノン」のこうした連関に対応するかたちで、『命題論』は「単語」から構成され、「推論」の部分をなすところの、まさに「命題」の解析を取り扱う。これが伝統的な見方であった[20]。

　だが、Whitaker はこの見方に異論を呈し、『命題論』がむしろ『トポス論』や『ソフィスト的論駁』に結びつくものであることを強調する。これらの論稿群の主題は、問答法的な議論の手順にある。問答法の基本構図は、（それを一義的に定式化することはできないが）問い手が提示する肯定命題と否定命題のセットにたいして、答え手は「一方が真、他方が偽」を表明しながら議論を展開していくところにある。「論証」の場合には、こうした受け答えという契機はない。ある命題を真と仮定し、そこから形式的に何が演繹されうるか（推論の形式的な妥当性）を考察するのが、その目的となる（cf. 20b22-30）。したがって、問答法の場合には、提起された質問は「一方が真、他方が偽」という条件を満たすものでなければならない。この条件が満たされないとき、その問答法的議論はたんなる詭弁・駄弁に堕する可能性がある。Whitaker によれば、『命題論』は、その条件が満たされない事例、すなわち、RCP の「例外」を『トポス論』等への「序論」として予備的に検討することによって、問答法の基礎固めを行なうとされるのである。『命題論』第 7・8・9 章の議論は、そうした例外の提示とその分析にほかならない[21]。

　このようにして Whitaker は、『命題論』全体の構成のみならず、『著作集』での『命題論』の文脈をも視野に入れたうえで、規則 G が RCP

であることを説得的に論じる。従来の解釈が錯綜した一因は、海戦を独立したひとつの哲学的議論の戦場とみなしたところにある。言ってみれば、海戦そのものの原因解明には着手することなく、そこはすでに戦闘状態であるという理由で戦場に斬り込む向こう見ずな論理的好戦家の姿が見られるだけのことであった。だが、海戦にはしかるべき大義名分、つまり、『著作集』の構想があったのだ。

では、もうひとつの重要な争点であった、規則Gからの決定論の導出という論点については、どうなるのか。もし規則Gが二値原理であり、そこから決定論が帰結するとなれば、その衝撃は甚大である。二値原理の否定ないし制限は、少なくともアリストテレスにとっては、論理学の根幹を揺るがすことになるからだ。しかし、規則GがRCPだとすれば、われわれはこの論争から距離を置くことができる。決定論の導出について、規則Gを二値原理とした場合、これまでの解釈の戦術は大別してつぎの二通りの方法があった[22]。

(A) 二値原理は未来単称命題にも適用可能である。しかし、ある命題が真であることは、その命題で語られる事態が必然であることを含意しない。つまり、命題が事態を何らかの意味で必然的に含意することはない。したがって、二値原理そのものから決定論は帰結しない。

(B) 真なる命題はその事態が確定的（必然的）であることを含意する。したがって、もし二値原理が未来単称命題にも適用可能であれば、そこから決定論が帰結する。だが、未来の事象は、過去や現在とはちがって実在的ではないから、それについての命題が真であることはない。したがって、決定論は帰結しない。

(A)は、前提（未来事象への二値原理の適用）は認めるが、そこからの推論（決定論の導出）を認めない解釈である。他方(B)は、推論は認めるが、その前提を認めない。(B)は、未来の実在性を否定するという

意味で反実在論的な解釈、(A)は実在論的な解釈とみなされる。

これにたいして Whitaker は反論を提示する。まず、アリストテレスは未来時制命題に真理値を認めているテクスト上の典拠が指摘される[23]。したがって、解釈(A)は成り立たない。他方、アリストテレスの「真」の規定からみて、先にも述べたように、もしある未来時制命題が真であれば、それに対応する事態の成立もまた確定的（必然的）である。それゆえ、解釈(A)も採れない。こうして、(A)(B)ともにアリストテレス解釈としては棄却される。

では、規則 G を RCP とみなす Whitaker の解釈ではどうなるのか。矛盾対立的な関係にある命題のペアのうち「一方が真、他方が偽」という RCP は、過去時制や現在時制の命題には適用可能である。過去や現在の出来事は、われわれの知識の有無とは独立に、ある肯定命題とその否定命題との「一方が真、他方が偽」とみなしうるからだ。「覆水盆に返らず」であって、その意味において決定論的（実在論的）である。そして、いったんある命題の真理値が確定すれば、その変更は原理的にありえない。そこで、もしこの原理が未来時制命題にもそのまま適用されれば、決定論の帰結は避けられない。だとすれば、RCP であっても、決定論は解消しえないのではないか。

ここで、規則 G を RCP とみなす利点が活用される。というのも、RCP の眼目は、真理値の割り振りにかんする規則を述べるところにあるからだ。つまり、「一方が真、他方が偽」というかたちで真理値をもつことと、その真理値の割り振りが未確定であることとは、両立可能なのである。Whitaker の事例に即せば、二人の米国大統領候補のうち、いずれかが大統領となるはずだが、どちらであるのかは投票結果が判明する以前の段階では未確定のままである[24]。未来時制の場合には、現在時制や過去時制とはちがって、こうした事態を含意する命題が存在するというのが、アリストテレスの非決定論の立場ということになる。こうして未来単称命題は、未確定性という制限のゆえに RCP への例外とみなされる。

それでは、ある意味では「瓢箪から駒」のような解釈によってわれ

われは海戦の戦闘域から離脱できるであろうか。Whitakerのねらいは、『命題論』における海戦の文脈はRCPの「例外」の考察にあること、そして、『命題論』は『トポス論』等の問答法的議論の解明という『著作集』の文脈に位置することを確定するところにあった。ということは、海戦そのものは、もしそれがどのような意味でRCPの例外であるのかが解明できれば、その本務は遂行されたことになる。例外に通暁することは重要であり、その意義がなくなることはない。とはいえ、例外はあくまで例外にすぎない。警戒を怠りさえしなければ、規則Gを誤使用する危険は生じない。そこで本考察のねらいとしては、「海戦」の深層、つまり、それがたんなる例外ではなく範例であることを示したい。とまれ、Whitakerの戦略を再考するためにも、まずは周辺海域の探索から始めることにしたい。

2　海戦前史(1)——第7・8章における「例外」

　RCPの例外は、海戦も含めて三例ほど挙げられている（とWhitakerは解釈する）。それらはいずれも、肯定命題と否定命題とのペアから構成される「矛盾対立的な命題」である[25]。そこでまず、海戦に先行する例外とされるものを具体的に検討してみよう。それは、第7章では「人間は白い」と「人間は白くない」、第8章では「衣服は白い」と「衣服は白くない」というペアである。これらの対命題が何を意味するのかを異論の余地なく確定することは困難であるが、アリストテレスがそれぞれのペアについて、かならずしも「一方が真、他方が偽」というわけではないと語り（17b30, 18a26-27）、かつ、第7章の事例については「（肯定命題と否定命題が）ともに真」ではありえない場合（17b7-12. cf. 17b23-24）と「ともに真」となりうる場合（17a30-31）とに言及しているところから判断して[26]、以下のように整理できるであろう。

　まず、第7章の例外は、アリストテレスによって「全称ではない」命

題と呼ばれ（「不定称（命題）」）、量化が曖昧もしくは明示されていない場合であると考えられる。たとえば「人間は白い」という命題の主語項「人間」は「普遍のオノマ」（普遍名辞）であるが、それが全称・特称のいずれであるかは指定されていない（主語が普遍名辞なので単称の可能性はない）。このような命題の場合、もしそれが全称であれば、実質的には全称肯定と全称否定のペアであるから「ともに真」は不可である。他方、特称だとすれば、特称肯定と特称否定のペアは「ともに真」となりうる[27]。いずれにせよ、不定称命題では「一方が真、他方が偽」とはなりえないのでRCPの例外となる。

つぎに、第8章での例外は「衣服は白い」という文である。この場合の主語「衣服」は「人間かつ馬」を意味表示するとされる。このように名前（オノマ）が一義的でないとき、アリストテレスによれば、表層的には単文の「衣服は白い」という肯定命題は、実質的（深層的）には「人間は白い、かつ、馬は白い」という複文として解析される[28]。そして、アリストテレスの記述に即せば、こうした偽装単文の否定命題「衣服は白くない」は、「人間は白くない、かつ、馬は白くない」であると考えられる（18a20-21）。その結果、「衣服は白い」と「衣服は白くない」という（表層的には）矛盾対立的な命題の場合、肯定と否定の「一方が真、他方が偽」とはならない[29]。

些末で珍妙な命題の分析に拘泥しているようにも思われるが[30]、第8章の論点を整理するために真理表によって表記してみよう（便宜的に、真 = 1、偽 = 0 とする）。

表1

	P	Q	¬P	¬Q	P∧Q	¬(P∧Q)≡¬P∨¬Q (¬Γ)	¬P∧¬Q (¬Γ')
①	1	1	0	0	1	0	0
②	1	0	0	1	0	1	0
③	0	1	1	0	0	1	0
④	0	0	1	1	0	1	1

表1では、偽装された単文命題をΓとし、Γの構成要素である二つの命題をPとQ、Γの否定を¬Γ（あるいは¬Γ'）[31]とする。そのうえで真理表を作成してみれば、肯定命題Γとその否定命題との関係は、部分命題PとQのレベルで比較した場合、一義的には確定しない。したがって、問答法的議論においては正常に機能しない可能性がある。とりわけ否定命題が¬Γ'のときには、肯定命題Γと否定命題¬Γ'とは「ともに偽」となりうる（②と③の場合）。

こうして、第7章では肯定と否定が「ともに真」となる命題が、第8章では「ともに偽」となる命題が確認されたことになる。RCPは「一方が真、他方が偽」という規則であるから、その点において第7・8章の事例は明らかにRCPの例外である。

では、これと同様の方針で、海戦の例外も説明できるだろうか。その検討のためには、さらに海戦の前史に遡らなければならない。つまり、例外提示以前の文脈を見定める必要がある。しかし、これまでの整理とWhitakerの指針を踏まえれば、（具体的な検討抜きで）その見通しを論理的に見出すことはできる。議論を先取りすることになるが、ふたたび真理表の体裁を借りて、RCPの適用範囲を確認しておこう。肯定と否定のペアであるPと¬Pについて可能な四通りの真理値の組み合わせを設定すれば、表2のようになる[32]。

表2

	P	¬P	RCPの例外
①	1	1	【第7章】「人間は白い／白くない」[33]
②	1	0	【第9章】海戦問題による例外（未来単称命題）
③	0	1	
④	0	0	【第8章】「衣服は白い／白くない」[34]

表2が端的に示唆するように、海戦に先行する第7章と第8章では、命題としてはPと¬Pという矛盾対立的なペアでありながら、「ともに

真」［①］および「ともに偽」［④］となりうるような例外が確認された。したがって、残る課題は、②および③を満たす例外があるかどうかである。そのさい、②③のそれぞれは、「一方が真、他方が偽」というRCPの基準を満たしているので、単独では例外となりえない。そこで候補となるのが、「一方が真、他方が偽」でありながら、②と③という可能性を同時に保持できるような命題、つまり、②なのか③なのかが「未確定」という事態のゆえに例外となる命題である。

このような例外は想定可能だろうか。海戦によれば、まさにそれが、肯定命題「明日海戦は起こるだろう」と否定命題「明日海戦は起こらないだろう」というペアにほかならない。こうした未確定性を伴う未来単称命題は、われわれ人間の生活世界には溢れかえっている。そして、すでに述べたように、この事態の確信あるいは自明性が決定論に与しないことの論拠なのであった。

こうして、第7章・第8章のそれぞれの具体例①④とRCPの枠組みとに基づけば、海戦の例外の位置取りは明確である[35]。それ以外の可能性を選択する余地はわれわれには論理的に残されていないのだ。翻って言えば、Whitaker解釈は、なかば必然的にそのルートを歩み出したまでのことにすぎない。むろんこの「見通し」は、Whitaker解釈を貶めるものではけっしてない。こうした（ともすれば単純極まりないようにも見える）探索ルートの候補とその決定は、まさにRCPへの着眼があればこそ可能となるからだ。もし**表2**の②および③だけに着目していたならば、それは二値原理の定式化（「どの命題も真あるいは偽である」）と変わらないため、われわれはアリストテレスのねらいを見誤る公算が大である。まさにここに海戦をめぐる探索と戦況分析の盲点があったといえる。

さて、もしWhitakerの戦況分析が正しければ、われわれは『著作集』の難所のひとつを武装解除し、紛争終結に漕ぎ着けると宣言できる。だが、はたしてそうなるのかどうか、われわれとしては探索範囲を広げて、「例外」提示のさらに前史に赴かねばならない。

3　海戦前史(2)――「否定の規則」

『命題論』のアリストテレスが対象とする「命題」(「主張文」λόγος ἀποφαντικός, 17a8) を、その構成要件の網羅的な組み合わせによって提示してみれば――

　　全称あるいは単称あるいは不定称という方式によって、普遍あるいは個物の或るもの（オノマ）について、或るもの（レーマ）が結合（肯定）あるいは分離（否定）されるところの、真あるいは偽である単文

――となる。このようなかたちで取り出された命題の肯定・否定の組み合わせを、伝統的な論理学ではお馴染みのものであるが、煩瑣を厭わずアリストテレス自身の例文（18a2-7 cf. 17b18-20, 18a14-17）によって挙げてみよう [36]。

肯定命題	否定命題
(1)「すべての人間は白い」	「すべての人間が白いということはない」
πᾶς ἄνθρωπος λευκός.	οὐ πᾶς ἄνθρωπος λευκός.
(2)「ある人間は白い」	「どの人間も白くない」
τὶς ἄνθρωπος λευκός.	οὐδεὶς ἄνθρωπος λευκός.
(3)「ソクラテスは白い」	「ソクラテスは白くない」
ἔστι Σωκράτης λευκός.	οὐκ ἔστι Σωκράτης λευκός.
(4)「人間は白い」	「人間は白くない」
ἔστιν ἄνθρωπος λευκός	οὐκ ἔστιν ἄνθρωπος λευκός.

アリストテレスによれば、肯定命題は否定命題に先行する（17a8-9）。肯定命題に否定辞の付いた命題が否定命題である。否定命題は、あくまで肯定命題の否定である [37]。その意味において否定命題は、自立的ではなく派生的・副次的であり、肯定命題の影である。そして原則的には（つまり例外を別にすれば）、あるひとつの肯定命題にはひとつの否定命題が対応するとみなされる（18a12. cf. 17a32-33）。

ただし、否定辞が付いていれば、それだけで否定命題となるわけではない。その否定命題がどの肯定命題の否定であるかが重要となる。アリストテレスは、肯定を「何かに何かを結合すること」、否定を「（その同じ）何かから（その同じ）何かを分離すること」として捉える（17a25-26）。すなわち、或る同じもの(A)について或る同じもの(B)を結合することが肯定命題であり、両者を分離することが否定命題である[38]。そして、結合と分離という対概念の形式的関係の指標となるのが、まさに否定辞の有無にほかならない。この点を踏まえたうえで、アリストテレスはギリシャ語の構文を巧みに利用しながら、肯定命題と否定命題が「P」と「¬P」となるように、肯定・否定の一覧を提示する。それが前掲のリストである。ここでの「否定」はあくまで「否定辞＋肯定命題」となっている。このような構文論的関係を「否定の規則」と呼ぶことにする。

　これによって、全称肯定と特称肯定のそれぞれの否定は全称否定と特称否定ではないことが判明する。最初は、全称肯定と全称否定がペアで登場するが（17b6-7）、厳密な意味での「否定」ではないことが確認され、修正される（17b18-19, 18a4-6, 14-17）。また、日本語では、特称肯定「ある人間は白い」に対応させて、特称否定は「ある人間は白くない」と表記できるが、ギリシャ語ではそれができない。ギリシャ語では、「ある人間は白い」（の文頭）に否定辞を付けると、「どの人間も白くない」という全称否定となるからである[39]。こうして、否定命題＝否定辞＋肯定命題という観点からの構文は、一目瞭然である。命題Pの否定を¬Pと表記できるからだ。これは、いくぶん大げさに表現すれば、ギリシャ語のもつ驚くべき言語的特性だといえる[40]。

　念のために確認しておく。(1)の全称肯定は現代の述語論理の記法で記号化すれば、$\forall x(Fx \to Gx)$であるが、これに否定辞（¬）を付けた$\neg \forall x(Fx \to Gx)$を変形すれば、$\exists x(Fx \land \neg Gx)$つまり特称否定となる。全称否定$\forall x(Fx \to \neg Gx)$と特称肯定 $\exists x(Fx \land Gx)$との関係も同様である。ところが、アリストテレスの否定命題の形式的(構文論的)基準に即せば、肯定命題$\forall x(Fx \to Gx)$とその否定命題$\exists x(Fx \land \neg Gx)$のペアも、肯定命題

∃x(Fx∧Gx) とその否定命題 ∀x(Fx→¬Gx) のペアも、「否定の規則」から逸脱している。このような記号化のままでは、ここでの「矛盾」(矛盾対立的な命題) にはならないのである。

　以上の検討から、(1)の肯定と(2)の否定、すなわち、全称肯定と全称否定は、「矛盾」ではなく「反対」であって、「ともに真」ではありえないこと (17b20-24)、また、(1)の否定と(2)の肯定、すなわち、特称否定と特称肯定は「ともに真」となりうること (17b24-26)、そして、普遍がかかわる(1)(2)のペア、および、個物がかかわる(3)のペアは、肯定命題 P と否定命題 ¬P の「一方が真、他方が偽」という矛盾関係にあること (17b26-29) など、のちに伝統論理学の「対当の正方形」として「常識」となる事柄が簡潔に確認される。

　そして、(Whitaker 解釈によれば) 最初の例外である「不定称命題」つまり(4)に言及されるのは、まさにこの直後である。その解析結果は、すでに述べたように、「ともに真」でありうる (17b29-32) とされていることから推して、実質的には特称肯定と特称否定のペアと同じである。したがって、このペアは、表層的には肯定と否定の組み合わせに見えながら、「否定の規則」(否定命題=否定辞+肯定命題) を満たさない組み合わせなのであった。

　不定称命題への応答が以上のようなものだとすれば、第 8 章の「衣服は白い (白くない)」という偽装された単文の位置づけもまた明らかであろう。アリストテレスが『命題論』で扱っている肯定・否定は、単文を念頭に置いたものであった。それゆえ、もしある文が単文ではなく複文だとすれば、その否定はもはや、否定辞+肯定文という形式では原理的に処理できない。ある文が偽装された単文であるということは、それだけの理由でいわば門前払いとなる [41]。そのために、「衣服=人間+馬」という奇妙なオノマをもつ例文を解析してみせることによって、アリストテレスは複文を除外するのである。『命題論』のアリストテレスにとって、世界を記述する「文」の基本単位は「肯定の単文」とその「否定の単文」であり、これらの単文の集積がいわば世界の総体となる。こ

れが原理的洞察である。

　もとより、以上の例外を除いた RCP（「一方が真、他方が偽」）という意味論的規則と「否定の規則」という構文論的規則とは、内容のうえで一致する。ともに、厳密な意味での「矛盾」となる肯定命題と否定命題のペアを対象とするからだ。しかしそれにもかかわらず、「否定の規則」の場合には、構文論としての形式性に基づいて、あるペアは機械的に除外されるが（全称肯定・全称否定、特称肯定・特称否定）、あるペアは「偽装」（不定称文、複文）の可能性があるという点で、〈ロゴス〉を考察する『命題論』の課題に適合している。このかぎりにおいて、〈ピュシス＝世界〉のあり方を眺める必要性を痛感することなく、自分自身の形式性のみを気遣う〈ロゴス＝論理〉にふさわしい態度といえる。

　しかしそれにしても、なぜアリストテレスは、否定命題＝否定辞＋肯定命題、という形式に固執するのか。言い換えれば、「否定の規則」を旗印にできるのか。命題 P の否定を ¬P と表記する命題論理を志向するかに見えるが、むろんそうではない。そこには、アリストテレスならではの「必要性を痛感することなく」を安全に担保する実在論的前提が見てとれる。肯定・否定をめぐるアリストテレスの洞察の基点は、第 5・6 章で提示されている。それを再確認してみよう。

　すでに述べたように、肯定とは「何かに何かを結合すること」であり、否定とは「何かから何かを分離すること」であったが、命題（主張文）として可能であるのは、「(1)あるもの（ὑπάρχον）をあらぬもの（μὴ ὑπάρχον）として、あるいは、(2)あらぬものをあるものとして、あるいは、(3)あるものをあるものとして、あるいは、(4)あらぬものをあらぬものとして」述べることである（17a26-29）[42]。そして、アリストテレスの規定によれば、(1)の否定と(3)の肯定とのペア、および、(2)の肯定と(4)の否定とのペアが、「矛盾」ἀντίφασις と呼ばれる（17a33-34）。

　この記述が、「同じものが、同じものに、同じ観点において、同時に、あり（ὑπάρχον）かつあらぬ（μὴ ὑπάρχον）ことは、不可能である」（*Metaphysica* 1005b19-21）という矛盾律に準拠していることは明らかで

ある。アリストテレスは、矛盾律という根本原則を投射するかたちで、否定命題のもっとも原基的な形式を、否定辞＋肯定（μὴ ὑπάρχον）として定位させているのである。したがって、このかぎりでの肯定・否定のペアは、「一方が真、他方が偽」でなければならない[43]。

かぎりなく自明な事柄を述べているように思われる。しかし、ここで取り出されたペアとしての「矛盾」が、それだけでただちに矛盾律を意味するわけではない。「ある・あらぬ」と「結合・分離」の観点から構成されたペアは、形式的に「否定の規則」に即していれば、ひとまずすべて「矛盾」となる。結果として、「矛盾」は多義的にならざるをえない[44]。そして、その多義性は、ふたたび Whitaker 解釈を支持するように思われる。なぜなら、その解釈によれば、RCP の例外、すなわち、「（肯定・否定からなる）どのペアについても、その一方は真、他方は偽」の例外を考察するのが第 7・8・9 章の課題であると読み取れるからだ。

だが、Whitaker の見通しは、アリストテレスの立論に即応していないように思われる。アリストテレス自身のここまでの考察結果の「まとめ」を聞こう。

> こうして、(a)ひとつの肯定命題にはひとつの否定命題が矛盾対立的に対置されること、(b)どれがそのような命題であるか、が語られた。また、(c)「反対」は［「矛盾」とは］異なること、(d)どれが「反対」であるのか、(e)矛盾対立的な命題のすべてが「真あるいは偽」というわけではないこと、(f)それはなぜか、(g)どのような場合に「真あるいは偽」になるか［が語られた］。(18a8-12)[45]

総括の(e)(g)が（表記上の曖昧さは不問として）RCP（「一方が真、他方が偽」）を表示するものとしよう。だが、見落としてならない点がある。それは(f)である。アリストテレスは、どのような理由で RCP の例外を説明していたのか。つまり、不定称の肯定・否定はなぜ RCP に反すると言われていたのか。「真あるいは偽」（＝「一方が真、他方が偽」）

ではないから、というのでは理由にならない。まさにその根拠が問われているからだ。

　この論点を勘案するとき、これまでの論述から推察できるのは、否定命題＝否定辞＋肯定命題という構文論に依拠した「否定の規則」を侵犯していること以外にその理由は見当たらない、という事態である。『命題論』のアリストテレスは、第 6 章において厳密な意味での肯定・否定を矛盾律に照応するかたちで析出したうえで、第 7 章では、表層的には「否定の規則」に準拠していながら、深層では偽装された否定命題を取り出してみせたのである。その結論は、あらためて繰り返せば、特称肯定と特称否定あるいは全称肯定と全称否定のペアとして了解されうる不定称の肯定と否定とは、P と ¬P のペアではない、という点にある。逆に、「否定の規則」が正当に適用される命題のペアにおいては、（驚くべきことに）そのまま「一方が真、他方が偽」という真理値判定と一致するのである。

　以上がアリストテレスの「まとめ」である。そのうえで、もしアリストテレスの論述に不手際がないとすれば、Whitaker 解釈はさらなる難点をかかえることになる。それはすなわち、第 8 章の「偽装単文」、第 9 章の「海戦」は、Whitaker 解釈とは裏腹に、第 7 章までの考察への<u>直接的な例外ではない</u>、という点だ。なぜなら、上掲の「まとめ」は、Whitaker が述べる最初の例外の検討を終えた箇所（第 7 章末尾）で語られているからだ。第 8・9 章の例外はまだ検討されていないのである。それゆえ、この段階で(e)(g)を述べることはできないはずである。

　とすれば、第 8・9 章はじつは(e)(f)の候補ではないことになる。そしてじっさい、第 8 章の位置づけは補注的な意味しかもちえないのであった。第 6・7 章では、前掲引用(a)にあるように、「ひとつの否定命題にはひとつの肯定命題が矛盾対立的に置かれるかどうか」の洗い出しによって「否定の規則」を検証することがその課題である。したがって、「あるひとつのもの」への「あるひとつのもの」の帰属関係（結合と分離）ではない「偽装単文」つまり「複文」についての肯定・否定関係は、この

文脈での考察対象にはなりえないのである[46]。それは、あくまで「偽装単文ではないか注意せよ」という警告として処理されるべきなのだ。それゆえまた、この段階において、アリストテレスが複文の否定を「否定辞＋肯定命題」という規則によって説明することに失敗したとしても(現代の標準的な命題論理からみれば明らかに失敗している)[47]、それは『命題論』の主題にとって本質的な過失とはならない。

　以上の考察から、第7章の「まとめ」までのモチーフとなる規則Gとは「否定の規則」にほかならない。矛盾対立関係にある命題に「否定の規則」がどのように適合するのか、それが各種の命題のペアごとに検討されたのである。したがって逆に、本来の主題ではないRCPの表記（定式化）について、アリストテレスがほとんど信じられないほどまでに無頓着であった理由も首肯できる。Whitakerによって、ときに省略ときに曖昧とみなされたRCPの表記は、いずれも「否定の規則」の代用品に過ぎなかったといえる。構文論としての「否定の規則」そのものは、意味論の観点からの、「一方が真、他方が偽」だけでなく「ともに真」「ともに偽」も許容する[48]。してみれば、その四通りの組み合わせを考慮すれば、「肯定命題あるいは否定命題は真あるいは偽」あるいは（それを簡略化して）「真あるいは偽」といった定式化で代用されたとしても、それは不思議でも不可解でもない。これは、アリストテレスがたんに「否定の規則」といった簡便な語句を用いなかったためにほかならない。

4　未来時制命題と偶然

　それでは、第3番目の例外のように（Whitakerには）見えた海戦は、どのようになるのか。もしこれまでのわれわれの理解が正しいとすれば、RCPを軸とした海戦の文脈的な理解にも何らかの修正が必要となる。海戦は、第7章の「まとめ」の外部に置かれている。その点で、偽装単文の取り扱いと同じである。しかし、偽装単文（つまり複文）の分

析そのものは、この段階での文脈では注記的補足にとどまるものであった。これにたいして、海戦は、はっきりと先行の議論に言及してそれを踏まえたうえで、考察の仕切り直しを迫る論点を提示しようとする。このため、海戦の位置づけは両義的とならざるをえない。すなわち、本題の「外部」に位置しながら本題の「修正」を要請することになるからだ。このような位置づけをもつ海戦のねらいは何か。その見通しを得るためにも、（強調の下線と原文を適宜付して）あらためて第9章冒頭を再掲することにしたい[49]。

> さて、現在の事柄や過去の事柄については、(a)「肯定命題あるいは否定命題は真あるいは偽」が必然である。そして、普遍的な仕方で語られる普遍的な事柄については、(b)つねに「一方は真で、他方は偽」であり、また、個別的な事柄についてもそうであって、すでに述べられた通りである。そして、不定称の仕方で語られる事柄については、それは必然的ではないが、これらについてもすでに述べられた。しかし、個別的で未来に起こる事柄については（ἐπὶ δὲ τῶν καθ' ἕκαστα καὶ μελλόντων）、事情は同様ではない（οὐχ ὁμοίως）。というのは、もし(c)「すべての肯定命題あるいは否定命題も真あるいは偽」であるとすれば、すべての出来事［事態・事柄］もまた、「ある」あるいは「あらぬ」（ἢ ὑπάρχειν ἢ μὴ ὑπάρχειν）ということが必然であるから。（18a28-35）

すでに述べたように、表記は流動的で統一されていないが[50]、(a)(b)(c)からは海戦がやはりRCPをテーマとしているように見える。また、海戦は未来単称命題の真理値問題を検討するという読み込みをすれば、〈過去と現在〉と〈未来〉との対比も肯ける。そして、その論点をさらに一歩推し進めれば、これまでは〈過去と現在〉についての考察であったが、第9章は〈未来〉を対象にすることになる —— このようにも見える。だが、留意すべき点がある。

まず、第 9 章以前の考察において、命題が過去・現在・未来という「時制」を伴うことは再三言及されていた[51]。しかし、〈過去・現在〉と〈未来〉との差異を示唆するような記述はいっさいなかった。それゆえ、上掲引用の第一文((a)＝「現在の事柄や過去の事柄については、肯定命題あるいは否定命題は真あるいは偽が必然である」)は、厳密には、そのままのかたちでは「すでに述べられた」事柄ではない。「すでに述べられた」のは(b)のみである。

このような見方は、第一文そのものによってさらに補強される。確認しておこう。第 9 章の海戦は、第 8 章末尾の結論、すなわち、(偽装単文のような命題では)「矛盾的関係にある命題の一方が真、他方が偽」は必然的ではない[52]、という論点を引き継ぐかたちで開始される。そして、海戦端緒において「すでに述べられた」ことに言及されるときは、「つねに一方が真、他方が偽」という体裁で、たしかに第 8 章末尾が念頭に置かれている(上掲引用(b))。この(b)が「矛盾的関係にある肯定命題と否定命題のペア」についての規定であることは「すでに述べられた」内容に含まれている。

とすれば、Whitaker 解釈のように、(a)も含めていずれも RCP の言い換えとみなすのは、やはり不自然だと言わざるをえない。第 8 章末尾と(b)とであれば、その定式の差異はある意味で微細にすぎない。しかし、それら両者のあいだに差し挟まれた第一文(a)の「肯定命題あるいは否定命題は真あるいは偽が必然」という表記は、その提示が連続しているだけになおさらその違い(異様さ)が際立つ。したがって、むしろその異同を明確にするところにアリストテレスのねらいがあると読むべきである。

そしてこのような読み方は、アリストテレスの実在論的な立場を勘案すれば、疑問の余地なく取り出せるように思われる。すなわち、過去および現在の事柄についての命題は、事柄としていったん生起してしまった以上、その真偽は確定していて、その変更はありえない、という前提的了解である。いわゆる、過去(と現在)の訂正不可能性にほかならない[53]。この了解については、海戦最終部の議論でも、「ある(あらぬ)

ものは、それがある（あらぬ）ときには、必然的にある（あらぬ）」というかたちで再確認されている（19a23-24）。

したがって、戦端での「肯定命題あるいは否定命題は真あるいは偽が必然である」は、曖昧な定式のように見えながら、むしろ逆に、過去や未来の事柄についての命題は、それが肯定であるか否定であるかを問わず、さらには、矛盾対立的なペアであるかどうかにも関係なく、その真理値（真か偽）が確定しているのは必然であるということを述べる定式だといえる[54]。

以上が、アリストテレスによる定式化の表記に即した自然な読み方だとすれば、海戦ではやはり、確定的な〈過去・現在〉に対置される〈未来〉は未確定的であり、それが「事情は同様でない」ことの内実だと予想されるかもしれない。ところが、アリストテレスの立論はそれを裏切るかたちで進行する。というのも、後続文では「すでに述べられた」内容が再確認されるわけだが、それもまた明確とは言いがたいからだ。

まず、第二文の（普遍的な仕方で語られる普遍的な事柄についての）「全称命題」については[55]、まさに「全称」すなわち「普遍」であるかぎり、過去か現在か未来かには無関係に成り立つと考えられる。じっさい、(b)ではすぐさま「つねに」と明記（換言）さえされている[56]。他方、「不定称命題」の場合には、「一方が真、他方が偽」は成り立たないから、過去・現在・未来という時制的区分にも意味がない。不定称命題の真理値が時制によって変化するというのは、事柄として不自然である[57]。したがって、第一文とその後続文では、その論点が噛み合わないことになる。命題の真理値のあり方をめぐって、前者では「時制」の観点から、後者では「量化」の観点から、なんらかの区別を提示することがねらいとなっているようでありながら、時制と量化の関係は混濁してしまい、その方向性は見えないのである。

この疑念にたいしては、まさに「未来単称命題」の特異性を浮かび上がらせるのがその目的なのだ、という反論が予想される。そこで（ひとまず）その線でまとめれば、以下の**表3**が想定される（規則GはRCP

=「一方が真、他方が偽」として記載する)。

表3

	過去・現在	未来
全　称	つねに「一方が真、他方が偽」	
不定称	つねに「一方が真、他方が偽」というわけではない	
単　称	つねに「一方が真、他方が偽」	「事情は同様ではない」

　「一方が真、他方が偽」という規則の妥当性を考えた場合、過去・現在と未来とでコントラストが生じるのは単称命題のみである。これは、Whitaker 解釈に即して、すでに真理表の割り振りを利用して画定されていた論点にほかならない(本章**表2**を参照)。未来単称命題は、「一方が真、他方が偽」でありながら、「どちらが真で、どちらが偽か」については未確定である候補として選択されたのであった[58]。それを裏付けるかのように、海戦端緒のテクストでは、全称命題と同様に、単称命題もまた「つねに一方は真で、他方は偽」と語られている。「つねに」とはむろん、過去・現在・未来を問わずに、ということである。それゆえ未来単称命題にとっては、「一方が真、他方が偽」についての未確定性をどのようにして確保できるかが生命線となる。

　だがそうなると、海戦の前線上(ただし最前線ではない)にはある一連の疑問が浮かび上がる。まず、上記の意味での未確定性(以下たんに「未確定性」と呼ぶ)の根拠は何か、という問いだ。これは愚問かもしれない。それはまさに、〈過去・現在〉に対置された〈未来〉の未確定性にほかならないのだ、と。だが、先に述べたように、未来についてではあっても未来全称命題は除外されなければならない。また、天体の運行のような事象についての命題であれば、アリストテレスは、未来のことであっても、真偽の未確定性を賦与することはないと考えられる[59]。
　では、未来事象について単称と全称を、言い換えれば、個物と普遍を区別することは何を示唆するのか。その意義と可能性も含めて検討され

なければならない。

　この疑問はさらに、規則 G = RCP の例外として未来単称命題が選択された理由は何か、という問いに通じる。論理的な観点からいえば、未確定性をもつ命題であれば、例外の候補は未来単称命題でなくともよかったはずだ。じっさい、「ともに真」と「ともに偽」の例外は時制には関係しているとはまったく思われない命題が選ばれていたのだ。むろん、例外の候補がほかに見つからなければ、未来単称命題を選択せざるをえない。このことは、「アリストテレスの時間論」と題する本考察にとっても重要な着眼点を提供することになるので、その方が好都合のようにも思われる。しかし、ほかに見つかることはないと断定できるのか。アリストテレスの選択はあくまでひとつの選択であり、そこには何らかの志向、あるいは、別のねらいがはたらいているという可能性を払拭することはできない。

　こうした疑問からはさらに、候補の選択をめぐるアリストテレスの絞り込みの甘さと思われる点も垣間見えてくる。なぜなら、未来単称であっても、未確定性を伴うことなく「一方が真、他方が偽」となる命題は事欠かないように思われるからだ。たとえば、単純極まりないが、妥当な全称命題を（「犬」から「ポチ」のように）例化すればよいだけである。この論理的操作を認めるならば、海戦冒頭での「未来単称命題で語られる事柄（個別的で未来に起こる事柄）」という規定は端的に誤っていることになる。海戦の未来単称命題は、例化による命題を許容しない命題のみになるからだ。

　この疑義によって、『命題論』ではさらに重要な問いが喚起される。すなわち、それでは翻ってそもそも「妥当な全称命題」とは具体的にはどのようなものか、という素朴かつ簡明な問いである。『命題論』のアリストテレスが全称肯定命題の例としていたのは、「すべての人間は白い」といった（かなり陳腐な）命題であった。この命題は、明らかに事柄としては正しくない。裏返せば、「オルガノン」としての『命題論』のアリストテレスは、〈ピュシス＝世界〉を具体的に反映するような命

題を措定して、〈ロゴス〉の分析をしようとしているのではないということになる。われわれとしては、『命題論』のアリストテレスが何をどこまでどのように解明しようとしているのかを見失ってはならないように思われる。

　この論点は「未来単称」という指標にも妥当する。海戦での未来単称命題の事例は、第9章の歴史的呼称の理由にもなった「明日海戦が起こるだろう」である。だが、この命題ははたして単称命題なのだろうか。「海戦」は、「人間」「馬」「家」と同様に一般名である。それは、アリストテレスが個別的な事柄にかかわる単称の事例と挙げている「ソクラテス」や「カリアス」とは明らかに存在論的な身分が異なる。「海戦」について単称化しようとすれば、「サラミス海戦」や「レイテ沖海戦」あるいは「この（あの）海戦」といった記述句が必要となろう。もしそれができなければ、「明日海戦が起こるだろう」は、厳密には、未来単称命題の事例ではないことになる。

　「昨日の海戦」という記述句を用いることのできる兵士たちは、互いに戦場での出来事にかんして共通の話題をもち、武勇談を交えながら、様々に語り合うことができ、また自分が居合わせなかった戦闘場面の報告もまさに報告として聞き入ることのできる立場にある。これにたいして、「明日の海戦」について談論する兵士たちは、「明日の海戦」という記述句以外に何ら共通の事項を所有してはいない。古参兵ならば、「明日の海戦」について実しやかな戦闘経過を「物語る」かもしれない。けれども、「明日の海戦」について増加するのは、その古参兵が述べ立てた記述句だけであって、それを越えることはない。未来時制言明は、ある個別的、特定的状況ではなく、ある一般的、抽象的場面を提示するのみである。かりにどれ程描写が詳細を極めようとも、一般性・抽象性の壁を撤廃することは、論理的に不可能なのである。

　こうして、未来単称命題の真理値をめぐる問題を「海戦」と命名することは、斥候の過誤ではすまされない可能性があるのだ[60]。

　海戦のアリストテレスは、規則Gの定式化がそうであったように、未

来単称命題の規定と例示においても無頓着だったと思わざるをえない。ただし、すでに前節で考察したように、規則Gの定式化の乱れについては、「否定の規則」という視点から緩和する方途があった。では、未来単称命題の場合はどうか。われわれとしてはあらためて斥候の報告に耳を傾けることにしよう。以下、海戦の（戦端も含めて）五段階の進行を確認しながら[61]、その要衝となる論点を検討することにしたい。アリストテレスの論述は、漸進的で、しかもその進捗は思いのほか遅々としている。言葉を換えれば、慎重だともいえる。アリストテレスは、そうならざるをえない枢要な課題を海戦から析出しようとしているのである。考察のねらいとしては、上述したように、疑念のつきまとう「未来単称命題」そのものが海戦の標的ではなかった可能性を探ることになる。

さて、戦端では、規則Gの例外（「事情は同様ではない」）の候補として未来単称命題に照準が置かれる。ところが、海戦の前線（しかしやはりまだ最前線ではない）に赴くと状況は異なる。前掲引用(c)に明記されているように、海戦の第一段階での「一方が真、他方が偽」は、未来単称命題だけを念頭に置いたものではない。「すべての肯定命題あるいは（すべての）否定命題」となっているからだ[62]。「すべて」なので、アリストテレス自身ものちに断わるように、全称も単称も含まれる（18b27-28）。また、未来だけでなく過去や現在についての命題も含まれることになる。

留意すべき点はそれだけではない。その定式を忠実にそのまま読めば、それは、見ての通り、(b)の「一方が真、他方が偽」ではなく、(a)の「肯定命題あるいは否定命題は真あるいは偽」なのだ（cf. 18a37-38, b4）。ということは、この段階でのアリストテレスは、もし〈過去・現在の事柄〉だけではなく〈未来の事柄〉にもかかわる「すべて」の命題について真偽が確定していたらどうなるか、という仮定でもって議論を切り出していることになる。つまり、過去・現在の事象には訂正不可能性によって必然性が賦与されたが、未来の事象にもそれが可能であればどうなるか、と踏み出すのである。

その帰結はむろん、完全なる決定論的世界である。「すべて」の出来事・事象は必然的に生起し、ひとつの〈偶然〉も存在しない世界となる。このことは帰結の文面からも明らかである。

　したがって、いかなるもの［出来事・事態］も、〈偶然〉ἀπὸ τύχης によっても、〈どちらでもある〉ὁπότερ' ἔτυχεν 仕方によっても、現にあることも現に起こることもなく、また、あったりなかったりするだろうということもなく、むしろ、すべてのものは必然的に、つまり、〈どちらでもある〉仕方ではない仕方で、現にあり、また現に起こり、そして、あるであろうし、またないであろう[63]。(18b5-7. cf.18b15-16)

　また、出来事の必然性を導出する方途として、現在の出来事Pについて過去の（任意の）時点での命題（発言）「P」は真であったことが利用されているが（18a35-b4）、この点から見ても、過去・現在・未来すべての出来事についての決定論が提示されている[64]。したがって、過去や現在には認められる訂正不可能性としての必然性を越え出て行く必然性が、ここでは提示されている。しかるに、決定論は容認できないのであった。じっさい決定論の帰結をアリストテレスは「不合理」として一蹴する（18b26）。それゆえ、この仮定（前提条件）は否定されなければならない。では、その否定によって何がもたらされるのか。

　議論の前提条件は否定されるが、「すべての肯定および否定の命題についての真理値の確定」が否定されても、そこからとりわけ未来単称命題の真理値の未確定性が導出されるわけではない。論理的に言えるのは、真理値が未確定の肯定（あるいは否定）命題が少なくともひとつは存在する、ということだけである。むろん、前掲**表3**のように、規則G（＝RCP）が妥当する命題群を、過去・現在・未来という〈時制〉の指標と全称・単称という〈量化〉の指標との組み合わせによって分類したうえで、その例外の候補を確定するのであれば、未来単称命題をおいてほか

にはないのかもしれない。つまり、もし**表2**の真理表だけであったならば、その候補がどのようなものになるかは未確定だったわけだが、その課題を**表3**の海戦の土俵（正確には海上なるが）に引きずり込めば、標的は自動的に未来単称命題となるというわけである。

　しかし、このような自作自演的あるいは予定調和的な展開が、アリストテレスのねらいだったのか。そうではない。普遍命題の例化を知らないわけではないアリストテレスにとって、<u>すべての</u>未来単称命題について「事情は同様でない」と結論づけることが海戦の目標だったのではない。このことは、海戦の前線を再探索すれば見てとれる。戦端では「未来事象命題」が名指しされていたにもかかわらず、海戦が開始すると、「個別的な未来の事象」に類する言い方は背景に後退してしまうからだ。代わって主導的な役割を担うのが、「偶然的事象」（ὁπότερʼ ἔτυχεν / ἀπὸ τύχης）にほかならない[65]。そして、単称名辞ではないと考えられる一般名辞「海戦」も、当の海戦問題では（単称命題ではなく）正確には「どちらでもある」の事例として導入されるのである（18b24-25）。

　この標的変更には利点がある。「どちらでもある」ὁπότερʼ ἔτυχεν というあり方をして<u>いない</u>未来事象については、（もしそのような存在があれば）「一方が真、他方が偽」の可能性は温存されるからだ。したがって、「未来単称命題」が抱えもつ難点、すなわち、未来単称命題であっても「一方が真、他方が偽」は確定しうるのではないか、という疑問はひとまず解消されることになる。

　以上をまとめれば、戦端に続く第一段階では「未来単称命題」（正確には「個別的で未来の事柄にかかわる命題」）から「どちらでもある（もの）」への視点ないし力点の移動が認められる。そして、そのさいの前提的規則は、「肯定命題あるいは否定命題は真あるいは偽」であって（18a34, 37-38, b4）、「一方が真、他方が偽」は登場しない。この点を見ても、Whitaker のように規則 G を一律に RCP と解釈するのは、海戦の経過を誤認する危険があると言わなければならない。

5　ロゴスとプラーグマ

　しかし他方で、偶然的事象の存在は決定論を否定する根拠であったわけだが、その前提の再確認に回帰してしまうのでは何のための議論だったのか、訝しく思われるかもしれない。われわれとしては、視点・力点の移動も含めて、アリストテレスのねらいをさらに追跡しなければならない。それを予示的に述べるとすれば、『命題論』のアリストテレスは、「海戦」の段階において、まさに〈ロゴス〉と〈プラーグマ［＝ピュシス］〉との離接的境界面に広がる深淵に達しつつあるといえる。ここに、海戦への参入による事柄そのものの見直しのねらいがある。そしてそれは、「例外」が「範例」になる契機にほかならない。

　では、その深淵に臨むに先立って、第一段階から第二段階への進行を追尾しておこう。

　第一段階は、述べたように、全面的な決定論であり、それはまさに「不合理」として否定されるほかなかった。それを受けての第二段階では、決定論を導出するための仮定が「一方が真、他方が偽」である場合について検討される。しかも、その定式は（これまでとは一変して）明確である。すなわち、もし「普遍的な仕方で語られる普遍的な事柄についてであれ、個別的な事柄についてであれ、すべての肯定命題と否定命題との矛盾的関係として対置されているものの一方は真で、他方は偽であることが必然である」とすれば、やはり第一段階と「似たようなほかの［不合理な］事柄」が結果するとされるのである（18b26-29）[66]。

　なぜこのような定式の修正ないし変更が施されたのか。この点についてアリストテレスは的確な補足的考察を提示している（18b17-25）。それによれば、第一段階の「すべての肯定命題あるいは否定命題は真あるいは偽」の場合、論理的には「ともに真」も「ともに偽」も可能であるが、これらの可能性は、「決定論」にとっても「偶然＝どちらでもある」にとっても不都合なのだ。なぜなら、ある命題Ｐの肯定と否定が「ともに真」あるいは「ともに偽」であれば、Ｐについては決定論も非決定論

も関与できないかかるからである[67]。
　こうして、第一段階において「未来単称命題」の代替となった「どちらでもある」は、第二段階においてさらなる概念的な絞り込みが施される。アリストテレスは、この概念的修正によって決定論の導出はより容易になると見ている。

　　というのも、ある人が肯定し、別のある人が否定するということがなかったとしても、〈プラーグマ〉は現にあるようにあるのは、明らかだからである[68]。（18b37-38）

　命題つまり〈ロゴス〉の側での「一方が真、他方が偽」は、事象・出来事・事柄つまり〈プラーグマ〉の側での「あり方」を反映している。そのため、決定論の導出に必要である真なる命題はそれが言明（発話）可能性でありさえすれば十分であり、じっさいに発話されなくてもよいとされる。このかぎりにおいて、海戦の決定論はいわゆる物理因果的決定論よりも宿命論（運命論）的な色合いを帯びることになる[69]。とはいえ、それが否定されるべき不合理な帰結であることに変わりはない。では、議論の構成自体は第一段階と同じなのか。アリストテレスの着眼には変化が見てとれる。
　まず、いま述べたように、この段階になって〈ロゴス〉と〈プラーグマ〉との照応関係が再確認される。ここでわれわれには最前線が見えてくる。この関係は、『命題論』第6章での肯定・否定と結合・分離との対応性に基づくものであり、本章の解釈において「否定の規則」の基盤をなす関係であった。決定論導出の論拠を提供するのは、〈ロゴス〉と〈プラーグマ〉との基底的根本的な関係である。とすれば、決定論の否定によって最終審問の対象となるのは、かかる〈ロゴス〉と〈プラーグマ〉との関係そのものにほかならない。
　この重要な論点の確認とあわせて第二段階では、決定論を否定する原基的事象として、われわれ人間の行為における思案や熟慮が取りあげら

れる (18b31-33)。決定論への応答として予想された平凡な事実が持ち出されているように思われるかもしれない。しかし、アリストテレスのねらいはつぎの点にある。第一段階では「どちらでもある」とともに併記されていた「偶然」ἀπὸ τύχης (18b5, 16) が「人間の行為」の導入によって背景に退き、この段階での非決定論の鍵概念が「どちらでもある」ὁπότερ' ἔτυχεν に集約されるのである。熟慮や思案に基づく選択的な行為を念頭に置くとき、たんなる「偶然」を除外するのはある意味で妥当な対処である。決定論を否定する論拠として言及される「(思案や熟慮に基づく) 人間の行為」は、たんなる偶然事・偶発事ではない (とわれわれは考える) からだ[70]。

こうして、「どちらでもある」はまさに「行為の選択」に照応可能な表示機能も兼ね備えることになる。「このこと [A] をすれば、このこと [B] があるだろう (生じる) が、Aをしなければ、Bはないだろう (生じない)」といった仕方で、われわれ人間の行為は世界のあり方と連携しながら未来に投射される。他方で、人間の行為への着目によって、海戦端緒の「未来単称」の問題にも一条の光明が差す。というのも、アリストテレスによれば、人間の行為は、個別的な状況のもとでの (未来に向けられた)「いま・ここ」というまさに単称性を特徴とするからである。

以上が第二段階での、決定論の不条理を踏まえた小さな漸進的修正である[71]。これに続けてアリストテレスは第三段階でさらなる概念を導入する。決定論の帰結が「不可能」であることの理由づけとして、第二段階での「人間の行為」のあり方がより一般化されるかたちで提示されるのだ。すなわち、「一般的に〈つねに活動 [現実化] しているわけではないもの〉においては〈あることとあらぬことの可能性〉τὸ δυνατὸν εἶναι καὶ μή がある」と語られるのである (19a9-10)。この第三段階での概念的修正は、われわれにとってはほとんど自明と思われるかもしれない。だが、二つの点で重要である。

ひとつは、第二段階を引き継ぐかたちでの、「ありかつあらぬ」という可能性はあくまで「人間の行為」を範例として一般化されている点

である。これによって、思案的（熟慮的）な行為における「アルケー」（始源）が全面的決定論の不可能性への論拠として確保される（19a7-9）。そして、先に見たように、「どちらでもある」はたんに「でたらめ」としての偶然ではなく、何らかの仕方でアルケーを具備する「ありかつあらぬ」に照応することが再確認される[72]。

もうひとつは、行為のアルケーに着目されるとはいえ、それによって、決定論的事象と非決定論的事象とが水と油のように、あるいは、（アリストテレス的な世界像でいえば）「天上の世界」と「月下の世界」とのように截然と区別されるわけではない、という点である。むしろ、「ありかつあらぬ」という両面的可能性、すなわち「どちらでもある」は、決定論的必然性と融合してもよいのである。アリストテレスの具体例は、この論点を的確に浮かび上がらせるものになっている。たとえば、この外衣は（人間の手によって）裁断されることが可能であるけれども、裁断される以前に（物理的な摩耗によって）擦り切れてしまうことがありうる[73]。逆に、<u>この</u>（同じ）外衣は（物理的な摩耗によって）擦り切れてしまうことが可能ではあるが、擦り切れる以前に（人間の手によって）裁断されることがありうる。つまり、ここでの「どちらでもある」は、そうした物理的な必然性と結びついた、あるいは、それを前提したうえで語り出される両面的可能性であって構わないのだ。このことは、決定論にたいする反例としての「人間の行為」についてきわめて自然かつ穏当な見方を提示する[74]。何らかの物理的因果性を前提しなければ、人間の行為はそれこそ砂上の楼閣となるほかはないからだ。

以上の視点も含めたうえで、「<u>すべての</u>事柄は必然的にある（生じる）」という<u>全面的</u>決定論は不合理あるいは不可能として却下される。

なお、ここでもアリストテレスの記述が慎重であることは確認しておかなければならない。それは、「多くの場合」ὡς ἐπὶ τὸ πολύ の取り扱いに見てとれる（19a21）。「多くの場合」は、自然学的探究の領域では必然的様相を帯びた、すなわち、「でたらめ」には生起しない自然本性的な事象に適用される概念である[75]。しかし、ここでのように、全面的決

定論の否定によって帰結するのが非全面的（全面的でない）決定論であるとすれば、「(つねにではない) 多くの場合」はそのかぎりにおいて「どちらでもある」の側に配置されることになる。このため、第二段階において「偶然（でたらめ）」ἀπὸ τύχης を捨象する（背景に押しやる）仕方で海戦の基底語として導入された「どちらでもある」は、こんどは「多くの場合」から差異化されるか、あるいは、それと統合されなければならないのである。これは解消されるべき課題として、つぎの（最後の）第四段階に残される。

6　海戦問題とアスペクト──テンス・様相・アスペクト

では、最終局面の第四段階に至って海戦の漸進的議論はどのように終焉するのか。その点を確認するためには、やや長くなるが、海戦の終結部を引用しなければならない（これまでと同様に記号で区分したうえで、[　] での補足や下線による強調を施す）。

したがって、(a)〈ロゴス〉は〈プラーグマ〉のあり方に応じて真であるのだから、以下のことは明らかである[76]。すなわち、(b)〈「どちらでもある」ὁπότερ' ἔτυχε[ν] ようなあり方をするもの〉つまり〈反対が可能であるようなあり方をするもの〉は、その矛盾的命題もまた同様のあり方をすることは必然である。(c)このことは、〈つねにあるわけではないもの〉あるいは〈つねにないわけではないもの〉について成り立つ。というのは、(d)それらの矛盾的命題については、「その一方の部分が真あるいは偽である」[＝「一方が真、他方が偽」]のは必然であるが、しかし、(e)どちらの部分が真でどちらの部分が偽かは必然的ではなく、「どちらでもある」からであり、また、いずれか一方が他方よりもいっそう真ではあっても、それがすでに真あるいは偽であるわけではないからである。したがっ

第 2 章

て、(f)［矛盾的関係として］対置されたどの肯定命題と否定命題についても、「一方が真、他方が偽」が必然でないことは、明らかである。なぜなら、(g)〈あらぬがしかしあることあるいはあらぬことが可能なもの〉は、〈あるもの〉の場合と同様のあり方をしているわけではなく、すでに述べられたような［「どちらでもある」ような］あり方をしているのであるから。（19a32-b4）

さて、すでに先取りして述べていたように、決定論批判の論拠となる「未確定性」は(d)〜(f)によって「一方が真、他方が偽」の未確定性として明確に提示されている[77]。この点において、Whitaker 解釈はまったく的確である。だが同時に、看過してはならない点がある。それは、その未確定性という特性が賦与されるのはもはや「未来単称命題」ではないという点である。たしかに、上掲引用の直前の箇所には、未来時制の「明日海戦が起こるだろう（起こらないだろう）」といった命題が挙がっている（19a29-32）。このため従来の解釈では、この命題が「未来単称命題」としてそのまま結論部に引き継がれるとみなされてきた[78]。しかし、それが単称かどうかすらも疑問であったのにくわえて、結論部ではそもそも未来時制命題は登場しない。これまでの表現をここでも使えば、海戦では未来単称命題もまた背景に後退するのである。

代わって登場するのは、われわれが海戦の基底語として措定した「偶然＝どちらでもある」ὁπότερ' ἔτυχεν にほかならない。そのさい、(e)の後半で述べられるように、第三段階で登場した「多くの場合」は、論理的には「どちらでもある」の未確定性によって一括して処理されている。つまり、第三段階とはちがって、「多くの場合」もまた「どちらでもある」の一様態とみなされ、「多くの場合」と「どちらでもある」との差異も消失して、「どちらでもある」だけが残されるのである[79]。

さらに、基底語「どちらでもある」が適用される対象の規定にも小さな変更が加えられる。第三段階では、人間の行為を念頭に置いたうえで、「どちらでもある」は「つねに活動［現実化］しているわけではないも

の」という存在様態が導入された。それが第四段階になると、より中立的あるいは汎用性を高めた規定である「つねにある［あらぬ］わけではないもの」に変更されるのである。

　以上を踏まえて、海戦問題の戦端と終結との関係を述べれば、つぎのようになる。
　海戦の戦端は、未来単称命題がかかわる事柄（事態・出来事）に照準が定められるかたちで開かれた。しかし、未来単称命題の特異性を追尾する海戦は、決定論との応戦を経る過程で、レベルを異にする戦局に直面することになる。その局面とは、海戦以前、すなわち、『命題論』第9章以前の考察地平ではまったく想定されていなかった地平のものである。海戦以前では、「量化」と「時制」という二つの指標を軸にとって、肯定命題と否定命題との真理値のあり方をめぐる〈ロゴス＝命題〉の分析が主題的に考察されていた。それは、量化については、単称・全称のほかに不定称という重要な論点も射程に入れた周到な検討であった。そのかぎりにおいて、量化の観点をめぐる基本的な命題分析は完結する[80]。
　これにたいして、時制の観点から命題の真理値問題を眺めようとするとき、アリストテレスには（あるいは「われわれ」にとってもそうかもしれないが）命題よりもむしろ事柄そのものについての先行的了解が作動するのであった。すなわちそれは、過去・現在と未来との対照的関係——前者は確定的（訂正不可能）だが後者は未確定的という関係——である。これが鬼門となる。なぜなら、アリストテレスの分析に即せば、命題（言明）はそのつどの発話時の状況において適切な時制を伴うことで真理値をもつはずであった。だが、その発話文を過去・現在・未来という時間軸を介してメタ的、言い換えれば、回顧的あるいは予期的に捉えることが可能であるとしたとき、命題の真理値は事柄・事態との対応関係という枠組みでは対応できないのではないか。これが海戦の戦端となる問いである。
　その解決のためには、少なくとも二つの方途が考えられる。

ひとつは、時制文を無時制文に書き換える操作を持ち込む方法である。安直には、発話時点での時制と相対的な時間表記を取りやめて、絶対的な時刻表記にすればよい。たとえば、「明日海戦が起こるだろう」は、（西暦 2001 年 9 月 10 日の発話として）「西暦 2001 年 9 月 11 日に海戦が起こる」といった書き換えになる。アリストテレスは、量化については（全称でも単称でも特称でもない）不定称を検討していたわけであるから、時制についても無時制的 tenseless な命題を検討する可能性はあったはずである [81]。

もうひとつは、過去・現在と未来との対照的落差をあくまでも温存する方法である。それはたとえば、つぎのような語り口になる。現時点では未確定の未来時制命題は、やがて（時間の経過とともに）その命題が記述する時点が到来することによって、その真偽が確定し、それ以降は訂正不可能な状態となる。これは、未来時制命題の真理値は、当該の未来の時点が現在そして過去にならないかぎり決定しない、という立場であり、素朴ではあるが潔い態度決定かもしれない。

前者の応答は、発話文を無時制化するという点で静態的な手法である。たいして後者は、訂正不可能状態への移行があるとはいえ、未来から現在そして過去への時間的推移を前面に押し出すという点で動態的な手法だといえる。しかし、『命題論』のアリストテレスがいずれの方法も選択していないことは、これまでの検討から明らかである [82]。

では、『命題論』の段階でのアリストテレスはどのような戦略を採用するのか。それは、前掲引用文の、つまりは海戦の最終文(g)によって示される。すなわち、「あらぬがしかしあることあるいはあらぬことが可能なもの」という〈ロゴス〉によって現実様相と可能様相とが統合される〈プラーグマ〉概念の導入にほかならない。こうした〈プラーグマ〉とそれに照応する〈ロゴス〉への着目は、前掲の二つの方法のいわば中道路線、より適切には、両者にとってもより基底的な事態を開示するためのものである。では、そのねらいはどこにあるのか。

まず直接的には、(g)がそれに先行する(e)〜(f)の理由づけ（論拠）と

なっていることから、Whitaker 解釈の（部分的な）妥当性は保証されることになる。この点は動かない。しかし、命題の種類に応じた「一方が真、他方が偽」の成立・不成立の検討は、『命題論』はむろんのこと、海戦でも争点のひとつであり、未来時制命題の未確定性はその帰結でもある。ただし、それは海戦の主戦場ではなかったのだ。海戦終結部では、述べてきたように、未来時制命題まして や未来単称命題は背景に後退してしまう。主戦場は、現実様相と可能様相との結合によってはじめて言語化が可能となる〈プラーグマ〉にほかならないのである。

では、なぜ〈プラーグマ〉なのか。『命題論』での〈プラーグマ〉は、その冒頭からしてすでに基幹語の位置を占めていたわけだが（16a8）、海戦の第二段階で言及されたときにも確認したように、肯定と否定のペアを措定する根拠であった。われわれは、ここで「否定の規則」をあらためて思い起こす必要がある。「否定の規則」は、〈プラーグマ〉としての「ある ὑπάρχον」と「あらぬ μὴ ὑπάρχον」を淵源とする。〈プラーグマ〉は、「ある」の結合構造 τινὸς κατὰ τινός と「あらぬ」の分離構造 τινὸς ἀπὸ τινός を「肯定」および「否定」として「主張する」ἀποφαίνεσθαι ことによって言語化（命題化）されたのであった。したがって、（オノマとレーマを構成要素とする）肯定命題 P と否定命題 ¬P との構文論上の関係は、〈ロゴス＝言語〉のレベルにおいて〈プラーグマ＝世界〉の側での結合と分離を描出する最小の構図にほかならない。

アリストテレスの分析では、この言語的描出によって、言い換えれば、〈言語〉と〈世界〉との照応的記述によって、はじめて「真」ἀληθές / ἀληθεύειν と「偽」ψεῦδός / ψεύδεσθαι の可能性が開示される。じっさい、第 6・7 章において「否定の規則」が導入され、その当否が検討されるときにも、「ある」ὑπάρχει・「あらぬ」μὴ ὑπάρχει が基準軸であることが再三確認される（17a24, b2, 4）。そして、<u>海戦以前</u>の段階では、「ある」と「あらぬ」に基づく「肯定」と「否定」の関係は、過去・現在・未来を問わず、同様に成り立つとされていたのであった（17a29-30）。

そしていま海戦は、そうした〈プラーグマ〉概念には決定的な意味で

の「修正」が必要であることを告げる。すなわち、「ある」と「あらぬ」とを対峙させるだけの単相的な二分法では〈プラーグマ〉の捉え方として的確ではないのである。〈つねにある［あらぬ］わけではないもの〉は、〈あらぬ［ある］がしかしあることあるいはあらぬことが可能なもの〉という様態をもつ。海戦での基幹語ともいえる「どちらでもある」ὁπότερ' ἔτυχεν は、たんに肯定か否定かという両面性にとどまらず、〈プラーグマ〉の可能様相に固有の特性として組み込まれることになる。

こうして、〈プラーグマ〉をめぐる考察が逢着したのは、周知の用語を使うならば、「時制（テンス）」ではなく「相（アスペクト）」の問題にほかならない。「アスペクト」は、まさに〈プラーグマ＝存在〉に照応する〈ロゴス＝言語〉的概念なのである。

これによって、『命題論』の「どちらでもある」はさらに厚みをもった事象に昇華しうる。というのも、「どちらでもある」は未来事象のみに限定される必要はないからだ。「アスペクト」は、時制としての過去・現在・未来の区別とは異なる地平で適用されうる概念である。海戦冒頭では、もはや過去のことになってしまった偶然事については、過去の訂正不可能性のゆえに必然であるとされた。しかし、たとえばわれわれの行為やそれが引き起こした結果が過去の事柄になったとしても、そのことのゆえに〈どちらでもある＝偶然〉という様相をすべて取り去ることはできないし、また取り去るべきでもない。時制を伴う〈過去・現在の事柄〉から〈偶然〉を一切剝奪するならば、それは「とりかえしのつかなさ」の越権であると言わなければならない[83]。

それゆえ、こうした〈プラーグマ〉について、肯定命題と否定命題とのペアをつくろうとすれば、そのままのかたちでは「否定の規則」はもはや適用できない。むろん、「明日海戦は起きるだろう」ἔσεσθαι ναυμαχίαν αὔριον の否定は、「明日海戦は起こらないだろう」μὴ ἔσεσθαι [ναυμαχίαν αὔριον] である（19a30）。そのかぎりにおいて、未来単称命題であっても、表層的には「否定の規則」の形式性を満たしている。しかし、それは〈プラーグマ〉のあり方に照応する〈ロゴス〉ではないのである。

〈ロゴス＝言語〉は、アリストテレスの構想では「オルガノン」として機能する。そしていま海戦によって、〈ロゴス〉が〈プラーグマ＝ピュシス＝存在（世界）〉を記述するための「オルガノン」となるためには、しかるべき根本的かつ系統的な構文解析が必要であることが告知されたのである。すなわち、〈プラーグマ〉の視点からいえば、〈ロゴス〉の構成要素である「オノマ」と「レーマ」には、量化としての全称・単称・不定称、時制としての過去・現在・未来にくわえて、「アスペクト」としての（少なくとも）現実性・偶然性が不可欠である、ということだ。

　「オルガノン」としての『命題論』の役割は、肯定・否定にかんする「否定の規則」という構文論的原則に準拠しながら、あくまでも〈ロゴス〉から〈ピュシス＝プラーグマ〉への探究的移行を可能ならしめる概念装置を析出するにとどまる。それではしかし、このような探究地平は、たとえば、『ニコマコス倫理学』Z巻第3章において、「魂が肯定したり否定したりすることによって〈真理を把握する〉状態は、〈技術〉〈学問的知識〉〈思慮〉〈知恵〉〈知性〉という五つがあるとしよう」[84]というかたちで、なかば断定的口調で切り出される地平からどれほど隔たっているのだろうか。あるいは逆に、予想以上に近いのか。

　われわれはいま、『命題論』の「海戦問題」によって『著作集』の内部における〈ロゴス〉と〈ピュシス＝プラーグマ〉との遠大とも思われる懸隔に直面する。この懸隔はむろん、亀裂や断層ではない。『著作集』の基幹的な構図を提示するものである。そこで最後に、その方向性を再確認する意味で、この段階での疑問を二点だけ見ておきたい。

　「アスペクト」は通常「テンス」とセットになる言語的事象である。だとすれば、その考察は一般的にはまさに「言語学」に固有の課題であって、「哲学」あるいは「形而上学＝存在論」の主題的テーマにはなりえないのではないか、という素朴な疑問が生じる。テンスとしての過去・現在・未来については、「過去とは何か」「未来とは何か」そして「時間とは何か」と切り出せば、それはすぐさま「哲学的な問い」に変

貌しうるし、じっさいそのように受けとめられている[85]。これにたいして、「完了」「進行」などの様態概念を意味する「アスペクト」のどこに哲学的問題としての意義・重要性があるのか、すぐには見てとりにくい。

とはいえ、ことアリストテレス哲学ということになれば、こうしたアスペクトの視点が、形而上学的な探究において〈キーネーシス＝運動〉と〈エネルゲイア［エンテレケイア］＝現実態〉の位相として問題になることはよく知られているところである[86]。〈あらぬ［ある］がしかしあることあるいはあらぬことが可能なもの〉という様態には、「ある（存在）」の重層性が立ち現れる。この重層的構造は、それをそのまま受けとめようとするとき、アリストテレス存在論における「ある」と「一」との根源的通底性[87]にとって克服すべき課題になる。その意味でも、『命題論』における〈プラーグマ〉の言語化は、『著作集』の端緒を飾るにふさわしい問題提起なのである。われわれとしては、これに引き続くかたちで、アリストテレスの論稿群を探査しなければならない。

では、その探究の方向はどのようなものになるのか。その手がかりがもうひとつの疑問につながる。われわれはいましがた、「テンス」に対置させて（何の断りもなしに）「アスペクト」という用語を持ち出した。しかし、「海戦問題」から見えてきたのは、あくまでも現実性・可能性・偶然性そして必然性といった様相概念である[88]。だとすれば、ここにアスペクト問題を持ち込むのは適切か、という疑問が生じる。「ある」の重層性に見出された様相概念は、どのようにしてアスペクト概念につながっていくのか。

この問いを考察するうえで、つぎの点は確認しておかなければならない。すなわち、アリストテレスは「テンス」にはχρόνοςというギリシャ語を当てているが（16a20, b6, 8, 12, 18）、「アスペクト」にせよ「様相」にせよ、それに対応する（上位の）類概念的レベルでの語は『著作集』には登場しない。これは、「アスペクト」や「モダリティ（様相）」が文法的概念として充分には整備されていなかったことにも起因するのかもしれないが、いずれにせよ、上位概念の欠落あるいはその未確定さ

は、アリストテレス哲学における〈プラーグマ＝存在〉の探究にも翳りを落とすことになる。「概念」の不在は、とりわけ〈ロゴス〉の側からの探究にとってはやはりひとつの障害となりうるからだ。

　以上でもって、長い助走路のうえでの跛行はひとまず終わる。われわれとしては、「様相」がなぜ「アスペクト」につながるのかという問いを脳裏にとどめたうえで、その様相概念についての構文論的考察が展開される『分析論前書』につぎの探究の場を移すことにしたい。それがおそらくは、〈ロゴス＝論理〉におけるアリストテレスの方法（メトドス）にも即した行程となるはずである。ただし、すでに第1章で述べたように、『前書』の様相論理には混濁が渦巻いている。したがって、つぎにわれわれが踏み入れることになるのが長い茨の道程になることだけは覚悟しておかなければならない。

1　同書第2巻85（藤縄訳）。ὡς καθ' ἡμέραν ἑκάστην ἐλπίδος οὔσης αἰεὶ ναυμαχήσειν.
2　『著作集』の観点からは『カテゴリー論』から開始できれば好都合なのかもしれない。しかし、本文でやがて取りあげるように、〈ピュシス〉に通じる基幹語〈プラーグマ〉を照射するためには『命題論』が起点となる。『カテゴリー論』ではその第5章 4a36-b13 が関連箇所になると考えられる。
3　やや古いけれども、Cahn [1967] の表現を借りれば、'from Plato to Austin' となる。
4　O'Shaughnessy [1980] や Honderich [1988] などの大著の刊行がそれを裏付けている。また、Ammonius & Boethius [B 1998] に所収の四つの「序論」も参照。テクストの校訂まで含めれば、局地戦は千差万別となるが、主立った局地戦については本文および脚注で簡単に言及する。最近の邦語文献としては青山 [2016] を挙げておく。
5　Weidemann [B 1994] 324.
6　κατάφασις と ἀπόφασις はそれぞれ「肯定命題」「否定命題」とする。φάσις は、真理値［真／偽］をもつ「言明」あるいは「発話文」である（第4章）。なお、『命題論』での（真理値をもつ）命題は時制（過去・現在・未来）付きである。数学が対象とするようないわゆる「無時制命題」は主題とはなっていないと考えられる。
7　このような事柄にかんする命題は、以下「全称命題」と呼ぶ。このため、論述の

うえで「普遍」と「全称」が混在する。
8　個別的な事柄についての命題は、前注に合わせて「単称命題」とする。
9　アリストテレスは、量化（全称・単称・特称）の指定がない命題（[全称でない]μὴ καθόλου）も取り上げる（例「人間は白い」）。本稿では「不定称（命題）」と呼ぶ。
10　このような事柄についての命題を「未来単称命題」とする。
11　ここでは、規則 G と決定論に焦点を定めた構成を簡略化して記載する。
12　アリストテレスは、現時点で成り立っている事態から過去の時点での真なる命題の可能性に遡及するかたちで議論を組み立てているが、その論拠は真なる命題と事態との対応関係にあると考えられる。cf. Kneal & Kneal [1978] 46-7. アリストテレスはさらに、決定論の導出のためには、未来を予言する真なる言明が実際に発言される必要はないとも論じる（18b36-38）。発話の可能性を認めることができさえすれば、それで十分とされる。したがって、「言明（命題）」がいわば原因となって、それに対応する事態が結果として生じるわけではない。その一方で、アリストテレスが規則 G からの決定論の導出を慎重に推し進めている点については、あとで確認する。
13　二度にわたり改訂された Weidemann の浩瀚な注解書の存在を忘れることはできないが、『新版全集』の『命題論』にかんする注解と解説でも、海戦問題については Whitaker の解釈がほぼ全面的に採用されている。本考察では、その解釈にたいして若干の異議を唱えることになる。
14　本章では、Whitaker による『命題論』の各章ごとの注解的読解については割愛し、本考察に必要な範囲で言及するにとどまる。なお、『命題論』の文脈的解釈の必要性を強調したり、規則 G を RCP（後述）とみなしたりするといった、個々の視点そのものは Whitaker の独創というわけではない。Whitaker の貢献は、それらの方途を整合的に一体化させる解釈を開拓し、それによって海戦に斬新な位置づけを与えようとしたところにある。cf. Frede [1985] 32.
15　(a)(b)(c) の原文は以下の通り。
　　(a) ἀνάγκη τὴν κατάφασιν ἢ τὴν ἀπόφασιν ἀληθῆ ἢ ψευδῆ εἶναι.
　　(b) ἀεὶ τὴν μὲν ἀληθῆ τὴν δὲ ψευδῆ.
　　(c) πᾶσα κατάφασις ἢ ἀπόφασις ἀληθής ἢ ψευδής.
16　Whitaker [1996] 79.
17　つまり「どの命題も真か偽のいずれかの真理値をもつ」。
18　ἀνάγκη τὴν μὲν ἀληθῆ τὴν δὲ ψευδῆ εἶναι ἀντίφασιν.
19　ἀνάγκη πάσης καταφάσεως καὶ ἀποφάσεως τῶν ἀντικειμένων τὴν μὲν ἀληθῆ τὴν δὲ ψευδῆ εἶναι. 海戦の結論部については、本文であらためて取り上げる。
20　伝統的な見方にたいしては、邦語文献として松永雄二訳『カテゴリアイ』訳注においてすでに的確な疑義・批判が提示されている（田中編 [1966] 167）。

21 各例外については後述する。『命題論』の主題が「矛盾対立的な命題」の分析にあり、それが『トポス論』に関連しているという捉え方そのものは、一般的な見解としてこれまでも主張されてきた。cf. Kneal & Kneal [1978] 24. ただし、そのような視点をもつ見解であっても、『カテゴリー論』→『トポス論』（+『ソフィスト的論駁』）→『命題論』→『分析論』という論稿群の流れを想定したものである。くわえて Kneal & Kneal が、「アリストテレスの体系」の中核とみなすのは、「オルガノン」のなかでは『命題論』第5〜8・10・11章および『前書』A巻第1〜7章である。つまり、海戦問題も様相概念（および様相論理）も視野には入っていない。さらに付言すれば、Kneal & Kneal [1978] 47 では、第8章の「人間は色白である」の分析は規則Gの例外とされるが、その場合の規則GはRCPではなく二値原理とみなされている。

22 以下の本文での整理は、海戦の主戦場は二値原理を踏まえた決定論の導出にはない、という立場からの平板かつ薄い要約になる。なお、アリストテレスが未来時制命題に真理値（真/偽）を認めていないという解釈は、ときに「常識」となって援用され、それはそれで海戦とは独立に興味深い議論を展開する材料を提供する。たとえば、野矢 [2004] を見よ。ただし、二値原理を争点とする議論は、海戦本来の企図からすれば局地戦のひとつに陥る危険性が大である。次注を参照。

23 『形而上学』1011b28,『魂について』430b4-5. 後者を引用すれば、「偽あるいは真は、たんにクレオンが白い、ということのみならず、白くあったとか白くあるだろうということにおいても成立する」（『新版全集』中畑訳）。アリストテレスは未来時制命題の真理値を「真でも偽でもない」とみなした（つまり二値原理を否定した）というのが、「伝統的解釈」とされるが、この解釈をテクストのうえで根拠づけることは困難である。したがって、海戦と二値原理をリンクさせる解釈は、最初から局地的塹壕戦に突入することになる。海戦をめぐる伝統的解釈の疑わしさについては、Mignucci [1996] を参照。

24 Whitaker [1996] 124. cf. Kretzmann [1998] 36-7.

25 これまでの本文でのように「命題」という語を使用する。『命題論』での「命題」は、基本的に、主語に相当する「オノマ」（名詞）と述語にあたる「レーマ」（動詞）とから構成される。

26 アリストテレスは「ともに真」がありえない場合（全称肯定と全称否定のペア）を最終的には認めていないと思われるので（17b34-37）、「ともに真」（特称肯定と特称否定のペア）のみが残る。

27 Cf. Akrill [B 1963] 129. アリストテレスが例文として使用する「ある人間は白い」はいわゆる「特称」に相当するが、『命題論』第7章では「特称」という用語は使われない（cf. 23a16-17）。これは、特称肯定と特称否定のペアが（ここでの主題である）矛盾対立的な関係にはないためだと思われる。また、不定称命題が全

称である場合、つまり、全称肯定と全称否定のペアの場合には、「ともに偽」となりうるが、この点についてもアリストテレスは言及していない。なお、「不定称」イコール「特称」ではないが、逆に、不定称を用いた「人間は理性的である」といった定義的命題は、かならずしも「すべての人間は理性的である」という全称を意味するわけでもない。胎児・新生児・幼児あるいは認知症患者のように、（少々危険な話になりかねないが）適用対象外となりうる人間の存在が予想されるからだ。cf. Whitaker [1996] 91-92.「人間は白い」といった不定称命題をどのように解釈するかは、事柄そのものとして重要なテーマとなりうるが、『命題論』では、「ともに真」の可能性と不可能性という観点からRCPの例外であることが確認されるにとどまる。

28 このように解析される理由をアリストテレスは残念ながら詳らかにしていない。ちなみに、ここでの「衣服」＝「人間かつ馬」が「人間も馬も」の意味だとすれば、「人間も馬も白い」は、論理的には「人間は白い、かつ、馬は白い」と同値である。なお、「衣服は白い」はそのままでは不定称命題であるから、偽装単文を云々するまでもなくRCPの例外であるが、文脈からみてその点は度外視されている。この点において、のちに検討するように、偽装単文をRCPの「例外」としてみなすべきかどうかには検討の余地がある。

29 アリストテレスは、「人間かつ馬」を意味する「衣服」を、「現在のフランス国王」や「丸い四角」などと同様に、指示対象をもたない名辞とみなす解釈も提示している（18a25.「いかなる人間も馬ではない」）。しかしその場合でもアリストテレスは、肯定と否定ともに真理値をもたない無意味な命題ではなく、偽とみなしていると考えられる（『カテゴリー論』第10章を参照）。cf. Weidemann [B 1994] 219, Geach [1980] 13-27.

30 そうでないことは、注27を再確認。命題分析の難題のひとつが背景にはある。

31 アリストテレスは複合命題を連言（∧）で表記しているが、その否定命題についても同様に設定していると考えられる。したがって、Γの否定は¬Γ≡¬P∨¬Qではなく、¬Γ'≡¬P∧¬Qである。このことは、「ソクラテスは獅子鼻であり、かつ、プラトンは男性である」という複文の否定が、「ソクラテスは獅子鼻でないか、あるいは、プラトンは男性でないかである」ということを、アリストテレスが知らなかったということを意味しない。また、たとえそうであったとしても、ここでの論点（肯定と否定の関係が一義的でないこと）には影響しない。

32 肯定命題Pと否定命題¬Pとから構成される矛盾対立的な関係そのものについて、例外の可能性も含めて検討しなければならないので、組み合わせては四通りになる。なお、これまでの記述と同様に、Pは通常の命題論理では原子命題であるが、アリストテレスの名辞論理ではその内部構造（主述構造）を取り込む体裁になっている。

33 特称肯定と特称否定のペアは、矛盾対立的な命題ではない。

34 全称肯定と全称否定のペアも、矛盾対立的な命題ではない。ただし、この文脈でのアリストテレスは、「ともに真ではない」(すなわち「一方が真であれば、他方は偽」) とは述べながら (17b23)、「ともに偽」となる可能性には言及していない。したがって、第8章の事例を RCP の「例外」とみなす Whitaker の解釈には疑念が生じる。この論点については、あとであらためて検討する。

35 海戦のアリストテレスは周到である。決定論への反論として、未来単称命題が①あるいは④となる可能性を検討して、それを否定しているからだ (18b17-25)。もし未来単称命題が「ともに真」か「ともに偽」であっても、決定論は帰結しないと考えられる。だがそうなると逆に、肯定と否定が「ともに真」あるいは「ともに偽」でありうるとすれば、それこそ未来は「ケ・セラ・セラ」となり、われわれの思案や熟慮の対象となるべき「未来の事柄」そのものが雲散霧消してしまう。したがって、未来事象の存在可能性はあくまで確保したうえで、決定論は②と③との未確定性を論拠として否定されなければならないのである。cf. Whitaker [1996] 117-118.

36 論理学の教科書がときに退屈窮まりないようにも思われる事柄の確認を基本とすることは、いまも昔も変わらない。プラトン『ソピステース』の存在を忘れることはできないが、西洋思想史上おそらくは最初の論理学教本 (の講義草稿) である『命題論』であってみれば、それはなおさらである。オノマとレーマによるロゴスの分析はフレーゲ的な現代論理学とどのように通底しているかという観点から、『ソピステース』から『命題論』への、そして後者から『分析論前書』への進展 (あるいは後退) を考察した論考は、Geach [1980] 44-61 や Barnes [1996] に見られる。

37 Cf. Wittgenstein [1921] 5.5151.「肯定命題は否定命題の存在を前提せねばならないが、しかし逆もまた成り立つ」(野矢訳)。なお、より広い視点からはバンヴェニスト [1983] 93 を参照。

38 したがって、すでに述べたように、「人間かつ馬」を意味する「衣服」が主語とするような命題は、まさに偽装単文であり、規格外である。

39 (1)の括弧内の特称否定に相当するギリシャ語表現 (οὐκ ἔστιν τὶς ἄνθρωπος λευκός.) は全称否定となる。cf. οὐ γάρ ἐστιν τὶς ἄνθρωπος ἵππος. (18a25-26)

40 Cf. 19b27-20a1, 20a39-b3. 特称否定の表記 (οὐ πᾶς) をたんなる「部分否定」の表記とみなすのは、「否定の規則」を捉え損なうものである。Łukasiewicz [1957] 78 n.1 は、ギリシャ語の否定辞が記号論理学の否定記号 (¬) のように単独で命題全体を否定できることを羨んでいる (ただしストア派の命題論理を念頭においてのことであるが)。

41 複文全体に否定語を付加することによって、その複文の否定文を形成する視点

（われわれには周知の命題論理の手法）は、残念ながら『命題論』にはない。アリストテレスは、単文の否定は命題論理的に（Pの否定は¬Pとして）処理したが、複文については、いわゆるド・モルガン則を提示するには至っていない。

42 (1)から(4)は、すでにわれわれが真理表（**表2**）として言及していたところの、すべての可能な組み合わせである。

43 アリストテレスの矛盾律については、哲学者の「真と偽を観る仕事」という根本的視点に着目した以下の論考を参照。加藤［1997］第10章。なお、加藤論文では『分析論後書』と『形而上学』が主要な考察対象となっているが（ただし同論文注30を参照）、本稿では、そのさらに基礎となる『命題論』のレベルにおけるアリストテレスの着眼を追うことになる。

44 Cf. Weidemann［B 1994］200.

45 各項目の言及箇所は大略以下の通りである。(a)→ 17a31-35, b37-40、(b)→前掲の各例文参照、(c)(d)→ 17b16-22、(e)→ 17b24-26, 29-34、(g)→ 17b26-29。

46 したがってまた、アリストテレスが述べるように（18a26-27）、偽装単文の肯定と否定について「一方が真、他方が偽」が妥当しないことも当然である。ただし、注35で指摘したように、その理由を「ともに偽」にあるとみなしているとは断定できない。

47 複合的内容をもつ命題については『命題論』第11章において検討される。

48 本章**表2**を参照。

49 本稿では、海戦全体のテクストを以下のように区分する。(1)戦端 18a28-34、(2-1)決定論の導出とその不条理さ（ἄτοπα）の指摘 18a34-b25、(2-2)さらなる決定論の導出とその不条理さの確認（τοιαῦθ' ἕτερα）18b25-19a6、(3)決定論の不可能性（ἀδύνατα）の確認 19a7-22、(4)最終反論 19a23-b4。なお、戦端については、(2-1)とのつながりを明確にするために、18a33-35の箇所（戦端の最終文「というのも…」）も組み入れて訳出している。

50 以下の本文での解釈が正しければ、戦端での不統一のようにも見える表記には、問題点を浮かび上がらせようとするアリストテレスの意図がはたらいている。したがって、Whitakerが前提したように、たんにRCPの簡略表記とみなして素通りすることはできない。

51 16b2-3, 6-9, 17a11-12, 24, 29-30.

52 οὐδ' ἐν ταύταις ἀνάγκη τὴν μὲν ἀληθῆ τὴν δὲ ψευδῆ εἶναι ἀντίφασιν.（18a26-27）

53 *Ethica Nicomachea* 1139b5-11. cf. Coope［2005］22 n.9.

54 (a)がRCPだとすれば、全称肯定と全称否定（ともに偽が可）、特称肯定と特称否定（ともに真が可）、不定称肯定と不定称否定（ともに真が可）の組み合わせは除外されなければならない。また、(a)がたんに二値原理のような規則を意味するならば、過去・現在については例外なく妥当する。

55「すでに述べられた」内容から判断して、ここでの「全称命題」は、全称肯定と特称否定のペアおよび全称否定と特称肯定のペアを指す。この点でも (a) とは異なる定式とみなすべきである。
56「全称」を「つねに」とする言い換えは、不定称命題について「すでに語られた」ことのなかで否定的にではあるが、「つねに（というわけではない）」として使われていた表記でもある（17b30）。なお、全称命題が普遍的な事柄を述べる命題とすれば、そのかぎりにおいて、全称命題の時制はそもそも不要になりそうである。また、『命題論』でのアリストテレスは、限定的な全称、たとえば「いま現在この教室にいるすべての男子生徒」といった全称を想定しているようにも思われない。事柄としては黙過できない論点であるが、海戦のアリストテレスの射程にはない。
57 ここでは言及されていないが、特称命題も偽装単文も同様に考えられる。
58 この論点は、のちに再度言及するように、海戦の結論部でも明確に述べられている（19a36-39）。
59 Cf. Coope [2005] 21 n.7.
60 固有名であっても、たとえば「あの海戦」といったかたちでの指示が欠かせないが、「指示詞＋普遍名詞」ならば固有名というわけではない。帰宅途中で出会った「この子猫」に「名前はまだ無い」ということはありうる。とまれ、「指示」の問題にも連動して、〈ロゴス〉としての「全称」「単称」と〈プラーグマ〉としての「普遍」「個物」との関係へのさらなる探究は、『命題論』ではなく、（『著作集』ではそれに先立つとみなされる）『カテゴリー論』、および、それに連動する（『著作集』の心柱としての）『形而上学』に委ねられる。この点においても、「われわれ」にとって『命題論』は『著作集』の端緒となりうる。
61 海戦のテクスト（第9章）の区分については、注49を参照。
62 明示的に「全称」になっている箇所は、18a34, 37, b27, 19b1 (cf. 17a1-2, a32, 18a10)。全称が明示されていない箇所では省略されているとみなしうる。
63 οὐδὲν ἄρα οὔτε ἔστιν οὔτε γίγνεται οὔτε ἀπὸ τύχης οὔθ' ὁπότερ' ἔτυχεν, οὐδ' ἔσται ἢ οὐκ ἔσται, ἀλλ' ἐξ ἀνάγκης ἅπαντα καὶ οὐχ ὁπότερ' ἔτυχεν.
64 命題（発話言明）と事態との関係は、時制論理 temporal logic として分析哲学系のテーマとなるが、これは海戦全体の帰趨から判断して局地戦のひとつになりうる。
65 18b5-9, 15-16, 24, 30, 19a19, 34, 38. cf. 18b35. なお、未来時制の表記も平行して登場するが、真の標的はあくまで 'ὁπότερ' ἔτυχεν' である。この点はあらためて後述する。
66 18b26 の箇所は、Anscombe [1956] 4-5 の提案を踏まえて、τὰ μὲν δὴ συμβαίνοντα ἄτοπα ταῦτα. καὶ τοιαῦθ' ἕτερα, εἴπερ…. と読む。これによって、第一段落から第二段落への連結のあり方がより明確になる。
67 アリストテレスが「ともに真」「ともに偽」を考慮した議論を展開しているという

ことから見ても、ここでの決定論をめぐる考察が「一方が真、他方が偽」を前提
としたものではないことを告げている。
68 δῆλον γὰρ ὅτι οὕτως ἔχει τὰ πράγματα, κἂν μὴ ὁ μὲν καταφήσῃ ὁ δὲ ἀποφήσῃ·
69 人間の誰かが発話（言明）していなくても、「神」のような存在を認めれば、発話
の可能性は保持される。こうして、海戦問題は神学的論争という別の根深い局地
戦に突入する題材を提供する。だがしかし、それも海戦の主戦場ではない。
70 通常 ʻὁπότερʼ ἔτυχε は『新版全集』のように「でたらめな仕方」での「偶然」を
意味するが、海戦の文脈では適切でないと思われる。海戦の文脈で「でたらめな
仕方」に当たるのは、ἀπὸ τύχης である。ただし、人間の行為はたんなる「偶然
事」ではないことによって逆に何らかの必然的契機をもつことが予示される。ま
た、（われわれ人間にとっては）ἀπὸ τύχης の（ように見える）事象の背後にいかな
る必然性が関与するのか、という問いも重要な探究課題となる。しかし、いずれ
の考察も『命題論』のテーマではなく、つまり、本筋ではなく、それ以上の考察
はない。
71 第二段階は、決定論の不条理さの論拠として思案や熟慮が無駄（無意味）になる
といういわゆる「怠惰論法」lazy argument の源にもなっている。この議論は、その
後の宿命論に影響を及ぼしながら、海戦の争点のひとつにもなった。しかし怠惰
論法は、海戦での興味深い着眼を例証するものであることは間違いないとしても、
あくまで（漸進的議論のおける）局地戦のひとつである。われわれは、第一段階
階から第二段階を経て第三段階に進む根幹的推移を見失ってはならない。
72「ありかつあらぬ」と「アルケー」との関係については、たとえば『天界につい
て』であれば、「ありかつあらぬのアルケーは質料である」ἡ ὕλη αἰτία τοῦ εἶναι καὶ
μή（283b4-5）と語られて、質料概念が登場することになる。
73「この外衣」という指示語の適用は、第二段階で指摘されたように、人間の行為の
単称性を端的に証示している。
74 むろん、どこまでが必然でどこまでが両面的可能かを解明することは難題である
が、これもまた『命題論』の課題ではない。
75 この論点は第 3 章で焦眉の課題となる。
76 原文では、「ロゴス」と「プラーグマ」はともに複数形（λόγοι / πράγματα）である
が、訳文では単数形で表記する。
77 再度繰り返せば、本章**表 2** の②と③の未確定性が念頭に置かれている。
78 Whitaker 解釈とはテクストの読みにおいて距離を置く Weidemann でも、未来単称
命題にそのまま引きずられているように思われる。
79 このような統合は、後述するように、〈プラーグマ〉の捉え方を明確にするうえで
は好都合であるが、様相概念の差異を踏まえた論理体系を考察する『分析論前書』
では不利にはたらくことになる。

80 ただし、あくまで単文を主たる対象とした場合の査定であって、複文の考察には綻びがあった。
81 「無時制的」は「無時間的」atemporal ではない。後者については（事例としては数学的対象）、『自然学』の時間論で検討される。
82 時間論の観点からいえば、前者は（静態的な）前後系列（いわゆる B 系列）を、後者は（動態的な）過現未系列（A 系列）を志向することになるが、この問題はまさに『自然学』の「時間論」において主題化されるのを俟たなければならない。
83 ただし、『天界について』から引用すれば、「可能性［能力］とは、過去にあったことの可能性ではなく、現にあることや未来にあるであろうことの可能性である」οὐδεμία γὰρ δύναμις τοῦ γεγονέναι ἐστίν, ἀλλὰ τοῦ εἶναι ἢ ἔσεσθαι (283b13-4) とされる。なお、この箇所については第 3 章で再度取り上げる。
84 *Ethica Nicomachea* 1139b15-17. ἔστω δὴ οἷς ἀληθεύει ἡ ψυχὴ τῷ καταφάναι ἢ ἀποφάναι, πέντε τὸν ἀριθμόν· ταῦτα δ᾽ ἐστὶ τέχνη ἐπιστήμη φρόνησις σοφία νοῦς.
85 日本語では「過去形」「現在形」「未来形」という三つのテンスが揃っているわけではなく、「非過去形」あるいは「現在未来形」（「…る」という動詞形）と「過去形」（「…た」という動詞形）という二つのテンスに区分するのが、一般的である。井上［1989］168-9 を参照。
86 「文法」grammar の視点からの指摘は、Frede［1978］305-7 を参照。しかし、この区別に関係するテクスト（『形而上学』Θ 巻第 6 章）をめぐっては論争が繰り広げられてきたこともよく知られている。比較的最近では、Burnyeat［2008］を参照。本書幕間 1 であらためて言及する。
87 『形而上学』Γ 巻第 2 章を参照。Τὸ δὲ ὂν λέγεται μὲν πολλαχῶς, ἀλλὰ πρὸς ἓν καὶ μίαν τινὰ φύσιν. (1003a33-34). cf. τὸ δ᾽ ἓν λέγεται ὥσπερ τὸ ὄν (1030b10-11. cf. 1140b16).
88 〈あらぬ［ある］がしかしあることあるいはあらぬことが可能なもの〉というプラーグマの規定において、前半の〈あらぬ［ある］〉という現実性には、「あらぬ［ある］ときにはあらぬ［ある］」の必然であるという仕方で必然性をアリストテレスは付与していた（19a23-24）。

第3章　様相論理と時間 ──『分析論前書』の時間

> 論理学を勉強したけりゃお友だちと理屈をこね、
> 修辞学を練習したけりゃ世間話でまにあいます。
> ──シェイクスピア『じゃじゃ馬ならし』[1]
> そして私の周囲には寄りかかるべき論理の柱が、
> 一本として見当たらなかった。
> ──村上春樹『騎士団長殺し』

はじめに

　『命題論』の「海戦問題」は、アリストテレスにとって思いのほか難題であり、慎重な手続きが求められた。しかしともかくもこの基礎作業によって、〈ロゴス＝論理＝言語〉が〈ピュシス＝自然＝世界〉を的確に描出するためには「様相概念」を組み入れなければならないことが明らかとなった。このような端緒的な把捉は、アリストテレス哲学における〈現実態〉〈可能態〉への展開を予示する。そのため、ここで一足飛びに〈形而上学＝存在論〉に探究の場面を移したくなるかもしれないが、『著作集』の構想すなわち図Cに即せばそれは、拙速となりうる。『命題論』では、あくまで単文レベルでの構文解析がひとまず完了したにすぎず、つぎのステップとしては、そうした命題の組み合わせから構成される「推論」についての考察が求められるからだ。
　そこで本章では、「海戦」の方向性を踏まえたうえで、『分析論前書』（以下『前書』と略記）の「様相三段論法」を取り上げる。『前書』は、『分析論後書』（以下『後書』と略記）とともに、〈ピュシス＝存在〉の探究のための予備学として、「推論」συλλογισμός・「論証」ἀπόδειξις・「論証的知識」ἀποδεικτικὴ ἐπιστήμη のロゴス化に着手する論稿群にほかならないからである。

『前書』A巻第8〜22章において展開される様相三段論法は整合的な論理体系を志向すると考えられる。したがってその解明のためには、『前書』の論述に即した体系的解釈の提示が必要となる。本考察の起点としても、アリストテレスの様相三段論法の体系的解釈という目標をひとまず立てることにしたい。ただし、本章のねらいは新たな体系的解釈の提案にはない。『前書』の様相三段論法は、破天荒な錯綜が山積した体系的記述である。その様相三段論法を全体としてひとつの整合的な論理体系として理解しようとするやいな、われわれは当惑するほかはない。言ってみれば、手詰まりだった「海戦」をともかくも打開し、その終息宣言を出したあとに待ち構えているのは、艦隊の寄港を拒む暴風雨なのだ。

　『命題論』では、海戦のいわば戦後処理として概念的整理（とりわけ第13章）が提示されている[2]。それにもかかわらず、『前書』になると、必然・偶然等の様相概念の捉え方をめぐる混乱が再燃する[3]。この混乱は、以下で確認するように、基本則の換位や各推論式の証明における不整合も巻き込むものである。こうした事情もあって、アリストテレスの様相三段論法は、定言（無様相）三段論法のほぼ完璧な体系的構成と比較されるとき、著しく色褪せて見える。定言三段論法は、小粒ながらも論理学史上に燦然と輝くダイヤモンドである。その硬度と透明度そして光彩が失われることは、おそらく今後もない。これにたいして、『著作集』に残されている様相三段論法は、その主題と構想の先見性をどれほど高く評価しても過剰になることはない歴史的意義をもつとはいえ、研磨とカットの技術的な稚拙さのためか、そこには輝きも透明感もなく、検討するに値しない不毛の叙述と酷評されることもある。したがって、アリストテレスは「寄りかかるべき論理の柱」を欠いているようにわれわれの眼には映じるのである。

　本章では、『前書』の錯綜をすべてクリアして過不足のない説得的な解釈を提示することは断念せざるをえない。ここでの試みは、様相論理体系を構築しようとして踏み込んだ樹海のただなかでアリストテレスがおそらくは未解決のまま残した錯綜の淵源的要因を（部分的にではあ

れ）拾い上げながら、『命題論』で着手された様相概念の解明がどのようにして「アスペクト」につながるのかを探索することである。

そこでまず、「海戦」とはちがった意味で、本章でも日差しのとどきにくい薄暗がりのなかに赴くことになるので、議論の概略的方向をあらかじめ述べておきたい。

本章は大略、前半部（1〜5）と後半部（6〜10）とに分かれる。前半部では、『前書』の様相論理体系になかば徒手空拳で立ち向かうことにする[4]。これによって、その記述の混乱ぶりを追体験するのがねらいとなる。追究するのは、その様相論理体系が混濁することになった要因は何か、という問題である。そこに浮かび上がるのは、すでに第1章の**図D**のようなかたちで提示された日常世界 ──「われわれ」にとっても了解可能であるように見えた世界 ── に伏在する様相概念の機微ないしは揺らぎである。それは、言い換えれば、海戦での〈プラーグマ〉を様相概念の視点からさらに踏み込んで分析しようとするときに突きあたる存在様態の襞にほかならない。

前半部では、すでに海戦でも言及されていた（ただし主題化はされなかった）「多くの場合」をめぐる様相の捉え方とその定式化に混濁の要因があるという視点を提示する。この事態を象徴的に予示するのが、『前書』A巻第13章の記述である。ここでは、〈特有性〉に結びつく「必然」および「多くの場合」に対置される「偶然（許容）」の多義性が導入される[5]。結論からいえば、アリストテレスはその体系的なロゴス化に失敗するように「われわれ」には思われるのである。Ryleの論文題目をそのまま借りるならば[6]、そこには「系統的に誤解を招く諸表現」の陥穽があったといえるかもしれない。

そのさいアリストテレスは、各様相概念の多義的用法にくわえて、その根拠となる二つの存在論的視点に言及する。ひとつは、生成消滅という存在様態と様相概念との関係であり、もうひとつは、偶然様相命題の構文解析である。本考察の見立てでは、後者は『前書』の様相論理に整合性をもたらしうる視点を提供するものであるが、前者はまさに「系統的

誤解」の主要因とみなされうる。そしてそこに現出するのが、様相と時間が連動して引き起こす混濁であり、体系化を阻む障害にほかならない。

　しかし、このような否定的な評価は『前書』の様相論理を無に帰すものではない。そもそも、『トポス論』からも窺えるように、われわれの日常言語が引き起こす「系統的誤解」をことこまかに分析してみせるのが、アリストテレスにとっての予備学の課題でもあった。したがって、上掲箇所での不用意あるいは不注意とも思われる記述の背後には、海戦問題と同様に、アリストテレスの深謀的着想が投影されていると考えられる。では、それは何か。その示唆を得るのが後半部の課題となる。そこでは、海戦問題から掬いとられた様相概念がその論理的体系化の作業のなかで〈時間〉概念とどのように切り結ぶのかを検討する。アリストテレスは、『前書』での晦渋な体系化の試みを経由することによって、『後書』につながる「論証的知識」のあり方を俯瞰する地平を切り拓くことになる。それは、〈ロゴス〉から〈ピュシス〉への展望を予感させる形而上学的探究の端緒として、すなわち、われわれ人間の〈時間了解〉の一形態として立ち現れるのである。

　それでは、『前書』の様相論理の樹海に分け入ることにするが、本章では表記上の簡便さを優先して、以下のように、命題（前提）および推論式については慣習化されている記法を用いる。

- 推論式は、伝統的な格式覚え歌（**Barbara, Celarent** など）で表記する。そして、各推論式の様相演算子については、「無様相」を **X**、「必然」を **L**、「許容［偶然］」[7] を **K**、「可能」を **M** としたうえで、各命題（大前提・小前提・結論）の後ろに追記するかたちで表示する。たとえば **BarbaraKLM** は、大前提が許容、小前提が必然、結論が可能の推論式となる。なお、たとえば **XLM** のように、たんに様相演算子の組み合わせのみを表記する場合もある。
- 量化は、「全称肯定」「全称否定」「特称肯定」「特称否定」のそれぞれを **a, e, i, o** とし、必要に応じて様相演算子を付す。たとえば

LAaB は「必然様相全称肯定命題」を表わす[8]。そのさい、命題（前提）はアリストテレスの「帰属」ὑπάρχειν による表記を用いる。たとえば **AaB** は「A はすべての B に帰属する」＝「すべての B は A である」の記号化である。

・その他の現代的な論理記号については、いわゆる「自然演繹系」による一階述語論理の記法に準拠する。

・三段論法のそれぞれの「格」における「項」の配列は、下記の通りとする。なお、横線は「ゆえに」を表示する。

第一格	第二格	第三格
A は B に帰属する	A は B に帰属する	A は C に帰属する
<u>B は C に帰属する</u>	<u>A は C に帰属する</u>	<u>B は C に帰属する</u>
A は C に帰属する	B は C に帰属する	A は B に帰属する

1　de dicto 解釈と de re 解釈

まず、アリストテレスの様相論理体系にみられる錯綜のなかでも、際立つ事例のひとつを確認することから始めたい。それは、**BarbaraLXL**, **CelarentLXL**, **DariiLXL**, **FerioLXL**（一括して「**LXL 型**」と呼ぶ）の妥当性をめぐる問題にかかわる。**LXL** 型は、述語論理の記法を用いれば、以下のように記号化される（⊢ は「ゆえに」）。

BarbaraLXL： $L\forall x(Bx \to Ax), \forall x(Cx \to Bx) \vdash L\forall x(Cx \to Ax)$

CelarentLXL： $L\forall x(Bx \to \neg Ax), \forall x(Cx \to Bx) \vdash L\forall x(Cx \to \neg Ax)$

DariiLXL： $L\forall x(Bx \to Ax), \exists x(Cx \wedge Bx) \vdash L\exists x(Cx \wedge Ax)$

FerioLXL： $L\forall x(Bx \to \neg Ax), \exists x(Cx \wedge Bx) \vdash L\exists x(Cx \wedge \neg Ax)$

上掲の推論式では、様相概念が命題全体の演算子として記号化されているが、推論式としては成り立たない。**LXL** 型がアリストテレスの様相三段論法全体において占める比重の大きさを考慮すれば、その妥当性を確保しえない様相解釈（以下「de dicto 解釈」と呼ぶ）には、致命的な欠陥があると言わざるをえない。アリストテレス自身の記述では妥当とみなされるが、de dicto 解釈では証明できない推論式が 37 箇ほどあり、その中核をなすのが **LXL** 型である。なぜ **LXL** 型が中核的なのかといえば、たとえば（⇒ は「還元」を表示する）——

FestinoLKX ⇒ **FerioLKX** ⇒ **CelarentLXL**
CamestresKLX ⇒ **CelarentLKX** ⇒ **FerioLXL**

—— のように、アリストテレスの証明手順では最終的に **LXL** 型に還元される推論が大半を占めるからである。したがって、**LXL** 型が妥当でないとすれば、アリストテレスの様相論理体系は文字通り瓦解するほかはない。そこで本稿では、この難点を重視して、de dicto 解釈では鮮明化しえない論点、すなわち、アリストテレスの様相理解の基本線を析出できればと考える。

　むろん体系的解釈という観点からすれば、**LXL** 型の不成立はさしたる問題ではないという見方もできる。**LXL** 型にいわば「公理」的な位置づけを与えて体系内に組み込むならば、解釈上の簡潔さの点では優れているとさえいえるからだ。しかし、このような方針に基づく解釈は、『前書』の様相論理の根本的基盤を覆い隠すものである。**LXL** 型の妥当性は、アリストテレスにとって「明白」φανερόν と断言されこそすれ (30a22)、証明を必要としない推論式として前提されているわけではない。根幹に位置する **LXL** 型の証明を不問とする立場は、アリストテレスの基本的な立脚点からの逸脱を意味すると考えられる。**LXL** 型を証明しうる様相解釈を提示し、その方向への拡充を試みることが適切な方針となる（この論点については本章後半で検討する）。

第 3 章

　それでは、そのための道具立てはどのようにして備えうるのか。ここではまず、アリストテレスによる様相文の分析に着目して、その記述に即したかたちでの様相命題の解釈を採用することにしたい。『前書』A 巻第 13 章において、アリストテレスは偶然様相命題の分析を提案している（32b23-37）。その記述によれば、「A は B に偶然的に帰属する」（τὸ ἐνδέχεσθαι τόδε τῷδε ὑπάρχειν）という偶然様相命題には二通りの解釈が可能である（ἢ γὰρ ᾧ ὑπάρχει τόδε ἢ ᾧ ἐνδέχεται αὐτὸ ὑπάρχειν）[9]。すなわち ——

　(イ)「A は B が偶然的に帰属するところのものに偶然的に帰属する」
　(ロ)「A は B が帰属するところのものに偶然的に帰属する」

　このような偶然様相命題の両義性は、アリストテレスによる主語・述語という構文論と実体属性論の基本的な見方を前提するならば、われわれの日常的な立場からもさほど困難なく理解できるように思われる（以下、「主語」「述語」等の用語をそのまま使うことにする）。
　まず、(イ)の構造をもつのは、主語・述語ともに、実体ではなく属性が配置される偶然様相命題である。たとえば、アリストテレスのお馴染みの例文を用いれば、「この白いものは教養がある」がその事例となる。主語項「この白いもの（B）」、述語項「教養あるもの（A）」はいずれも、たとえば「人間（C）」という実体に帰属するという関係が想定されたうえで、A の B への偶然的帰属（「B は偶然的に A である」）は、B の C への偶然的帰属（「C は偶然的に B である」）によって二重化されることになる。
　これにたいして、「この人間は白い」のように、主語項が実体、述語項が属性の主述文では、A は B に偶然的（付帯的）に帰属する（「B は偶然的に A である」）が、B の C への帰属は偶然的とはならない。B-C 関係は、類種関係つまり必然的帰属を形成するからである。これが(ロ)の分析に相当する[10]。

こうした偶然様相命題の構文解析は、第1章の**図D**をあらためて参照すれば、アリストテレスの様相論理が描く「世界の眺め方」として再確認できる。素朴かつ平板ではあるが、そこには〈論理〉と〈世界〉との意味論的接点を垣間見ることができるのである。したがって、われわれが期待するのは、このような簡明な了解をそのまま愚直に反映するかたちで様相論理体系も展開されることである。だが、その期待は裏切られる。
　アリストテレスによれば、偶然様相命題の分析はそのまま様相三段論法の推論式の体裁になる。すなわち、**BarbaraKKK**, **BarbaraKXK** を例にとれば、それぞれの推論式は以下のように記号化される。

BarbaraKKK：$\forall x(KBx \rightarrow KAx), \forall x(Cx \rightarrow KBx) \vdash \forall x(Cx \rightarrow KAx)$
BarbaraKXK：$\forall x(Bx \rightarrow KAx), \forall x(Cx \rightarrow Bx) \vdash \forall x(Cx \rightarrow KAx)$

　解釈の要点は、結論 $\forall x(Cx \rightarrow KAx)$ を(イ)(ロ)という二通りの分析に対応させる点にある。つまり、結論 $\forall x(Cx \rightarrow KAx)$ は、Bという中項の存在様態に応じて、**BarbaraKKK** では偶然的なものとして、**BarbaraKXK** においては非偶然的なものとして設定されるのである。ここにはアリストテレスの存在論的着眼の一端が開示されている。記号化した場合の変項xとしては、『カテゴリー論』での「第一実体」と目される「個体」すなわち「特定のある人間（ὁ τις ἄνθρωπος）」「特定のある馬（ὁ τις ἵππος）」[11] などが想定されるが、述語が実体語（「人間」や「動物」など）の場合には、様相演算子として偶然をとることはできない。「ソクラテス［特定のある人間］は人間（あるいは動物）である」ことは必然様相とみなされるからだ。
　このようなレベルでの了解であれば、われわれの常識の域を出るものではないが [12]、いずれにせよ、この段階で確認しておきたいのは、様相命題の解釈が一通りである必要はまったくなく、解釈の二面性は様相三段論法の推論式の成否に深く関与している可能性がある、という点である。そこで、このような存在論的了解を踏まえながら、偶然様相だけ

ではなく、必然および無様相の各様相にも二面性（両義性）を試論的に拡大適用してみてみれば、下掲の諸式のようになる（以下「de re 解釈」と呼ぶ）。

偶然［許容］様相命題
 KAaB： $\forall x(\mathbf{K}Bx \to \mathbf{K}Ax)$ $\forall x(Bx \to \mathbf{K}Ax)$
 KAeB： $\forall x(\mathbf{K}Bx \to \mathbf{K}\neg Ax)$ $\forall x(Bx \to \mathbf{K}\neg Ax)$
 KAiB： $\exists x(\mathbf{K}Bx \wedge \mathbf{K}Ax)$ $\exists x(Bx \wedge \mathbf{K}Ax)$
 KAoB： $\exists x(\mathbf{K}Bx \wedge \mathbf{K}\neg Ax)$ $\exists x(Bx \wedge \mathbf{K}\neg Ax)$

必然様相命題
 LAaB： $\forall x(\mathbf{L}Bx \to \mathbf{L}Ax)$ $\forall x(\mathbf{M}Bx \to \mathbf{L}Ax)$
 LAeB： $\forall x(\mathbf{M}Bx \to \mathbf{L}\neg Ax)$ $\forall x(Bx \to \mathbf{L}\neg Ax)$
 LAiB： $\exists x(\mathbf{L}Bx \wedge \mathbf{L}Ax)$ $\exists x(Bx \wedge \mathbf{L}Ax)$
 LAoB： $\exists x(\mathbf{L}Bx \wedge \mathbf{L}\neg Ax)$ $\exists x(Bx \wedge \mathbf{L}\neg Ax)$

無様相命題
 AaB： $\forall x(Bx \to Ax)$ $\forall x(\mathbf{M}Bx \to Ax)$
 AeB： $\forall x(Bx \to \neg Ax)$ $\forall x(\mathbf{M}Bx \to \neg Ax)$
 AiB： $\exists x(Bx \wedge Ax)$ $\exists x(\mathbf{M}Bx \wedge Ax)$
 AoB： $\exists x(Bx \wedge \neg Ax)$ $\exists x(\mathbf{M}Bx \wedge \neg Ax)$

上掲のような試論でざんていきな解釈にたいしては、直ちに少なくとも二つの反論が待ち構えている。ひとつは、「あまりにも技巧的でかつ不自然」[13]な操作、という批判である。たとえば、先に見た偶然様相と類比的に解釈できるとして、**LAeB** になぜ可能様相［**M**］が用いられているのか、その理由は不分明のままである。たしかに――

LAeB $= \forall x(\mathbf{M}Bx \to \mathbf{L}\neg Ax) \equiv \forall x(\neg \mathbf{L}\neg Ax \to \neg \mathbf{M}Bx) \equiv$
$\forall x(\mathbf{M}Ax \to \mathbf{L}\neg Bx) =$ **LBeA**

——という記号操作によって、必然様相全称否定の換位は説明される。しかし、その操作が依拠する基盤が明確にされないかぎり、**LXL**型を公理化して体系を構成しようとする立場の再現あるいは後知恵的な対処の域を出るものではない。

このような疑問にたいしては、第2章で検討した『命題論』の成果を踏まえれば、当座の応答は可能である。すなわち、〈プラーグマ＝存在〉全般の基本的なあり方を〈ロゴス〉化するさいには、少なくとも現実様相と可能様相との重ね合わせを考慮することがまずもって枢要な視点になるとされていたからだ。したがって、可能様相［**M**φ］および（その肯定と否定のペアからなる）偶然様相［**M**φ∧**M**¬φ］の導入は、アリストテレスにとってけっして奇怪な手法ではないといえる。

もうひとつの批判はより深刻な打撃となりうる。それは、前掲右段の de re 解釈では、アリストテレスが容認している種々の換位が成り立たない、という難点である。たとえば、偶然様相全称肯定 **KAaB** は特称肯定 **KBiA** に換位されるとされるが、このことは左段の解釈では成立する。だが右段の場合には——

$$\textbf{KAaB} = \forall x(Bx \to \textbf{K}Ax) \vdash \exists x(\textbf{K}Ax \land Bx) \neq \exists x(Ax \land \textbf{K}Bx) = \textbf{KBiA}$$

——となり、成り立たない（その他の場合も同様）。

こうした難点に直面するならば、de re 解釈もまた拒絶するほかに道はないのか。だが、つぎのような想定は可能である。それは、様相命題の両義的了解そのものは、三段論法の構造解明にとって重要であるだけにアリストテレスも十分に留意していたが、こと換位との連関では精確な把握に達していなかった、という想定である。つまり、「アリストテレスがこの構造についての明確な観念をもっていたということは疑わし」く、「直観のみによって導かれていた」[14]という見方は、十分に考えられるのである。

それがどのような「直観」であるのかが問われなければならないが、

いずれにせよ、換位則の適・不適のみによって、解釈の是非を即断する必要はないともいえる。換位の論拠については、de dicto 解釈であれ、疑わしいからだ（たとえば **KAaB** ⇔ **KAeB** の換位にかんして）。そして何よりもまず、de re 解釈には、de dicto 解釈では不都合の生じる、ないしは証明しえない重要な論点を説明しうるという利点がある（次節で確認する）。もちろん、de re 解釈によってすべての障害が払拭されるわけではない。小論のねらいは、アリストテレスの様相概念を解明するための基本指針を浮き彫りにする点にある。

2 de re 解釈の利点

それでは、「技巧的でかつ不自然」という批判に晒される必然様相全称否定 **LAeB** にも関連する論点をみておこう。そのためにまず、de re 解釈全般の礎石である以下のような「様相概念区分図」（以下「様相区分図」と呼ぶ）を確認しておきたい[15]。

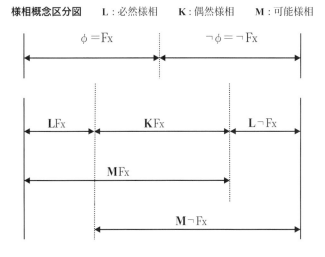

さて、de re 解釈の利点のひとつは、**KAaB ⇔ KAeB** の換位の解釈にかんするものである。『前書』によれば、〈偶然〉は「必然ではないが、もしそれが仮定されたとしても、その仮定によっていかなる不可能も生じないこと」（32a19-20）と定義される。この定義をそのまま記号化すれば――

$$K\phi = \neg L\phi \wedge \neg\neg M\phi \equiv \neg L\phi \wedge M\phi \equiv M\phi \wedge M\neg\phi$$

――となって、異論は出ないと考えられる。様相区分図からわかるように、標準的な様相論理の〈偶然〉にほかならないからだ。ところが、この定義に額面通りに従うと、以下のように、**KAaB ⇔ KAeB** の換位は成り立たないのである。

$$KAaB = \neg LAaB \wedge MAaB \equiv MAiB \wedge MAaB$$
$$KAeB = \neg LAeB \wedge MAeB \equiv MAiB \wedge MAeB$$

KAaB ⇔ KAeB の換位は、アリストテレスの様相三段論法を特徴づける基本則のひとつである。そこで、この換位を妥当なものとするために、**K** 解釈の別案が提示される。すなわち、換位の成立に寸法を合わせるために――

$$KAaB = MAaB \wedge MeB = KAeB$$

――と解釈されるのである。しかし、『前書』において $\neg L\phi \wedge M\phi$ という定義が一再ならず言及されている事実から推して[16]、このような修正はアリストテレスの把握を逸するように思われる。これにたいして de re 解釈および様相区分図に依拠すれば、**KAaB = KAeB** の換位は、以下のように了解できる。

$$KAaB = \forall x(Bx \to KAx) \equiv \forall x(Bx \to (\neg LAx \land MAx)) \equiv$$
$$\forall x(Bx \to (MAx \land M\neg Ax)) \equiv \forall x(Bx \to K\neg Ax) = KAeB^{17}$$

なお、A巻第17章の議論を論拠にして、**KAaB = MAaB ∧ MAeB** とする解釈について注記しておきたい。この箇所（37a9-31）には、**¬KAeB = LAiB ∨ LAoB** とみなしうる記述（37a15-17）がある。これに従えば、de re 解釈による記号化に頼ることなく、アリストテレスの記述にそのまま即した変形によって **KAeB = MAaB ∧ MAeB** が得られる。

しかし、この点についても de re 解釈は対応できる。すなわち、上記の de re 解釈を踏まえれば、**MAaB** = $\forall x(Bx \to MAx)$ および **MAeB** = $\forall x(Bx \to M\neg Ax)$ であるから ——

$$KAaB = \forall x(Bx \to (MAx \land M\neg Ax))$$
$$\equiv \forall x(Bx \to MAx) \land \forall x(Bx \to M\neg Ax) = MAaB \land MAeB$$

—— となって、de re 解釈でも齟齬は生じない。

ただし、**KAaB = MAaB ∧ MAeB = KAeB** をアリストテレスの様相論理体系の基幹部分とみなしうるかどうかは疑問である。なぜなら、**KAaB ⇔ KAeB** といった重要な換位則について、偶然様相の導入部分（第13章）では **MAaB ∧ MAeB** に言及することなく、第一格の論述が完了した後で言及するという立論は不自然だからである。また、この規則を全面に押し出すと、次節で述べるように、「ヒンティカのジレンマ」の見落としは、アリストテレスにとってさらに致命的なものになるようにも思われるのである。したがって、de re 解釈からは不整合が生じないとしても、その解釈がアリストテレス自身の様相把握の筋目を的確に反映しているかどうかにはなお慎重でなければならない。

とまれ、de re 解釈によって、**LAeB = LBeA** および **KAaB = KAeB** は確認できた[18]。そこで本節の最後に、論述は前後するが、**LAaB** その他

の右段の de re 解釈に可能様相［**M**］が含まれる点について補足しておきたい。可能様相を導入した理由は、推論式を妥当ならしめるための便法でしかないようにも見える。しかし、**LAeB** と **LBeA** との換位の場合には様相区分図の前提が明るみになったように、可能様相の導入についても、アリストテレスの証明法に関係していることが見てとれる。

　BarocoLLL を例にとろう。アリストテレスによれば、**BarocoLLL**（**LAaB, LAoC ⊢ LBoC**）は換位操作（第一格への還元）や背理法によっては証明されず、「取り出し［抽出法］」ἔκθεσις という証明法が導入される。「取り出し」は、下掲図から見てとれるように、集合 C に属し、かつ、L¬A（≡ ¬MA）である任意の個体を取出せば、それは L¬B（≡ ¬MB）であるから結論 **LBoC** が得られる、という証明法である。

　BarocoLLL を解釈するさい、大前提 ∀x(MBx → LAx) については、

　　　　∀x(MBx → LAx) ≡ ∀x(¬LAx → ¬MBx) ≡ ∀x(M¬Ax → L¬Bx)

であるから、推論式全体としては、

　　　　∀x(M¬Ax → L¬Bx), ∃x(Cx ∧ L¬Ax) ⊢ ∃x(Cx ∧ L¬Bx)

となり、成立する。とすれば、大前提の **M¬Ax**（可能的に ¬A であるもの）は集合 C において取り出されることになる個体を指すと解釈できる。こうして、de re 解釈は「取り出し」というアリストテレスの特殊な証明法にも対応しうるのである[19]。

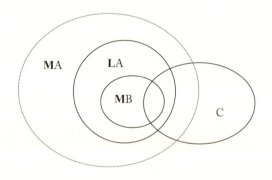

3 ヒンティカのジレンマ

　ところで、『前書』の論述には、体系的解釈上も看過しえない矛盾のあることがヒンティカによって指摘されている。いわゆる「ヒンティカのジレンマ」である。その骨子は、**BarbaraXLL** を反駁する論法が、妥当とされる **DariiLXL** まで否定する結果となるというものである。このジレンマの論理構成は、以下のようになる [20]。

　まず、**BarbaraXLL** が成立すると仮定する。

　　　AaB　　　・・・①
　　　LBaC　　　・・・②
　　⊢ LAaC　　　・・・③

ところで **DariiLLL** より

　　　LBaC　　　・・・②
　　　LCiA　　　・・・③ の換位
　　⊢ LBiA　　　・・・④

　このとき、①と④、①と **KAeB** はそれぞれ両立可能である。しかし、④ = **LAiB** = ¬**MAeB** および **KAeB** ⊢ **MAeB** から、④と **KAeB** は矛盾する [21]。とすれば、④を結果する③は、**BarbaraXLL** の成立という仮定から換位によって得られたものである以上、この仮定は誤りとなり、**BarbaraXLL** は成立しない。

　ところがこの論法は、**BarbaraXLX** と **DariiLXL** のあいだにも適用可能である。

　まず、**BarbaraXLX** が成立すると仮定する。

  AaB ・・・⑤
  LBaC ・・・⑥
├ AaC ・・・⑦

ところで DariiLXL より

  LBaC ・・・⑥
  CiA ・・・⑦の換位
├ LBiA ・・・⑧

 そうすると、⑤と⑧は、先の①と④の関係とまったく同じであるから、**BarbaraXLX** は容認されえないことになる。

 「ヒンティカのジレンマ」は、**LXL** 型を公理化することの当否という論議とはその趣を少し異にしている。見落してならないのは、アリストテレス自身が **XLL** 型の不成立を論証し、かつ、その手続きそのものに不備はない、という点である。とすれば、**LXL** 型と **XLL** 型の差異に注意を促す (30a16-17) アリストテレスが、その同じ場面で、**LXL** 型の否定を帰結するような論理上の過誤を犯したというのは考えにくい。**LXL** 型のたんなる公理化ではアリストテレス解釈として不十分である。一方では **LXL** 型を確保し他方では **XLL** 型を承認しないような様相演算子の配置が、『前書』の様相三段論法を理解するうえでは不可欠となる。そして、de re 解釈に準拠すれば、「ヒンティカのジレンマ」は解消可能である。

 まず、前掲の伝統的記法に対応させて述語論理で記号化する。

  $\forall x(Bx \to Ax)$ ・・・①'
  $\forall x(LCx \to LBx)$ ・・・②'   } **BarbaraXLL** の仮定
├ $\forall x(LCx \to LAx)$ ・・・③'

ところで **DariiLLL** より

$\forall x(LCx \rightarrow LBx)$　　・・・②'
$\exists x(LAx \wedge LCx)$　　・・・③'の換位
⊦ $\exists x(LAx \wedge LBx)$　　・・・④'

このとき、①と④、①と **KAeB** = $\forall x(Bx \rightarrow K\neg Ax)$ は、それぞれ両立可能だが、$K\neg Ax \equiv \neg LAx \wedge MAx$ であるから、④と **KAeB** は矛盾する。ゆえに、**BarbaraXLL** は成立しない。

ところで他方、**BarbaraXLX** と **DariiLXL** より ――

$\forall x(Bx \rightarrow Ax)$　　・・・⑤'
$\forall x(Cx \rightarrow LBx)$　　・・・⑥'
⊦ $\forall x(Cx \rightarrow Ax)$　　・・・⑦'

そこで

$\forall x(Cx \rightarrow LBx)$　　・・・⑥'
$\exists x(Ax \wedge Cx)$　　・・・⑦'の換位
⊦ $\exists x(Ax \wedge LBx)$　　・・・⑧'

de re 解釈によれば、①と④および⑤と⑧の関係は生じない。なぜなら、④'の $\exists x(LAx \wedge LBx)$ にたいして、⑧'は $\exists x(Ax \wedge LBx)$ となり、**KAeB** = $\forall x(Bx \rightarrow K\neg Ax)$ と矛盾しないからである。こうしてわれわれは、アリストテレスに即するかたちで **LXL** 型と **XLL** 型との差異を了解しうるのである。

以上確認してきたように、様相三段論法の基本的でかつ特徴的な観点については、de re 解釈に説得力がある。しかし、体系的解釈という論理

的観点から査定するかぎり、問題は依然として残る。理由は、de re 解釈に依拠したとしても『前書』において妥当とみなされている推論式のなかには説明（証明）しえないものが見出される、という単純だが致命的な難点にある。このような事態に直面する以上、de re 解釈もまた撤回もしくは修正せざるをえないのか。

だが、小論のねらいとするのはあくまで、アリストテレスの様相把握の根本指針の剔出にある。de re 解釈を評価しないかぎり、アリストテレスの様相把握の地平から乖離するという危惧がはるかに大きいのも事実である。それゆえ、**KAaB** ⇔ **KAeB** 換位の説明、**LXL** 型の証明、「ヒンティカのジレンマ」の解消、といった難点を克服する解釈を貫徹した末になお問題が発見されたとしても、それは逆に、アリストテレスの様相三段論法の特異点を示唆する重要な手がかりとなりこそすれ、解釈の方向性の誤りを証示するものではないと思われる。節をあらためてその方向性を探査することにしたい。

4　様相事例の問題

本考察での試論的な de re 解釈によっても証明できないのは、いずれも第三格の以下の推論式である。

DaraptiXLL　　**DisamisXLL**　　**DisamisXKK**　　**DisamisLKK**

de re 解釈から逸脱するこれら四つの推論式をアリストテレスの（小さな）ケアレスミスとして無視できれば、それなりのレベルで整合的な体系的解釈の一歩手前まで到達しているように見えるかもしれない。しかし、それはアリストテレスの様相把握への理解を歪める誘惑へのささやきとなりうる。「（ケアレス）ミス」の指摘ではなく、その伏在的原因を見定めることが肝要なのである。

まず、この順に述語論理の記法で各推論式を示しておく（[　] が de re 解釈による結論である）。

$$\forall x(Cx \to Ax), \forall x(Cx \to LBx) \vdash \exists x(Bx \land LAx) \quad [\exists x(LBx \land Ax)]$$
$$\exists x(Cx \land Ax), \forall x(Cx \to LBx) \vdash \exists x(Bx \land LAx) \quad [\exists x(LBx \land Ax)]$$
$$\exists x(Cx \land Ax), \forall x(Cx \to KBx) \vdash \exists x(Bx \land KAx) \quad [\exists x(KBx \land Ax)]$$
$$\exists x(Cx \land LAx), \forall x(Cx \to KBx) \vdash \exists x(Bx \land KAx) \quad [\exists x(KBx \land LAx)]$$

結論の記号化から明らかなように、上記の推論式が成立しないのは、必然および偶然様相の特称換位に関係している。すなわち、**DaraptiXLL**, **DisamisXLL** の場合には $\exists x(Bx \land LAx) \equiv \exists x(LBx \land Ax)$ が、**DisamisXKK**, **DisamisLKK** の場合には $\exists x(Bx \land KAx) \equiv \exists x(KBx \land Ax)$ が成立しない[22]。他方、アリストテレスによれば、換位を利用して第三格を第一格に還元することによって証明される。参考までに、**DaraptiXLL** ⇒ **DariiLXL** を掲載しておく（図中の実線は換位等の変形操作があることを示す）。

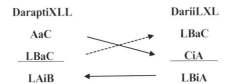

同様に、**DisamisXLL** ⇒ **DariiLXL**, **DisamisXKK** ⇒ **DariiKXK**, **DisamisLKK** ⇒ **DariiKLK** と還元されるので、いずれもが、「ヒンティカのジレンマ」で指摘された **Darii** がらみであることは興味を引くが、ここでは以下の論点を追尾する。それは、もしこのような事態が体系的解釈の破綻を意味するのではなく、むしろアリストテレスの様相三段論法の基底を照射するものだとするならば、その要衝となるのは何か、という問いである。推察するに、そこに浮かび上がるのが様相事例の問題にほかならない。すなわち、$\exists x(LBx \land Ax)$ および $\exists x(KBx \land Ax)$ を必然命題および

偶然命題とみなしても構わない事例が『前書』には見出されるのである。

アリストテレスの意味論的世界（「世界の眺め方」）によれば、白鳥は必然的に白い、つまり、白鳥にとって白は必然的属性である。この点を踏まえて、先の結論 $\exists x(LBx \wedge Ax)$ の場合、Bを「白鳥」、Aを「白」という具合に、実体語とその特有性語が配置されるならば、われわれが期待するところの $\exists x(LBx \wedge Ax) \equiv \exists x(Bx \wedge LAx)$ も許されることになる。同様にして、$\exists x(KBx \wedge Ax)$ の場合には、述語Aに特有性語ではなく、たんなる偶有性語が代入されると想定すればよい（その場合には $\exists x(KBx \wedge Ax) \equiv \exists x(Bx \wedge KAx)$ となる）。

むろんこのようなアドホックな打開策は、様相三段論法の妥当性を証明する手続きとしては、論理的にみて何ら検討に値しない。具体的事例によっては、推論式の不成立を証明しえても（つまり「反例」とはなりえても）、成立の保証とはなりえないからだ。われわれがいま様相事例に言及するのも、上掲の四式を証明するためではない。そのねらいは、様相論理を構築するうえでの〈特有性〉の重要性にある。

このように、形式論理を主題的に論じながらも、アリストテレスの視野には意味論的世界が断片的に介入してくる。前節において de re 解釈を活用しながら、アリストテレスの記述に即すべく、いくつかの解釈上の疑点を晴らしてきた。その基本方針に準拠した結果として直面することになるのが、こうした特有性（およびその対概念としての偶有性）という存在論的概念にほかならない。特有性は、『前書』の様相論理体系をモデル論（意味論）的に考えるさいに不可欠の要素なのである。

様相事例とりわけ特有性の問題は、アリストテレスの様相三段論法の位置づけを画定するうえで、さらに重要な視点を与える。様相事例における食い違いに注目してみよう。アリストテレスは一方では、「すべての白鳥は必然的に白い」（36b11）や「すべてのカラスは必然的に白くない」（36b9）という事例を挙げるが、しかし他方では、「すべての動物は偶然的に白い（白くない）」 **KAeB**（35a24, etc.）とも語る。このとき、「すべての白鳥は必然的に動物である」とすれば「ある動物は必然的に

白い」LAiB ので、KAeB と矛盾する[23]。では、もしこのような様相事例がたんなる誤記ではないとすれば、いかなる事態を告げているのか。そこには、様相概念についてのアリストテレスの把握がどのような基本的傾向をもつものなのかを垣間見ることができるように思われる。

最後に、特有性としての必然性にも連関する論点を確認しておこう。

アリストテレスによれば、**CesareKLX** すなわち **KAeB, LAaC ⊢ BeC** は成り立たない（38a26-b4）。しかし、背理法によって証明可能である。すなわち、原結論の否定と原小前提とから **DariiLXL** によって（ここでも **Darii** が顔を出す）、**LAaC, BiC**（= **CiB**）**⊢ LAiB** となり、この結論は原大前提と矛盾する。なぜアリストテレスはこのような単純な証明手順を見抜けなかった（あるいは見落とした）のか[24]。de re 解釈に基づけば、それは、たんなる見落しや過誤ではなく、内容への配慮によることがわかる。背理法の手順をあらためて記述してみよう。

1	(1)	$\forall x(Cx^* \to LAx)$	原小前提
2	(2)	$\exists x(Cx \land Bx)$	原結論の否定の仮定
3	(3)	$Ca \land Ba$	仮定
1	(4)	$Ca^* \to LAa$	(1)の全称記号除去
3	(5)	Ca	(3)連言除去
1,3	(6)	LAa	(4)(5) Modus Ponens
3	(7)	Ba	(3)連言除去
1,3	(8)	$Ba \land LAa$	(6)(7)連言導入
1,3	(9)	$\exists x(Bx \land LAx)$	(8)存在記号導入
1,2	(10)	$\exists x(Bx \land LAx)$	(2)(3)(9)存在記号除去

ここで、$\exists x(Bx \land LAx)$ は原大前提 $\forall x(Bx \to K\neg Ax)$ と矛盾し、背理法が成立する。$\forall x(Bx \to K\neg Ax)$ ならば ——

$\forall x(Bx \to M\neg Ax) \equiv \forall x(Bx \to \neg LAx) \equiv \neg\exists x(Bx \land LAx)$

—— となるからである。しかし、de re 解釈の両義性を論拠にして、(*)

を付した箇所が無様相ではなく必然様相の場合、上掲の証明は成立しない。どの解釈をとるか、換言すれば、いかなる内容をとるかが推論式の成否を左右するといえる[25]。したがって、形式と内容との、言い換えれば、構文論と意味論との関係をアリストテレスがどのように見据えていたのか、という問題が浮上する。

　問題の根は、見てきたように、〈特有性〉にある。〈特有性〉は、言ってみれば、われわれの「世界の眺め方」に彩りをそえる意味論的概念のひとつにほかならない。しかし、この概念を形式論理で的確に写しとろうとするとき、そこに歪みが生じるのである。『命題論』では、全称命題の事例として「すべての人間は白い」のような命題が挙げられていた。構文論的分析のためには、これでも特段の支障はなかった。これにたいして、『前書』の様相論理では、自然的世界のモデル化に踏み込むべく、必然様相命題の事例としては「すべての白鳥は動物である」と並んで「すべての白鳥（カラス）は白い（黒い）」といったレベルの命題が登場する。これだけの差異化でもって、アリストテレスの眼前に豊かに広がる動植物の多様な世界をモデル化するのに十分かどうかは疑問であるが、ともかくも科学的探究のための予備学にとっては不可欠の基礎作業となる。アリストテレスは明らかに、このような課題遂行に伴う困難さを予期していたと思われるが、様相論理として全面的かつ的確に組み入れるまでには到らなかった。そこでこの論点をめぐってアリストテレスが提起した方法論上の着眼を辿りながら、その様相論理体系の可能性と限界を見定めることにしたい。というのも、特有性にかかわる『前書』の捉え方は、事態をさらに複雑にする要因でもあるからだ。それは何か。節をあらためて検討したい。

5　生成消滅と様相概念

　アリストテレスは、われわれがすでに論及した様相命題の分析を提示する直前の箇所（32b4-22）において、〈許容［偶然］〉ἐνδέχεσθαι には二つの用法があることを指摘する。ひとつは、〈多くの場合にそうある〉ὡς ἐπὶ τὸ πολύ という意味での偶然であり、もうひとつは、〈無規定的なもの〉ἀόριστον、より一般的には、まさに〈偶然〉ἀπὸ τύχης としてのランダム性である。両者は、形式的にはともに「非必然かつ非不可能」であるから「偶然性」とみなされる。だが、ここでのアリストテレスの捉え方には「揺らぎ」があるように思われる[26]。

> ［〈偶然〉の二つの用法のうちの］一方は、〈多くの場合〉に生じるが、〈必然〉とするには不足している、という意味である。たとえば、人間は白髪になるとか、人間は成長したり老いたりするといったような具合の、一般化して言えば、そうであることが〈自然本性〉的である τὸ πεφυκὸς ὑπάρχειν という意味での偶然である。（なぜなら、［人間の］自然本性は、人間がいつでも存在するわけではないがゆえに、連続して必然性をもつことはないが、しかし、いったん人間が存在するときには、必然的に、あるいは、多くの場合にそうあるのだから）。そして他方は、不定なもの、つまり、そうあることもそうあらぬことも可能な場合である。たとえば、動物が歩くとか、歩いているときに地震が起こるとかいったような場合であり、一般に、〈偶然〉によって生じる τὸ ἀπὸ τύχης γινόμενον 場合である。というのも、これらはどれも、その反対の仕方である以上に自然本性的にそうあるわけではないからである。（32b4-13）

　この記述に従えば、自然本性的なあり方が、〈必然〉ではなく〈多くの場合〉という偶然様相にとどまるのは、自然本性が帰属する基体実体（たとえば人間）が措定されても、自然本性の発現は〈多くの場合〉の

域を超えることがないから、ということではない。もし自然本性そのものがあくまで〈多くの場合〉だとすれば、たとえ人間が永遠に（つねに）存在するとしても、〈必然〉に達することはない。アリストテレスはむしろ、当の基体実体の措定のもとでは、〈多くの場合〉という自然本性を〈必然〉と同一視しても構わないと述べているのである[27]。

このような捉え方および先の〈特有性〉を考慮しながら、いわゆる「可能世界」possible world の概念をめぐって展開される論議をここに絡ませるならば、アリストテレスの様相把握は、以下のように理解できる。端的に言えば、それは、「必然」－「多くの場合＝自然本性」－「無規定性」という三つの様相概念の相対的定位にほかならない。たとえば、すべての動物が白くなくなるような可能世界からみるならば、すべての白鳥が白いことは、あくまで〈多くの場合〉であって〈必然〉ではない。しかし、この現実世界に立脚して、白鳥－白の帰属関係を〈多くの場合＝自然本性〉として認定するとき、それは、白鳥－歩行、人間－白といった無規定的な帰属と比較すれば〈必然〉の位置を占めることになる。

むろん、白鳥が存在し、かつ、どの動物も白くない、つまり、白鳥が存在しないのではなく、白鳥が白くない、という可能世界は論理的に設定できる。だがそうなると、その可能世界では、われわれがまさに〈自然本性〉として了解するような存在論的特性すなわち〈特有性〉は排除されてしまう。逆に言えば、アリストテレスの様相論理体系は、われわれが目にしている動植物は（ひとまず）永遠に存在すると前提したうえで、〈自然本性＝多くの場合＝必然〉と〈無規定＝偶然〉との対比を基底に置くという根本的志向によって構築されていることになる。これは、ある意味で、まさに自然主義的な本質主義による様相把握だといえる[28]。そして、このような意味での〈自然本性＝多くの場合＝必然〉についてであれば、そこには「知識」や「論証的推論」συλλογισμὸς ἀποδεικτικός が成り立ちうるとアリストテレスは語るのである（32b28-32）[29]。

とはいえ、「必然様相」を〈多くの場合＝自然本性〉によって全面的に置き換えるならば、いわゆる類種関係（「人間は動物である」）の居場

所はなくなる。したがって、前掲の引用文にみられるような、「必然」－「多くの場合」－「無規定性」という相対的関係をそのまま様相論理体系として構築しようとすれば、その組み合わせに見合うだけの推論式の検討が必要である。この作業によって、質・量ともに増大することは避けられないが、〈ピュシス＝自然〉の予備学としての〈ロゴス＝論理〉はその精度を増したかもしれない[30]。

　しかし、現行の『前書』にそのような差異化と細分化を窺わせる記述はない。アリストテレスはむしろ、許容［偶然］様相の両義性を明確に提起しておきながら、それに逆行するかのように、様相概念を一元化ないし単純化する方向に歩み出すのである。この事態を明らかにするために、いましがた言及した「現実定位」という観点から、de re 解釈の優位性も含めて再確認しておきたい[31]。そのために参照するのは、〈消滅〉と〈生成〉の語義分析を展開する『天界について』の記述である。『天界について』では、「この宇宙が、現にあるとおり、すべての素材［質料］から成り立っている」（278a27-28, οὗτος ἐξ ἁπάσης ἐστὶ τῆς ὕλης, ὥσπερ ἔστιν.）および「この宇宙は、ただひとつであり、完全である」（279a10-11, εἷς καὶ μόνος καὶ τέλειος οὗτος οὐρανός ἐστιν.）という現実定位の見方が前提（仮定）されている。このような根本前提の枠内で、必然・可能・偶然という様相概念が〈時間〉の観点から見定められることになる[32]。

　アリストテレスはその A 巻第 12 章の箇所で、〈生成しないもの〉ἀγένητον および〈消滅しないもの〉ἄφθαρτον についての本来的な意味 κυρίως λεγόμενα を定義づけて、次のような見方を提起する。

　〈生成しないもの〉とは、「いま存在しており、かつより以前にはそれが存在しないと語れば真とはならなかったもの」[33]であり、他方、〈消滅しないもの〉とは、「いま存在しており、かつより以後の時点にはそれが存在しないと語るならば真とはならないもの」[34]を指す。換言すれば、生成しないものとは、いま（現在）も含めた過去の全時間において存在するもの、消滅しないものとは、現在も含めた未来の全時間にわたって

存在するものを意味する。そして、この定義とアナロジカルに、〈生成するもの〉γενητόν と 〈消滅するもの〉φθαρτόν の意味も確定される。

　以上の定義的規定から見てとれるのは、現実定位を象徴するかのように、特段の断りもなしに〈いま〉［現在］が基準点になっていることである。なぜ〈いま〉を基準点として定義されねばならないのかという論点はひとまず措いて、このような規定にたいしては、つぎのような疑問が予想される。すなわち、〈生成しうるものでありかつ消滅しえないもの〉γινόμενόν τι ἄφθαρτον εἶναι あるいは〈生成しえないものでありかつ消滅しうるもの〉ἀγένητον ὂν φθαρῆναι は可能か、という疑問である[35]。このような存在者を排除する積極的な理由はわれわれにはない。

　しかし、この疑問はなかば誘導されたものである。というのも、この疑問への再反論によってアリストテレスは自説を提示するからである。これまでの流儀（記法）でそのねらいを確認しておこう（Γ、Φをそれぞれ「生成するもの」「消滅するもの」という述語とする）。

　まず、疑問提起者の文面を記号化すれば、以下のようになる。

　　　　∃x(**M**Γx ∧ ¬**M**Φx)　　および　　∃x(¬**M**Γx ∧ **M**Φx)
アリストテレスは両命題を否定するので、
　　　¬∃x(**M**Γx ∧ ¬**M**Φx)　　および　　¬∃x(¬**M**Γx ∧ **M**Φx)
となるが、それぞれを変形すれば、
　　　∀x(**M**Γx → **M**Φx) ……(1)　∀x(¬**M**Γx → ¬**M**Φx) ……(2)
である。そこで、それぞれについて対偶をとれば、
　　　∀x(¬**M**Φx → ¬**M**Γx) ……(3)　∀x(**M**Φx → **M**Γx) ……(4)
　(1)と(4)より　　∀x(**M**Γx ↔ **M**Φx) ……(5)
　(2)と(3)より　　∀x(¬**M**Γx ↔ ¬**M**Φx) ……(6)

以上から、(5)によって「生成しうるもの」と「消滅しうるもの」とが、(6)によって「生成しないもの」と「消滅しないもの」とが、それぞれ同義であることがわかる。こうして、疑問は解消され、「生成しないもの」

と「消滅しないもの」は、現実定位の立場からその「本来的な意味」が温存されるかたちで規定されることになる。

　だが、そうなると、疑問の解消（再反論）と本来的な意味を志向する現実定位とのあいだにはギャップが生じるようにも思われる。というのも、疑問の解消そのものにとって、現実定位という視点は必ずしも必要とされないからだ。つまり、アリストテレスの規定を「いま（現在）」ではなく「過去の或る時点」としたうえで、「生成しないもの」とは、「過去（あるいは未来）の或る時点で存在しており、かつそれより以前にはそれが存在しないと語れば真とはならなかったもの」と言い換えても、支障はないように思われるのである（「消滅しないもの」についても同様である）。

　しかしこの疑問にたいしては、〈過去〉〈未来〉が〈いま＝現在〉とセットをなす時間相であるとすれば、つまり、過去や未来は現在を基準点とした時間相であるとすれば、やはりそのかぎりにおいて現実定位とみなしうると応答可能である。裏返して言えば、アリストテレスが遠ざけようとしているのは、前後系列の時間軸における或る任意の時点を基準点として「生成しないもの」「消滅しないもの」を規定するという方法になる。

　ここにも、『命題論』の「海戦問題」と同様に、過去・現在・未来という時間相（テンス）から〈プラーグマ＝自然＝存在〉に「接近」しようとする志向を窺い知ることができる[36]。時間論の観点からは、基底的なのは前後系列（B系列）か過現未系列（A系列）かという問題に逢着することになるが、しかし、いまこの段階で注視したいのは、述べてきたような現実定位の前提的志向が様相概念の捉え方にもたらす偏差である。以下、この点を確認しておきたい。

　われわれはすでに、アリストテレスの論述から「様相区分図」を取り出していたが、それはきわめて一般的・標準的なものであり、様相概念を考察するうえでの起点となるものであった。しかし、その様相区分図を（〈いま＝現在〉を基準点にとる）現実定位という視点から眺めると

き、つぎのような見方が生じうる。それは、いま現在のあり方（事実様相）は ϕ か ϕ でない（$\neg\phi$）かのいずれかであり、そのうえでさらに、ϕ およびは $\neg\phi$ のそれぞれについて、必然様相か偶然様相かのいずれかである、という二分法を適用する見方である。

　このような見方そのものに特段の問題はない[37]。しかし、事実様相を基点としたとき、つまり、様相区分図のどちらか片面のみ（ϕ あるいは $\neg\phi$）を基点としたとき、可能様相は指標的区別としては機能しなくなる。事実様相と重なり合ってしまうからである。その結果、様相概念としては「事実」「必然」「偶然」が残り、それぞれの事実様相（ϕ あるいは $\neg\phi$）がさらに「必然」と「偶然」とに区分される。この事態は、『前書』において様相論理の大前提・小前提に可能様相が登場しないことにも符合する。と同時に、必然と偶然という二分法（偶然でなければ必然、必然でなければ偶然）で対処するためには、それぞれに適合するモデル的事例についても一定程度の制約を加えざるをえなくなる。様相概念は多義的であり、その多義性を形式化することには困難が伴わざるをえないからだ。そして、そうした制約のひとつが、すでに述べように、生成消滅と連動して問題となるところの、必然様相としての〈多くの場合＝特有性〉にほかならない[38]。

　こうして、もし『前書』の様相論理をできるだけ整合的に体系化しようとするのであれば、de re 解釈による〈特有性〉が焦眉かつ中核的な課題になることが再確認される。

　以上、仮説的・暫定的な de re 解釈を援用するかたちで、落穂拾いのように、様相論理をめぐるアリストテレスの体系的考察が醸し出す特色と方向性を辿ってきた。アリストテレスにおいては、実体や属性・特有性のあり方そのものは、様相論理が成立するための先行的了解に属するのであって、〈ロゴス＝論理〉が考究すべき問題ではない。それは、アリストテレスの（そしておそらくはわれわれにとっても）「世界の眺め方」のうちに組み込まれている存在論的構図である。しかしむろんそれ

だけで、すべてが明瞭に見てとれるというわけではない。こうして、先の『命題論』と同様に、「〈ある〉とは何か」という探究に向かうためにも、〈ある［あらぬ］が、あることもあらぬことも可能なもの〉における〈現実態〉と〈可能態〉の対概念を考察しなければならない。しかも、『前書』の様相論理に踏み込んだわれわれには〈必然性〉の概念も取り込んだうえで、そうしなければならないのである。

　だがそうなると、ひとつの疑問も生じる。それは、〈ある〉と〈必然〉とはそもそもどのようなかたちで結びつくのか、という問いである。むろん、「世界の眺め方」の**図D**のなかにはすでに〈必然〉が埋め込まれている。また、「〈ある〉とは何か」という問いが、アリストテレスによる存在論的な焦点化によれば、「〈まさにある〉とは何か」とされることからしても、そこにも何らかの〈必然〉は予感される。しかし、海戦問題で取り出されたのは、あくまで決定論的世界に対抗するかたちでの〈ある〉であり、その概念的修正としての、すなわち、可能性ないし偶然性の側に定位される〈ある〉であった。その意味でも〈必然〉はむしろ遠ざけられていた。しかも、〈必然〉と結びつきやすい〈普遍＝全称〉については、「すべての人間は白い」といった、われわれの「世界の眺め方」からすれば、いわば寝ぼけたような事例が（おそらくは意図的に）採用されていたのである。

　これにたいして『前書』では、形式論理での枠内とはいえ、〈偶然〉〈可能〉とともに〈必然〉が組み込まれた意味論的世界に対応する様相論理が志向されている。アリストテレスは、〈ピュシス［プラーグマ］＝存在［自然］〉の探究に見合うレベルで、「オルガノン」としての〈ロゴス＝論理〉に必要最低限の整備と改良を施そうとしている。そのかぎりにおいて、『命題論』と『前書』とでは考察の目標とレベルは明らかに異なる。

　それでは、〈ピュシス〉の側から、言い換えれば、存在論への端緒という観点から『前書』の様相論理体系をあらためて捉え直すとき、そこにはどのような道筋が浮かび上がるのか。この問いを脳裏にとどめて、

われわれとしては、至る所で曲折し錯綜しているアリストテレスの様相論理という樹海にいま一度踏み入ることにしたい。『前書』の様相論理体系は『後書』を経由して『自然学』その他における自然科学的探究の「道具」だとすれば、どのような理論装置なのか、それを見届ける必要がある。本章の後半部となる次節以下では、様相論理全体の俯瞰に重点を移して考察を進める。この作業によって、『前書』の体系的考察が引き起こした表層的混濁を取り払って、その様相論理体系が志向する基層を剔出できればと考える。

6　様相論理体系の再検討──方法と準備

　アリストテレスは、『前書』の冒頭で『分析論』全体の課題を提示しているが（24a10-11）、『前書』の基盤となす諸概念を定義したうえで、つぎのように語る。

> さて、以上のことが規定されたので、[1] すべての推論が何によって、どのような場合に、また、どのような仕方で成立するのかを語ることにしよう。そして、[2] 論証についてはあとで語らなければならない。しかし、[3] 論証についてよりもさきに推論について語らなければならない。なぜなら、[4] 推論はより一般的であるから。というのも、[5] 論証はある種の推論であるが、すべての推論が論証であるというわけではないからである。（25b26-31）

　『分析論』の本題は、『後書』の論証および論証的知識にある（[2]）。それに先だって推論を考察するのが、『前書』である（[3] = [1]）。そして、[5]によれば、論証と推論との関係は平明のように見える。たとえばそれは、人間と動物とのあいだの、あるいは、テーブルと家具とのあいだの概念的関係と同類同型であると考えられる。したがって、「すべ

ての推論」（[1]）を通覧し終えたならば、論証は推論のなかに見出されることになる。

　だが、『後書』の註釈者である Barnes が告げるように[39]、その関係は明晰とは言い難い。論証の有力な候補とみなされる **Barbara**（あるいは **BarbaraLLL**）という推論式であっても、それだけで直ちに論証になるわけではない。このことは、『後書』A巻第2章や第4章などの記述からも反照的に見てとれる。推論の一般性（[4]）と論証の特殊性（[5]）とのあいだには、動物と人間との、あるいは、家具とテーブルとのあいだに想定されるのとは質を異にする懸隔がある。それでは、『前書』の推論から『後書』の論証への絞り込みは、どのようなものになるのか。本章後半において『前書』の様相論理をめぐる体系的記述から析出したいのは、自然物や人工物とは異なるかたちでの、まさに推論と論証とのあいだに成り立つ関係の基本線にほかならない。

　『前書』の論理体系を解明するためには、基本概念の明確な定式化に基づいて全推論式について一定水準の整合的な解釈を提示することが欠かせない。しかし本章後半では、そうした基礎作業を省略ないしは回避するために、様相論理体系の外観を手がかりにする。この代替策のために利用する外観は、簡便さの点から Ross がその註釈書に付した一覧表である（以下「一覧表」と呼ぶ）[40]。この一覧表のうえを低空飛行することに終始しながら、『前書』から『後書』へのルートの探索を試みることになる[41]。論述のうえで必要となる諸概念や『前書』の様相論理の特徴については、外観を渡り歩く道すがら言及していく。

　このような変則的かつ安直なアプローチを採るために、まず以下の点を注記しておかなければならない。『前書』A巻第4～22章の論理体系は、可能な推論式を（若干の取りこぼしはあるが）網羅的に調べ上げて、その結果を整理したものである。アリストテレスの主たる関心は、どのような命題（前提）の組合せからどのような結論が導出されうるかを確認することにある（前掲の引用[1]）。『前書』では、無様相・必然・偶然という三つの様相を対象とするので、大前提と小前提との組合せは9

通りになる。一覧表でいえば、縦のコラムに当たる。

そこで、推論式を網羅的かつ機械的に確認しようとすれば、たとえば、一覧表の左上からはじめて、ひとつのコラムを調べ終えたら、右隣のコラムへと順次移動しながら、最後は右下で終わる、という手順が考えられる。だが、『前書』の記述はそうなってはいない。すなわち、**LX**型と**XL**型はコラムを跨いで一括処理され、また、偶然様相を含む推論式では、第一格の可能な組合せ（5通り）がすべて完了してから、第二格さらに第三格へという順に検討されている。結果として、Ross が一覧表に付した番号順ではない。その理由としては、各推論式の証明で必要となる別の推論式が（原則として）それ以前の段階ですでに証明されていることが望ましいと判断されたからかもしれない。いずれにせよアリストテレスの記述は、網羅的に調べた結果の全体を総覧したうえで、ある視点から再構成されたものである。現行テクストの体裁に整理される以前にどのようなアプローチがなされたのか、また、どのような試行錯誤があったのか、その復元は困難である。

そのうえで、外観全体の特徴として注意したいのは、無様相論理（すなわち定言三段論法であり、一覧表では**XX**型として表示）を土台にして増築された様相論理が偶然様相を含まない推論式（第8〜10章）とそれを含む推論式（第13〜22章）とに大別されている点である。無様相［事実］・必然・偶然が混在可能な9通りの組合せがあることからすれば、この区分はけっして必然的ではない。ここにも全体を俯瞰して再調整したアリストテレスの意図が働いていると考えられる。以下では便宜的に、第4〜7章を無様相論理、第8〜12章を必然様相論理、第13〜22章を偶然［許容］様相論理と呼ぶことにする。

以上が、本考察の方法とその補足である。つぎに、準備について述べる。

推論式の妥当性を網羅的に確認するさいに体系性の指標となるものは何か。そのひとつが、妥当な推論式のあいだに格差をもたらす「完全」「不完全」という指標である。そしてさらには、その区別の論拠となる証明論である[42]。そこで、きわめて限定的かつ独断的になるが、これら

の点について概観する。

　完全・不完全という区別の導入によって、モノクロームの外観がひとまず二色刷になる。アリストテレスの規定によれば、完全推論とは、「推論の必然が明らかになるために、すでに容認されたもの［前提］の外に他のいかなるものも付け足す必要のない推論」(24b22-24,『新版全集』に準拠)である。推論が完全であるためには、前提以外の命題を必要としない点は、ひとまずわかる。しかし、推論の必然性の「明白さ」が何によるのかは説明されていない。そこで本稿では、第一格の項連関に成り立つ推移性、すなわち、小項から中項へ、中項から大項への推移律を、推論の妥当性の明白さとみなすことにする。その推移性は、つぎのように説明されている。「小項が中項全体のうちにあり、中項が大項全体のうちにある（あるいは、ない）ような関係で、三つの項が互いにあるとき、端項［小項と大項］についての推論は完全であることが必然である」(25b32-35)。

　基本にあるのは、$\alpha \to \beta$、$\beta \to \gamma \vdash \alpha \to \gamma$という推移律であり、言い換えれば、推論規則にほかならない。自然演繹体系による証明の記法に準拠して書き出せば、完全推論は、つぎのように三行で完了する推論ということになる（主述関係ではなく帰属関係で表記する）[43]。

```
AaB, BaC ├ AaC      (├ : ゆえに)
 1 (1) AaB           大前提の仮定
 2 (2) BaC           前提の仮定
1,2 (3) AaC          (1)(2)に推論規則を適用
```

　完全推論とはしたがって、大前提・小前提・結論という三行以外の命題を新たに書き加えることなく証明が完了する推論である。『前書』の論理体系では最小行数の証明となる。以下「三行原則」と呼ぶことにするが、三行だけの証明が「わざわざ証明するには及ばないほどその妥当性が明らかな推論」であるのかどうかは、事柄そのものとして不分明の

ままである。部分集合や補集合の概念を明示的に組み込むことなく、上掲の推移性のみで「明らか」と断ずることには問題があるからだ[44]。しかし本稿では、完全と不完全との区別は証明における形式的操作のうえでの差異であり、それ以上でもそれ以下でもないとひとまずみなすことにする。

では、三行で完了しない不完全推論は、(推論規則以外に) どのような証明手順を必要とするのか。その基本となるのが、換位・置換・背理法である[45]。そして、証明に必要とされる推論式は最終的には第一格に還元される。周知のように、「すべての不完全推論は、第一格によって［その証明が］完了する」(29a31-36) というのが、『前書』の論理体系における原理的指針なのである。

さて、外観を二色刷にしたならば、つぎの課題は何か。ひとつは、不完全推論を完全推論に還元する手順の概要を確認しなければならない。もうひとつは、完全推論の拠点である第一格相互の関係はどうなっているのか、の確認である。そのさい、無様相論理は様相論理の基盤であるので、両者の関係については問わない。問題とすべきは、様相論理内部での関係である。一覧表の元になっている Ross その他の一般的な解釈では、第一格の LL 型、LX 型、XL 型、KK 型、KX 型、KL 型の 6 型が完全推論、つまり、それ以上の還元を必要としない推論とみなされている。では、これらのあいだにはたんなる型の異同だけではない外観から見たさらなる多色化は可能であろうか。

7　様相論理第二格・第三格における欠落箇所

以上を当座の方法と準備としたうえで、アリストテレスの様相論理を点描していくことにしたい。

まず取りあげるのは、外観上で最も際立つ点である。『前書』の論理体系は、述べたように、無様相論理と様相論理とに大別され、前者が

基底部となる 14 の推論式、後者がいわばその増築部である。ところが、一覧表から明らかなように、様相論理には増築されていない箇所がある。しかも、それは第二格に集中している [46]。この検討によって、アリストテレスによる様相論理の基礎とその記述に見出される特徴を併せて確認することにしたい。

　第二格に欠損が生じる理由ははっきりしている。それは、『前書』が対象とする推論の構造（構文論）による（下掲の推論図式を参照）[47]。

第一格	第二格	第三格
A → B	B → A	A → B
B → C	B → C	C → B
A → C	A → C	A → C

　こうした三段論法の枠組みに準拠すれば、第一格に還元するためには、第二格については、(1)大前提を換位するか、(2)小前提の換位および両前提の置換から導出された命題（A → C）をさらに換位することになる。同様に第三格では、(1)小前提を換位するか、(2)大前提の換位および両前提の置換から導出された命題をさらに換位する。このような形式的操作によって第二格と第三格は第一格に還元される。

　ところが、『前書』の偶然様相によれば、**KAaB ⇔ KAeB**、**KAiB ⇔ KAoB** などの換位は成立するが、**KAeB ⇔ KBeA** は成立しない。この原理的制約のために、偶然様相命題を含む第二格においては、無様相論理や必然様相論理と同様の仕方では還元できず、結果的に、とりわけ **KK** 型のように全滅する事態となる [48]。

　むろん、妥当式の一覧表に欠落部分があることは体系そのものの欠陥ではない。しかし、アリストテレスが推論式の妥当性を逐一点検した結果を整理していく作業のなかに、われわれは『前書』の論理体系およびその記述の特色を垣間見ることができるように思われる。以下、その点を確認しておきたい。

ひとつは、(まぎらわしい言い方だが)「前書の文脈主義」とでも呼べる論述上の特徴である。『前書』では、論理体系全般にかかわる基本概念は別にして、個別の論理則などは、それが必要とされる段階になって説明される。これが、ここでの「前書の文脈主義」である。いまの文脈でいえば、**KAeB ⇔ KBeA** という換位が不成立であることは、第二格の偶然様相を検討する段階で証明されている。なぜかと言えば、全称否定命題の換位は第二格のみで利用されるからである。むろん、換位の基本については、A巻第3章ですでに言及されている。しかし、アリストテレスは論理体系全体を振り返って整理したうえで、その委細についてはあくまで偶然様相第二格の冒頭に置くのである。このような記述の仕方は、ある面ではごく自然のことのように思われるかもしれない。だが、「前書の文脈主義」を踏まえて他の記述を読むとき、アリストテレスの論理体系を探る手がかりも得られるように思われる。この点については、本章の課題にも関係してくるので、後であらためて言及することにしたい。

つぎに、ここでの換位不成立から派生する綻びについて見ておく。偶然様相を含む第二格で成立するとされているのは、以下の6式である[49]。

CamestresKXM	**CesareXKM**	**FestinoXKM**
CamestresKLX	**CesareLKX**	**FestinoLKX**

しかし、**CesareKLX** と **CamestresLKX** は背理法によって証明可能であるにもかかわらず、アリストテレスは挙げていない。このような見落としが生じたのは、偶然様相全称否定命題が換位できないために、**CesareKLX** と **CamestresLKX** は第一格に還元できないと即断されたためかもしれない[50]。しかし、証明には換位による還元だけではなく背理法もある。アリストテレスはじっさい、おなじく第二格である **CesareLKX** と **CamestresKLX** を背理法で証明しているのである。

では、なぜ **CesareKLX** と **CamestresLKX** の証明は見逃されたのか。これら4式の形式面での比較から暫定的に読み取れるのは、第一格に還

元したかたちで比較した場合、アリストテレスは大前提が偶然様相の推論式よりも必然様相の推論式の方を暗黙裏に重視している、という点である。そのため、大前提が偶然様相の場合は、取り扱いがやや疎かになる傾向にある[51]。では、このような「偏向」は何を意味するのか。

最後に、上記の綻びと連動する別の問題点も確認しておく。『前書』では、妥当でない推論式には反例が提示される。したがって、アリストテレスが不成立とみなした **CesareKLX** と **CamestresLKX** にもアリストテレスは反例を挙げている。それを **CesareKLX** の場合で見ておこう（38a26-b4）。

① **K** 白 **e** 人間　　② **K** 運動 **e** 動物
　L 白 **a** 白鳥　　　　**L** 運動 **a** 覚醒
　L 人間 **e** 白鳥　　　動物 **a** 覚醒

アリストテレスは、上記のような反例を挙げて、**CesareKL__** は成立しないと論じる。すなわち、①によって、結論が偶然様相否定命題になることはない。また、前提が偶然様相を含むので結論が必然命題になることもない。そして②によって、結論が全称否定になることもない。こうして、**CesareKL__** においてはいかなる推論も成立しない（なお、前提に否定があるので結論は肯定にならない）。

だが、アリストテレスの説明には曖昧さが伴う。②の小前提が「覚醒」と「運動」という概念間についての必然性を述べたものだとすれば、結論は「すべての覚醒は動物である」という無意味な命題となる。他方、②の小前提が「覚醒しているものはすべて必然的に運動している」という内容の命題だとすれば、その必然性は成り立たない。というのも、「覚醒しているもの」たとえば「動物」について、「動物は必然的に運動している」ことになるが、これは偽であり、じっさい大前提と両立しないからである。したがって、②は反例となりえず、（背理法による証明のように）結論が全称否定命題である可能性は排除されていない。この

指摘が正しいとすれば、アリストテレスは妥当な推論式を見落としたうえに、さらには適切ではない反例までも挙げる、という二重の錯誤を犯したことになる[52]。これは、『前書』の論理体系とその記述の不整合・不首尾を言挙げする格好の材料のひとつになる。

　こうした状況にたいして、『前書』の外観を手がかりとする本考察では弥縫策をとる。それは、アリストテレスの反例・事例から想定されるモデルあるいは意味論的世界はひとまず遠ざけておくというものである。つまり、本章前半で見てきたような、反例も含めた事例から想定される喧噪的世界がそのままアリストテレスの様相論理体系によって志向される世界のモデルである必要はない、という方針を立てる。アリストテレスがいわゆる本質主義を志向することは、動かない[53]。しかし、「実体」「固有性（特有性）」「付帯性」などの（アリストテレスではお馴染みの［cf. 43b1-11］）事例に依拠した諸概念間の関係に様相論理体系が縛られる必要はない。様相論理は、意味論よりも構文論を優先することによって、アリストテレスに一般に帰されるレベルでの本質主義をときに逸脱あるいは拡張する可能性をもつ。その点において、月並みな言い方になるが、論理は直観を越えうる。

　いま見たように、導出可能であるにもかかわらずアリストテレスが推論式を見落としたのはなぜか、構文論レベルでの理由を見定めることが求められている。その観点からすれば、適切な反例が見つからないことは、『前書』の論理体系の解明にとって、瑕疵ではなく、むしろ光明となりうる。以下では、このような問題関心に重心を置きながら考察を進めることにしたい。

8　第二格・第三格の第一格への還元

　前節の論点を踏まえながら、つぎに第二格で増築された推論式を検討する。前掲の通り、偶然様相を含む第二格の妥当式は 6 式ほどあった。

これらは不完全推論であるので、第一格に還元される。その還元先の推論式は以下のものである（還元を⇒で表示する）。

KK 型　妥当式なし
KX 型　CamestresKXM ⇒ CelarentXKM
XK 型　CesareXKM ⇒ CelarentXKM　　FestinoXKM ⇒ FerioXKM
KL 型　CamestresKLX ⇒ CelarentLKX ®
LK 型　CesareLKX ⇒ CelarentLKX ®　　FestinoLKX ⇒ FerioLKX

（注）®を付した推論式は背理法によって証明されているが、換位による還元も可能である。なお、注49に合わせて、以下の還元はカウントしない。
CamestresKLM ⇒ CelarentLKM　　CesareLKM ⇒ CelarentLKM

　われわれはここで、『前書』の様相論理体系のもうひとつの特徴ないし特異点に出会う。それは、還元先の推論式が第一格でありながら完全推論ではない、という事態である。無様相論理および必然様相論理では、第一格が証明のいわば基底をなす完全推論であった。しかし、偶然様相論理では事情を異にして、第二格の証明は第一格への還元だけでは完了せず、さらなる手順が必要とされるのである（34a2-3）。
　一覧表に準拠すれば、第一格で不完全推論となるのは、**XK** 型と **LK** 型の8式であるが、外観全体の概観のために、第三格まで含めて不完全推論から完全推論への還元を確認しておく。偶然様相を含む第三格の妥当式は全部で29式である。そのうち、第一格不完全推論を利用して証明されるのは11式であり、残りの18式は直接、完全推論に還元されている[54]。
　以上の外観からでも、第一格不完全推論がアリストテレスの様相論理において要衝の一翼を担うことが見てとれる。そのうえで検討課題として追加されるのが、以下の点である。
　まず、第一格 **KK** 型は完全推論であるのにたいして、小前提が偶然様相である点では共通している **XK** 型および **LK** 型が不完全推論となるの

III

はなぜか、という問題である。

　また、**XK**型と**LK**型とは推論の形式的構造としてみるかぎり、大前提が事実様相（無様相）か必然様相かの違いでしかない。したがって、**XK**型の証明によって**LK**型の証明もなかば同型的に処理可能であると予想される。ところが、**XK**型はすべて同じ手順（後述）で証明されるのにたいして、**LK**型は結論にもばらつきがあり、証明方法も異なっている。具体的に言えば、**Barbara**<u>**LKM**</u> と **CelarentLK<u>X/M</u>**、および、**Darii**<u>**LKM**</u> と **FerioLK<u>X</u>** という差異が生じている。なぜこのような異同が生じるのであろうか。

　さらには、**CelarentLK<u>X/M</u>** では、結論が事実様相に加えて可能様相にもなると付言されている点も奇妙である。結論が事実様相命題ならば、そこから可能様相命題も導出できることは、なかば自明である。だがアリストテレスは、まさにこの文脈においてこの基本的な論理則を正式に（しかもそれが否定命題にかかわることと併せて）言及するのである（36a15-17. cf. 35b30-32）[55]。もし本稿での「前書の文脈主義」がここでも作動しているとすれば、このような余分ともいえる事柄を指摘することによって、アリストテレスは何を証示しようとしているのか。『前書』の論理体系では、前提命題は事実様相（無様相）・必然様相・偶然様相のいずれかである（25a1-2, 29b29-30, 34-35）。したがって、強引の誹りは免れないが、結論についてもこれらの様相を基本とみなして、結論が（一番弱い）可能様相のみの推論式は一覧表から除外することもできたはずである。その候補は 18 式ほどになる（cf. 41b29-31）。アリストテレスはしかし、このようなリストラを強行してはいない。

　以上の諸点を押さえたうえで、結論が可能様相となる推論式のいわば本丸である第一格 **XK** 型を検討し、そこから『前書』の様相論理体系が志向する方向性を探りたい。

9　第一格 XK 型の不完全推論

　第一格でありながら不完全推論となる **XK** 型（および **LK** 型）の検討に移るが、そのまえに、完全と不完全との対比を確認するために、**KK** 型と **KX** 型が完全推論である理由を見ておく。

　アリストテレスは、**KK** 型と **KX** 型が完全推論であることは「定義から明白である」（32b40）と語る。しかし、この「定義」が何を指すのかは定かではない。本稿では、外観の概観を急ぐために、それに続けて語られる、「というのも、私たちは、〈偶然的にすべてに帰属する〉ということをそのように語ったからである」（32b40-3a1）という説明によって、**KK** 型と **KX** 型との推論の完全性は偶然様相文の構文解析から取り出される両義性（32b23-32）に基づくと解釈する[56]。つまり、偶然様相命題の両義性とは、本章第1節ですでに述べたように、表層的には同じ構文の **KAaB**（大前提）が、**KKK** 型と **KXK** 型という二つの推論式に解析される事態を指す（32b32-36）。

　比較参照のために、完全推論の **KLK** 型と不完全推論の **XKM** 型、および、述語論理による記号化を併記しておく[57]。

KKK型	**KXK**型	**KLK**型	**XKM**型
BarbaraKKK	BarbaraKXK	BarbaraKLK	BarbaraXKM
KAaB	KAaB	KAaB	AaB
KBaC	BaC	LBaC	KBaC
KAaC	KAaC	KAaC	MAaC
$\forall x(\mathbf{K}Bx \to \mathbf{K}Ax)$	$\forall x(Bx \to \mathbf{K}Ax)$	$\forall x(Bx \to \mathbf{K}Ax)$	$\forall x(Bx \to Ax)$
$\forall x(\mathbf{K}Cx \to \mathbf{K}Bx)$	$\forall x(Cx \to Bx)$	$\forall x(Cx \to \mathbf{L}Bx)$	$\forall x(Cx \to \mathbf{K}Bx)$
$\forall x(\mathbf{K}Cx \to \mathbf{K}Ax)$	$\forall x(Cx \to \mathbf{K}Ax)$	$\forall x(Cx \to \mathbf{K}Ax)$	$\forall x(Cx \to \mathbf{M}Ax)$

これら4式の比較から見えてくる点を確認しておく。まず、**KLK**型もまた完全推論とされるが、その理由は、(先に述べた本稿での完全性の理解に基づけば) 証明が三行で完了するから (「三行原則」)、というものである (36a5-7)。では、どうして三行で完了するのかとさらに問えば、(完全推論につきまとう問題だが) じつは明快とは言い難いのである[58]。はっきりしているのは、**KLK**型の完全性は**KKK**型と**KXK**型のように構文解析には依拠していない、という点である。「前書の文脈主義」と内容 (偶然様相命題の「二通りの仕方」32b26, 31) からしても、構文解析が適用されるのは、**KKK**型と**KXK**型だけである。こうした点を考慮すると、**KLK**型は、完全推論であるにもかかわらず、『前書』のなかでの取り扱いは軽いといえる。それはなぜか。ここでも、先に指摘した、**CesareKLX**と**CamestresLKX**の軽視に共通する点、すなわち、(第一格に還元した場合の) 大前提が偶然様相であるという点にあるを見てとれるように思われる。

これにたいして、不完全推論であるにもかかわらず、周到な準備のうえに**KNK**型に先行して考察されるのが、**XKM**型である。この肩入れの理由は、どこから来るのだろうか。考えられるのは、第一格わけても**Barbara**には欠落があってはならない (あるはずがない) という基本指針ないしは先入見かもしれない。すでに述べたように、第二格にも欠落はあっが、それは論理的な必然だったのであり、致し方ない。また、妥当な推論式を見逃してもいたが、あくまで第二格のことで、大過はない。触診的な述語論理の記法を手がかりにすれば、**KKK**型・**KXK**型・**KLK**型の妥当性は容易に見てとれるが、**XKM**型はそうではない。もし第二格に向かうのと同じ姿勢であったならば、**XKM**型はおそらく不成立とみなされたかもしれない。

では、もし第一格の推論式についてはそのような対応をとれないとすれば、どうすればいいのか。確認しなければならないのは、**BarbaraXKM**は (第二格では適用を惜しんだ) 背理法によって証明できる、という点である。ただし、問題がある。というのも、その背理法では**BocardoLKX**を利用す

ることになるが、BocardoLKX はまさに BarbaraXKM を利用して証明されるので、循環となってしまうからだ。むろん、不完全推論どうしの循環であるから黙認できるかもしれない。この程度の不備は、『前書』ではまま見られるといえる。しかしアリストテレスは、あくまで循環を回避するかたちで、つまり、BarbaraXKM の論理的な自律性を確保するかたちで証明するのである。そして、そのために導入されるのが、(後述する)「偽仮定証明」という手法にほかならない。

着目したいのは、『前書』の様相論理体系が BarbaraXKM といった第一格 XK 型推論に託した機能・役割は何か、という点である。その問いへの暫定的応答を提示するに先立って、BarbaraXKM の証明が支払う代償(見方を変えれば、それは示唆的洞察にもなりうる)を見ておきたい。その代償とは、BarbaraXKM の証明が(意図的と勘ぐりたくなるほど)くだくだしいことのうちに現出する。諸家によって指摘されている点でもあるが、考察の視点にかかわる論点を確認しておく。なお、以下の説明は、アリストテレスの記述にそのまま追随するため混濁した様相を呈する。そこでその要衝を先取りすれば、事実様相[無様相]を(必然様相ではなく)「許容様相」に組み入れることがアリストテレスのここでの眼目である、と考えられる。

BarbaraXKM の証明手順は、以下のようになっている。なお、偽仮定証明[59] では、BocardoLXX を背理法のために利用しているので、それも併記しておく。

BarbaraXKM		BocardoLXX		
AaB	①	¬(MAaC) ≡ LAoC	④	[③の否定の仮定]
KBaC	②	BaC	⑤	[②に基づく偽仮定]
MAaC	③	AoB	⑥	[①と矛盾]

偽仮定証明を承認するならば、その証明手順そのものは明快である。原結論③の否定を仮定したうえで[④]、背理法が適用されているとみ

なされるからである。そのさい⑤は、②の偶然様相命題からの（不可能ではない）偽仮定とされる。そして、**BocardoLXX** によって導出された結論⑥は、①と矛盾するので不可能である。そこで、偽仮定証明によれば、背理法によって否定されるのは、「偽ではあるが不可能ではない」⑤ではなく、④となり、原結論③が導出される。このように証明手順は簡明であるにもかかわらず、アリストテレスの記述は、字義通りには読みとれないものになっている。煩瑣を厭わず、上記の証明手順に即して、適宜補いながら訳出してみよう。テクストの混濁を強調するために、ἐνδέχεσθαι［許容様相と呼ぶ］が出現する箇所（原文では７ヶ所）には機械的に **E** を当てることにする（以下の訳文では **E** として強調表示する）。

大前提を **AaB**［①］、小前提を **EBaC**［②］と仮定せよ。すると、必然的に結論は **EAaC**［③］となる。理由は以下の通りである。（背理法を適用するために結論③を否定して）**EAaC** ではない（≡ **LAoC**［④］）と仮定し、また、（小前提②から）**BaC**［⑤］と仮定せよ。この仮定［⑤］は、偽ではあるが不可能ではない。そうすると、もし大前提が **EAaC**［③］の否定［④］で、小前提が **BaC**［⑤］ならば、結論は **EAaB** の否定［⑥＝ **AoB**］になる。というのも、第三格［**BocardoLXX**］によって推論が成立するからである。しかし、**EAaB**［①＝ **AaB**］と前提されていたのであった。［ゆえに⑥は①と矛盾し不可能である。］したがって、**EAaC**［③］となるのは必然である。なぜなら、偽ではあるが不可能ではないことが仮定されたとき［⑤］、その結論［⑥］は不可能なものだからである。［ゆえに、背理法によって不可能として否定されるのは、⑤ではなく④である］。（34a34-b2）

証明手順が上述の通りのものだとすれば、ここでの **EBaC**［②］は **KBaC**、**EAaC**［③］は **MAaC**、その **EAaC** ≡ **MAaC** の否定は **LAoC**［④］、さらに **EAaB** の否定は **AoB**［⑥］（したがって **EAaB** ≡ **AaB**）であるこ

とがわかる。まとめれば、証明に登場する「許容様相」[**E**] は、②では「偶然(**K**)」、③では「可能(**M**)」、⑥では「事実(**X**)」を意味していることになる[60]。このような混濁した記述は何を示唆しているのか。

10　BarbaraXKM の布置

　BarbaraXKM 等の第一格 XK 型は、他の不完全推論を完全推論に還元する重要な水路であった。そしていまアリストテレスは、第一格でありながら不完全推論である **Barbara XKM** の証明にさいして、ἐνδέχεσθαι の諸用法 (「さまざまな仕方で語られる」πολλαχῶς λέγεται τὸ ἐνδέχεσθαι. 25a37-38)、すなわち、大前提が事実様相、小前提が偶然様相、結論が可能様相である **BarbaraXKM** に照応するかたちで、それら三つの様相を均し並みに ἐνδέχεσθαι と表記して証明を開陳したのである。これは、第 3 章の記述 (25a28-29) を反復しているのではない。なぜなら、**BarbaraXKM** の証明に入る段階ですでに、様相論理の前提となる ἐνδέχεσθαι は「偶然様相」(必然ではないが不可能ではない [¬**L**φ ∧ ¬¬**M**φ ≡ **M**φ ∧ **M**¬φ]) として定義されていたからだ (32a18-20. cf. 33b23, 28, 30, 37a15-16)。そして、「この定義に即さない ἐνδέχεσθαι」 (33b33. cf. 34b27-28) が、(表向きには結論のみに登場する)「可能様相」なのである。

　したがって逆に、これらの事前の規定を踏まえるならば、**BarbaraXKM** の証明に託して乱発された ἐνδέχεσθαι の標的は、偶然様相でも可能様相でもない様相、すなわち、事実様相ということなる。つまり、**BarbaraXKM** 以前の証明ですでに説明抜きで使われていた事実様相 (無様相) に、いまここで ἐνδέχεσθαι [許容様相] というフィルターが掛けられたのである。このことは、事実様相が必然様相ではないことを意味する。なぜなら、「必然は許容 [偶然] ではない」というのが、アリストテレスの基本区分にほかならないからだ[61]。

　これまでいわば特性をもたなかった無様相としての事実様相に許容様

相というラベルが貼られたことは、ある面では外観のさらなる多色化への移行を促す。しかし同時に、事実様相が必然様相ではないとすれば、偶然様相との差異化はどうなるのか、という新たな疑問が浮上する。この疑問に応答すべく、「前書の文脈主義」に即して、**BarbaraXKM** の晦渋な証明の直後に注記されるのが、様相と時間の関係にほかならない（34b7-18）。すなわちアリストテレスによれば、**BarbaraXKM** の大前提である事実様相全称命題 **AaB** は、偶然でも必然でもない許容様相であり、特定の時間（時点）に限定されないという意味で「端的＝全時間的」な全称命題（τὸ καθόλου ληπτέον ἁπλῶς, καὶ οὐ χρόνῳ διορίζοντας）として捉えなければならない（δεῖ δὲ λαμβάνειν）とされるのである。全時間において成り立っていながら、必然でもましてや偶然でもない全称様相命題が何を志向するのか、それはなお見定めがたい。しかし、様相推論式の観点からすれば中心的かつ基底的な位置を占めるようには思われない不完全推論 **BarbaraXKM** の証明に『前書』のアリストテレスが投入した質と量の厚みを精査しなければならないように思われる。

以上の点を踏まえて、本稿における（精査ではない）外観の概観という方法に従って、偶然様相から必然様相への階梯的移行を提示したのが、下掲図である。

様相階梯図

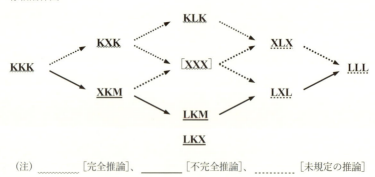

この図は、(すべての妥当な推論式が最終的に還元される) 第一格 **Barbara** を基本に置きながら、各様相間に **K < X < L** という強弱を設定したうえで、各命題の様相を一段階ずつ推移させた場合の展開図である（以下「様相階梯図」と呼ぶ）。これまで利用してきた Ross の一覧表でいえば、最上段の第一格について各コラム間の関係を取り出した図になる（推論の型式は 9 通りある）。

　では、様相階梯図に重ね合わせるかたちで、若干の補足を加えながら、これまでの論点を再確認しておこう。

　様相階梯図の全体は、偶然様相から事実様相を経由して必然様相に至る、という点で簡明である。そこで、本稿が一覧表を二色刷にするために利用した「完全」「不完全」という観点から眺めてみよう。そのさい、『前書』の様相論理体系の記述に忠実に従うことにする。ここでの「記述に忠実に従う」とは、以下の事情を指す。Ross の一覧表では、第一格 **LL** 型・**LX** 型・**XL** 型は完全推論に分類されていた。これは、ほとんどの解釈者が採用する見方でもある。ところが、正確を期すならば、それは『前書』では明記されていないのである。むろん、アリストテレスが明記しないのはまさにその完全性が語るまでもないほど自明だから、という見方もできる。しかしこのような解釈は、完全推論の「三行原則」も含めて、その完全性の論拠が明確にならないかぎり却下されなければならない[62]。また、「前書の文脈主義」に即せば、アリストテレスが（完全推論である）**KK** 型・**KX** 型と同様の構文解析をそのまま（完全推論とは明記されていない）**LL** 型・**LX** 型・**XL** 型に適用することもない。**KK** 型・**KX** 型についての構文解析はあくまでも、偶然様相命題の文脈において提示されたものだからである。

　かくして、第一格の推論型は、完全推論から不完全推論へ、そしてさらには（完全・不完全について未規定の）必然様相へ移行する、という様相階梯の図柄が浮かび上がることになる。

　さて、このような見立てが正しいとすれば、様相階梯図からはつぎのような位相も読みとれる。「完全」「不完全」という区別は、構文論・証

明論という『前書』の主題とその理論装置に基づくものであった。したがって、その指標的区分の圏外に位置する必然様相（**LL**型・**LX**型・**XL**型）の実相は、『前書』ではなく『後書』においてこそ探究されるべき「推論」すなわち「論証」であるということになる。『後書』の地平からすれば、『前書』の様相論理における完全推論は、その呼称とは裏腹に（「完全」で問題がないとして）価値が低い、すなわち、学的レベルの点でまさに不完全な推論なのである。完全推論とは、無様相論理（定言三段論法）を別にすれば、偶然様相命題を大前提にもつ推論の特性（色分け）に過ぎなかったのだ。

　しかし他方でアリストテレスは、必然様相の考察を『後書』に丸投げしているわけではない。推論式のレベルが偶然様相から必然様相に移行するということは、われわれの〈知〉が向かうべき対象の選択とその理解の深化に照応する。その探索をアリストテレスは、様相階梯図で言えば、完全推論のルート（上段）ではなく、不完全推論のルート（下段）によって切り拓くのである[63]。その掘削工事は、**Barbara**XKMで確認したように、事実様相（無様相）全称命題をどのように捉えるかという基本的で根本的な考察を誘発するものであった。まさにこの点において、『命題論』での〈プラーグマ〉の分析と同じ問題圏が浮上する。この着眼を踏まえれば、『前書』の様相論理は『後書』での「論証」および「論証的知識」の基礎命題の特性を探究するための端緒をなすといえる。

　この端緒そのものは、われわれがすでに手にしている『後書』の地平からすれば軽々にして微々たるものでしかない。しかし、われわれが〈プラーグマ＝ピュシス＝自然＝存在〉を対象とする論証とはどのようなものなのかを探究しようとするとき、**XKM**型→ **LKX/M**型→ **LXL**型→ **LLL**型という階梯的展開がその基幹ルートになることを『前書』は明確に告げているのである。

　本考察では、その端緒の端緒である**XKM**型を瞥見したにすぎない。検討課題として残したままの論点（第7・8節）を再調査しながら、つぎの難所である**LKX/M**型（この型の推論式において必然・偶然・可

能・事実の全様相が混在して出現する）を踏破することによって、『後書』とは異なる地点と角度から論証と論証的知識の理路を遠望できると期待される。そのとき、「論証はある種の推論である」がゆえに『前書』が『後書』に先行しなければならない論理的構成についても、より鮮明な稜線が描かれることになる。

　以上のような『前書』から『後書』への移行は、少し視点を変えることによって、形而上学的考察の端緒としての〈ロゴス〉から〈ピュシス〉への移行でもあることが見てとれる。最後にその点を確認しておきたい。アリストテレスは、**図D**のような箱庭的な日常世界を背景的モデルとして、様相論理の体系化に着手した。しかしその試みは、自身の存在論的概念である「実体」「固有性（特有性）」「付帯性」などを視野に収めつつ体系的に構築しようとするとき、様相概念群が「じゃじゃ馬」のように「系統的に誤解を招く諸表現」へと豹変する状況に巻き込まれるのであった。『前書』のアリストテレスは、その完全な「馴らし（馴化）」を実現するまでには至らなかった。「系統的な誤解」の根深さは予想以上だったといえる。

　しかし見てきたように、その「系統的な誤解」の背面には、**KKK**型→**XKM**型→**LKX/M**型→**LXL**型→**LLL**型というかたちで偶然様相から必然様相へという階梯的つまりは「系統的に深化」していくわれわれの〈知〉全般の構図もまた読みとれるのだ。現行の『前書』の体系的記述はおそらくは、幾度かの紆余曲折と修正の末に見出されたその下絵的な構図に即して俯瞰的に集約されるといえる。この緩やかな構図は、『形而上学』A巻第1章で提示されるところの、感覚→記憶→経験→技術→学知、という（最終的形態としては）「人間の〈知〉の時間的深化」に重なり合うことになる。そして、『前書』からの課題を引き継いだ『後書』の最終巻（B巻第19章）が『形而上学』A巻第1章に通底することは、よく知られているところでもある。こうして、『命題論』の「様相概念」は〈時間〉と〈知〉に結びつくかたちで〈人間〉の基底的深部に組み込まれていくことになる。

1 小田島雄志訳（白水社）。
2 本章第2節で「様相概念区分図」として確認する。
3 ここには、『命題論』と『前書』とのあいだの、および、それぞれの内部での執筆時期の問題が絡んでくるが、その決着をつけることはできない。言えるのは、〈ロゴス〉から〈ピュシス〉への途上において、あるいは、『形而上学』の中心巻の〈存在〉に向かう途上において、アリストテレスの様相概念をめぐる考察にはなお紆余曲折があったということである。
4 徒手空拳とはいえ、考察においては標準的な一階述語論理の記法を採用する。そのねらいは、述語論理による解釈を介在させることで、『前書』の様相論理体系が孕む問題を浮かび上がらせる点にある。このため、やや煩瑣にはなるが、伝統的な表記（後述）とともに述語論理の表記を適宜付記する。なおこの方針の採用は、述語論理がアリストテレスの論理体系を整合的に解釈する唯一の方法であることを意味しない。Thom [1993] や Patterson [1995] のように、述語論理の記法によるアプローチとは異なる方法もあるが、本書では採用しない。述語論理と de re との組み合わせによる解釈を旗幟鮮明に打ち出しているのは、Rini [2011] である。本章では、後述するように、アリストテレスの様相把握に見出されるアドホックな側面に着目して、『前書』の様相論理が示唆する形而上学的な方向性の剔出を試みるが、体系的解釈としては Rini が有力であると考える。
5 「多くの場合」に相当する属性を（ひとまずいわゆる「固有性」τὸ ἴδιον とは区別して）「特有性」と呼ぶことにする。アリストテレスによる「固有性」の規定については、『トポス論』A 巻第 5 章 102a18-30 を参照。そこでは、「人間」にとって「読み書きの知識を受け入れうること」が固有性として例示されている。
6 Ryle [1932].
7 推論式の前提として組み込まれる「許容様相」は「偶然様相」である。しかし、その多義性や曖昧さがアリストテレスの様相論理体系の解釈にも陰を落としている点を考慮して「許容」という呼称を適宜併用する。
8 様相演算子の解釈では、以下の本文でも指摘するように、いわゆる de dicto と de re の区別が問題となるが、**LAaB** のような表記は中立的とする。
9 ここでは、Becker [1933] によって提案され、Bocheński [1956]（＝ボヘンスキー [1980] 83-84）、McCall [1963] 18-22、杉原 [1964] 78-82 などによって修正案の出された解釈をさらに一部修正して採用する。なお、あらかじめその結果を述べておけば、この解釈を採用しても、アリストテレスの様相論理体系を整合的に解釈することはできない。だが、それは徒労ではなく、アリストテレスの基本線を見定めるための作業となりうる。様相概念の両義性に訴える解釈の問題点については、本章後半部であらためて検討する。
10 以上の例文とその構造分析については、『形而上学』Δ 巻第 7 章、『命題論』第 11

章も参照。
11 訳語は『新版全集』（中畑訳）に従う。
12 ただし、このような「実体」の捉え方の妥当性、および、「特定のある白」τὸ τὶ λευκὸν をめぐる内属性について、本稿では立ち入ることはできない。
13 杉原［1964］。
14 ボヘンスキー［1980］85。
15 この区分図そのものは、『命題論』第 12・13 章の記述に依拠している。
16 32a36, 33b16-17, 37a8-9, 37b9-10, 38a35-36. cf. 34b36-37. なお、このような様相概念の把握（「偶然は必然ではない」）にはさらに基底的な視点があると考えられるが、この点については本章後半部で再検討する。
17 アリストテレス自身の注記（32a31-32）である $K\phi$ と $K\neg\phi$ との関係は、述語論理の記法では条件文の後件［下線部分］で表示される。
18 考察の端緒であった LXL 型も証明しなければならないが、ここでは CelarentLXL のみを例示しておく。
   CelarentLXL : $\forall x(MBx \to L\neg Ax), \ \forall x(Cx \to Bx) \vdash \forall x(Cx \to L\neg Ax)$
19 ただし、アリストテレス自身は、$\forall x(\neg LAx \to \neg MBx) \equiv \forall x(M\neg Ax \to L\neg Bx)$ のような変形（つまり対偶）を利用していない。また、このような記号化をほかの Baroco にそのまま適用すると、アリストテレスが妥当とみなす BarocoLXX（および XLX）ではなく、BarocoLXL（および XLL）が成立する。ここには、表向きの記述には現われない可能様相の、まさに「潜在的」な介在をめぐる問題が見てとれるが、この点については、「生成消滅」の観点からあらためて言及する。
20 Hintikka［1973］［1981］，『新版全集』訳註（61）および「解説（二）」543-55 を参照。
21 LAiB と KAeB とが矛盾することを説明するためには、前節で言及した（KAaB と換位可能な）KAeB = MAaB ∧ MAeB、あるいは（KAaB と換位不可能である）KAeB = ¬LAeB ∧ MAeB のどちらでも構わない。いずれも MAeB を含意するからである。したがってここでもまた、換位則の定式として KAeB = MAaB ∧ MAeB = KAaB を想定する必要はないと考えられる。
22 アリストテレスが換位則に見せる甘さあるいは緩さは、DisamisLKK の場合には、その大前提すなわち ∃x(Cx ∧ LAx) にも指摘しうるので、その根は深くまで伸びているように思われる。なお、本稿での（試論的な）de re 解釈に即して全推論式を点検した結果、本文に記載した四つの推論式が成り立たないとしたが、de re 解釈の細部の異同は不成立となる推論式を左右する。しかし、いずれの解釈によっても、換位の捉え方が『前書』の様相論理体系の問題源であることは動かないと考えられる。
23 KAeB = MAeB ∧ M¬AeB ≡ M¬AiB ∧ M¬AeB ≡ ¬LAiB ∧ M¬AeB.
24 この点については、本章第 7 節で別の視点から再度言及する。

25 こうした推論の妥当性をめぐっては、「存在仮定」の問題が絡まり、『前書』ではさらに、そこに生成消滅という存在様態の問題が見え隠れするので、一筋縄では行かなくなる。
26 以下の本文の論点については、Striker [B 2009] 132-5 を参照。
27 このような存在論的な志向を一方では提示しながら、アリストテレスは他方で「人間は白髪にならない」という可能性も認めている（32b15-17）。ここに揺らぎが生じる。
28 ここでのアリストテレスによる「多くの場合」の意味把握にたいする冷ややかな応答、つまり、『前書』の様相論理に無関係であるという見方については、Ross [A 1949] 328 を参照。
29 〈無規定＝偶然〉の場合へのアリストテレスの応答については、後述する。
30 ただし、このような細分化によって、様相論理体系がアリストテレスのとりわけ生物学的世界の多様性にどこまで応答しうるのか、それはなお問題となる。
31 「現実定位」という視点については、丹治 [1976] を参照。丹治は、「可能性の地平」の構想形式として、対象を基本単位とする「湧き出し型」（現実定位型）と概念を基本単位とする「包囲型」とに大別して比較検討することにより、われわれの世界了解の実相を、現実に定位しながらしかも同時にその現実をも偶然とみなす「二重生活」と論定する。
32 そのさい議論の対象となるのは、自然的な存在であって、数学的な対象が除外される点については、280a2-10 を参照。なお、このような自然学的探究は『自然学』最終巻での主題でもあり、その文脈にエネルゲイア概念が関わってくるが、この論点については第 4 章で考察する。
33 De Caelo 282a28-9. ὅ ἐστι νῦν, καὶ πρότερον οὐκ ἀληθὲς ἦν εἰπεῖν τὸ μὴ εἶναι.
34 De Caelo 282a29-30. ὃ νῦν ὂν ὕστερον μὴ ἀληθὲς ἔσται εἰπεῖν μὴ εἶναι.
35 De Caelo 283a4-5.
36 ただし、第 2 章で指摘したように、「海戦問題」の最終的なねらいは、「テンス」ではなく「アスペクト」を析出するところにあった。この方向性は、『天界について』の現実定位的な見方では後退するように思われるが、そうではない。「可能性とは、すでに生じてしまったこと［過去］の可能性ではなく、いまあること［現在］あるいはこれからあるであろうこと［未来］の可能性である」（De Caelo 283b13-14, οὐδεμία γὰρ δύναμις τοῦ γεγονέναι ἐστίν, ἀλλὰ τοῦ εἶναι ἢ ἔσεσθαι.）というかたちで、「アスペクト」はむしろ「テンス」のなかに埋め込まれているともいえるからだ。
37 念のために付言すれば、『天界について』においてアリストテレスが「様相区分図」を廃棄していないことは、282a4-13, b9-13 からも明らかである。その区分図を前提したうえで、現実定位の視点から「必然か偶然か」という二分法を適用する

のである。これを悪しき二分法の見本とみなすかどうかは、別途検討しなければならない。

38 Cf. *De Caelo* 283a32-b1.
39 Barnes による注解書の第1版［B 1975］と第2版［B 1994］にある評言を入れ替えて合体すると、以下のような引用文ができる。Modal logic remains acutely relevant to demonstrative science — but it is not the logic of demonstrative science (2nd ed. xxii). For all that, it is, I think, surely right to take the syllogism in Barbara with necessary components as the model for demonstrative reasoning (1st ed. xvi = 2nd. ed.xviii). これが、本稿の考察から示唆される方向性でもある。cf. Smith［1986］58-59.
40 Ross［A 1949］に準拠したうえで、記号表記を本章のものに変更した「（妥当な）推論式一覧」を巻末に掲載する。
41 Becker［1933］24-25, 88-89 の一覧表も参照。Ross の一覧表で左端のコラムに記載されている無様相論理の 14 式は、前書の論理体系全体の基底部である。それ以外が様相論理体系であり、本章で対象とする推論式である。偶然様相命題の換位によって妥当となる推論式（Ross の一覧表では欄外に記載されている推論式）は検討しない。なお、一般には、様相論理体系は『前書』A 巻のその他よりも後の記述であると考えられる。cf. Smith［1989］144.
42 完全・不完全をめぐる課題については、以下を参照。Patzig［1968］48, Barnes［2007］360-41. なお、内容的には、ここでの「完全」は「完了」、「不完全」は「未完了」の謂いである。
43 『前書』の自然演繹系については、Corcoran［1974］を参照。
44 Cf. 34a19-21. アリストテレスの説明を踏まえて、**Celarent** のように大前提が否定命題の場合にも推移性が成り立つとみなす。また、**Darii** と **Ferio** の推論も同様の仕方で完全であると語られている（26a17-28）。cf. Patzig［1968］68.
45 アリストテレスは、これらの基本則が適用できない場合（**Baroco** と **Bocardo**）には「取り出し」という証明法を援用する。本章第 2 節末尾を参照。
46 第三格の **BocardoXK__** にも増築がない（__は、結論が導出されないことを表示する［強調の下線と区別する］）。ただし、形式的には **BarbaraXKM** と同様の手法で **BocardoXKM** の証明が可能であるが、アリストテレスは適用していない。cf. Ross［A 1949］366,『旧版全集』487, Ebert&Nortmann［2007］710-712.
47 ここでの '→' は「帰属関係」を表示する。なお、掲載図では、結論を統一するために、アリストテレスの記法（26b36-38, 28a12-14）には従わないで、中項はすべて B とする。
48 換位による還元ではなく、背理法による証明も考えられる。しかし、典型的には第二格 **KK** 型がそうであるように、$K\phi \equiv M\phi \wedge M\neg\phi$ の否定は、$\neg(M\phi \wedge M\neg\phi) \equiv L\neg\phi \vee L\phi$ となるため、矛盾の導出も制約される（cf. 37a14-17）。

49 **CamestresKLM** と **CesareLKM** は、結論の可能様相が無様相から帰結する（$\phi \to M\phi$）ので、ここではカウントしない。

50 したがって、**FestinoXLX** の場合のように、たんなる記載漏れという可能性は少ない。

51 『前書』A 巻第 13 章ではすでに、「知識や論証的推論は、不定なもの［偶然様相のもの］についてはその中項が不確実であるがゆえに、成り立たない」（32b18-19）と語られていた。

52 様相命題のこのような曖昧さについては、『前書』A 巻第 34 章および Striker［B 2009］161 を参照。

53 『前書』の論理体系を整合的に解釈する作業の当否は、その本質主義をどのように記号化して取り込みうるかに掛かっているともいえる。ここには、論理の自由度あるいは自律性をどのように見定めるかという難題が生じ、本章第 4 節で **CesareKLX** について述べたように、様相事例をめぐるゆらぎが陰を落とすことになる。最近の（割り切りのよい）提案としては Rini［2011］を参照。また、アリストテレスの事例をモデル化してまとめたものとしては、すでに図 D として援用した Thom［1993］329 を参照。

54 **BocardoLKX/M** は、背理法を適用するさいに **BarbaraXKM** を利用する。

55 これと同じ記述の仕方は、第二格の **CamestresKLX/M**、**CesareLKX/M**、**FestinoLKX/M** にも見られる（**FestinoLKM** は一覧表では落ちているので追記する）。

56 テクストから確定することは難しいが、この箇所については Ross［A 1949］330-331 に従う。なお、偶然様相全称命題という構文上の観点を明示するうえで、33a25 には παντί を補うべきかもしれない。Ebert & Nortmann［2007］508-511 は、偶然様相が可能様相を含意すること（$K\phi \to M\phi$）が定義（32a18-20）の内容であると解釈する。

57 本考察での述語論理による記号化は、これまでと同様に、あくまで試論的なレベルのものである。『前書』の論理体系を述語論理によってどのように書き換えるかという課題は、別途考察しなければならない。

58 述語論理の記法からもわかるように、**KLK** 型では必然様相を事実様相に弱める（$L\phi \to \phi$）ことによって推移性は確保される。その点で完全推論に近似する。しかし、$L\phi \to \phi$ という論理則が追加されることによって「三行原則」そのものは破綻する。このような事情をめぐる論点をアリストテレスのテクストから確定することは困難である。

59 アリストテレスは **BarbaraXKM** の証明に先立って、$\vdash \alpha \to \beta \Rightarrow \vdash \Psi\alpha \to \Psi\beta$（Ψ：「偽ではあるが不可能ではない」ψεῦδος καὶ μὴ ἀδύνατον）と表記されうる論理則を提示する（34a1-33）。この論理則を偶然様相命題に適用するのが「偽仮定証明」である。その文脈については Nortmann［1996］195 を参照。

60 ここでの第三格を、**BocardoLXX** ではなく **BocardoLXL** とする読み方もあるが、その場合には、**EAaB** は **MAaB** であるから、⑥は「必然（**L**）」である。しかし、以下

の本稿での解釈が正しければ、この読み方は採れない。
61 32a19-21, 36, 33b17, 21-22, 37b9-10, 38a35-36. cf. 25a37-39, 34b16, 74b12, 75a31.
62 Smith［1989］122 は、**LX** 型の証明を「取り出し」とみなし、不完全推論としている。また、**XL** 型については、結論が必然様相でないことを例示する証明であるとし、不完全推論としているが、「不完全」と明記されているわけでもない。この点で、アリストテレスによる明記する／しないは一貫しているといえる。
63 **KKK** 型→**KXK** 型→**KLK** 型という完全推論のルートは、（量化を不問とすれば）弁論術のような領域で素材と視点を提供することになる。『弁論術』A 巻第 2 章を参照。

幕間1　エネルゲイア論の位置
── ある論争からの断想的俯瞰

> チンパンジーは今、現在、目の前にあるものの中で生きている。
> ── 松沢哲郎『人間とは何か』
> 永遠を時間的な永続としてではなく、無時間性と解するならば、現在に生きる者は永遠に生きるのである。
> ── ウィトゲンシュタイン『論理哲学論考』[1]

はじめに

　「海戦問題」での〈ロゴス〉をめぐる構文論的解析は、「様相概念」の体系的記述を経由して、〈プラーグマ＝ピュシス〉としての「アスペクト」という意味論的探究に進展していく。これが、本考察の基本的な指針である。しかし、肝心の「アスペクト」はいまだ海戦の硝煙が燻りつづける水平線のかなたに沈んだままである。「海戦問題」を引き継いだ「様相論理」でも、そのがらくた箱のような混乱のただなかから「形而上学」的考察の端緒にはなんとか辿り着いたとはいえ、塵芥は乱舞している。そこで、アスペクト問題にかかわる「エネルゲイア」について、ある程度の見通しをつけておくために、考察の行く末を先取りする議論を「幕間」として差し挟むことにしたい。
　周知のように、「〈ある〉はさまざまな仕方で語られる」ことを〈形而上学＝存在論〉的考察の基幹とするアリストテレスは、その「仕方」として──

　　(1) 付帯的にある
　　(2) 自体的にある［各カテゴリーとしてある］
　　(3) 真（および偽）である

⑷可能的（および現実的）にある

——を挙げている（『形而上学』Δ巻第7章、E巻第2章）。幕間としての「エネルゲイア論」は、直接的には⑷を対象とした『形而上学』Θ巻の議論を念頭に置いたものである。それは、さらに限定的にいえば、アリストテレスが主として〈キーネーシス〉（運動）との対比に言及しながら〈エネルゲイア〉（現実態）を論じたとみなされるテクスト、つまり、その第6章、および、それに連関すると思われる同第8章と『ニコマコス倫理学』K巻第3・4章の議論を指す。

　ただし、これらのテクストだけを指して「エネルゲイア論」という論題をつけることには、三重の意味で疑義が生じうる。すなわち、エネルゲイア概念の考察はむろん上掲の箇所だけに限らないことにくわえて、『形而上学』の議論と『ニコマコス倫理学』の議論との連関をどのように考えるかが問題になると同時に、前者の『形而上学』Θ巻第6章のエネルゲイア論はそもそも『著作集』に組み入れるべきではないという重大な異論が提示されているからである[2]。こうした疑義について検討する余裕はない。本幕間では、『自然学』の時間論その他の検討によって、示唆的あるいは試論的にアリストテレスのアスペクト論から哲学的着想を取り出すことをもって、疑義にたいする応答としたいと考える。以下の考察は、そのための準備作業となる。

　さて、『形而上学』Θ巻第6章および『ニコマコス倫理学』K巻第3・4章の記述を額面通りに受けとれば[3]、〈キーネーシス〉型とは異なるところの〈エネルゲイア〉型の行為Φには——

(1) 現在形（現在進行形）と完了形（「…しつつある」と「すでに…してしまった」）が同時に帰属する
(2) 遅い・速いという区別が成り立たない
(3) 〈今〉において完結している
(4) その目的が内在的である（行為そのものが目的である）

――といった特性が認められる[4]。これらの着眼をめぐっては、それぞれがいかなる事態を意味するのか、そして、相互の関係はどのようになっているのか、それが解釈のうえでも事柄そのものとしても問題となる[5]。いずれにせよ、すぐに見てとれるのは、これらの特性が「アスペクト」（現在進行・完了・完結など）に深く関係している、という点である。アリストテレスの形而上学＝存在論的探求は、様相（モダリティ）の問題がアスペクトの問題になることを正面切って展開しているのである。ということは、可能態・現実態という観点からの〈ある〉をめぐる『形而上学』Θ巻は、海戦問題での言葉遣いでいえば、可能性と現実性との重層性が投射される〈プラーグマ〉を引きうけるかたちで「アスペクト」問題に着手しているといえる。したがって、硝煙が立ちこめるなかにあっても、『命題論』から『前書』そして『形而上学』へという探究ルートは、朧げにではあれ、見通すことができるかもしれない[6]。

　「エネルゲイア」（および「エンテレケイア」）は、まさにアリストテレス的な概念である[7]。「エネルゲイア」には「現実態」「実現態」「現実活動態」「活動（実現）状態」などの訳語が与えられている。その概念にまとわりつく不透明さの一端には、或るものが現にある（存在する）こと・活動していること、つまりは、〈現実性〉とは何かという問いをめぐる不分明さがある。アリストテレスは、われわれにとってある意味もっとも直接的で疑いをえないようにも思われる様相概念に哲学的な問題を感知するのであるが、その展開された議論がわれわれには見通しにくく、そこに解釈上の問題が発生しているわけである。そこで、「見なれたものを奇異なものにし、読者にそれまでの考え方、行動、制度を新しい角度から考え直させる力」をもつのが「理論」だとすれば[8]、アリストテレスの「エネルゲイア論」もまたひとつの「理論」だといえる。しからば、それはいかなる「理論」なのか。幕間ではテクストを逐一検討することは控えて、あるひとつの「論争」を手がかりとして、エネルゲイア論が指し示すその基本線を試論的に提示したい。取り上げる論考は以下のものである。

藤澤令夫「現実活動態」(藤澤 [1980b])
牛田徳子「現実態と可能態の概念」(牛田 [1991])
桑子敏雄『エネルゲイア』(桑子 [1993])

　論争は、藤澤解釈にたいして牛田、桑子が反論するという経緯になっている。したがって、今回手がかりとするのは「海戦」ではなくいわば「内陸戦」である。本稿での見通しは、藤澤解釈の着眼を活かす方向で、牛田・桑子の反論を緩和・吸収できるのではないか、ということだ。ただし、以下に見るように、藤澤解釈には盛り込まれていないが無視できない着想もある。牛田、桑子の反論もそうした点を喚起するところにある。

1 藤澤解釈の検討

　藤澤はRyle[9]、Akrill[10]、Penner[11]らの解釈を批判的に検討しながら、アリストテレスの企図する方向(もしくはそこから不可避的に結果するところ)を読みとる。藤澤の論考は、喩えるならば、迅速かつ的確に腑分けする外科医のメス捌きを思わせる。無影灯に照らしだされた手術台に横たわるクランケ、すなわち、Ryle、Akrill、Penner、そしてアリストテレス本人からは致命的な癌病巣が摘出される。藤澤独自の視点は、Penner解釈への批判として出される。この論点を本考察の起点としたい。
　Pennerは、アリストテレスのエネルゲイア論をつぎのように結論づける。かりにアリストテレスが提起するように、〈見る〉という行為がエネルゲイア型であったとしても、見られる対象である〈映画(の上映)〉には、キーネーシス型の〈歩く〉と同じように「どこからどこへ」という特性が必然的に帰属するとみなしうる。だとすれば、エネルゲイア型の行為であっても、その内部構造としてはキーネーシス型の行為をもたざるをえない。この点をアリストテレスは見落としているのではないか。これが、Pennerによるアリストテレスの批判の核心である。

この検討を受けて藤澤は、こんどは Penner の側の見落とし（藤澤の表現によれば「哲学的訓練の不足」）を指摘し、行為の「二局面構造」という着想を展開する。すなわちそれは、〈見る〉の内部構造にキーネーシス的な側面があるとすれば、逆に、〈歩く〉場合であっても、その内部構造としてエネルゲイアの局面を取りだしうるのではないか、というものである。したがって、人間のいかなる行為・行動も、互いに「原理的」に区別された二つの局面、つまり ──

　　(a)〈プシューケー〉の自然的能力の行使としてのエネルゲイア
および
　　(b)〈物〉（時空間のなかで動かされる大きさを持つ物体＝身体）の
　　　　動きとしてのキーネーシス

── から構成されるというのが、藤澤による修正案の骨子となる。そうだとすれば、(a)の側面に着目するかぎり、アリストテレスの主張にもそれなりの根拠と展望があるといえる。エネルゲイア概念は、その後の哲学の展開においてしばしば語られる、超越性と時間性、永遠と瞬間といった対概念の先駆的な着想（ないしはプラトン的発想の喚起）として評価できるからだ。

　とはいえ、藤澤が好意的な立場をとるその先には、「キーネーシス」と「エネルゲイア」の区別が「観想（テオーリアー）」と「実践（プラークシス）」の位相にどのように関係するか、というより根本的な問題が待ち構えている。藤澤は、観想と実践との区別がアリストテレスにとってはより基本的、原基的であったがために、前者の区別について指摘される種々の難点は覆い隠されてしまったと査定する。そして、藤澤は後者の区別の無効性を検証することによって、アリストテレスの基本構想とその世界観を最終的に退けるのである。

　さて、牛田も桑子も明言してはいないが、両者ともに、少なくとも Ryle、Akrill、Penner にたいして藤澤が周到に展開した反論そのものは妥当と見ているように思われる。現代の解釈者たちの論争状況に即して議論が進捗するかぎり、藤澤の解釈が説得力をもつことは否定しがたい。

とすれば、エネルゲイア概念の可能性と同時に、その限界もまた承認せざるをえなくなる。藤澤によれば、アリストテレスの思想には「物があって、その物がある時空内を動く」という「運動の論理」が抜きがたくある。したがって、二局面構造が明示するように、いかなるエネルゲイア型行為もキーネーシス的側面をもつかぎり、それが全面的に時間を超越すること（永遠性にあずかること）は原理的に不可能とならざるをえない。両者の区別は、結局のところ、当初想定したような「原理的」（絶対的）なものではなく、「相対的」な程度問題となってしまう。これがエネルゲイア概念の限界にほかならない。

そこで、牛田と桑子は藤澤によるアリストテレスへの批判の矛先を回避すべく、あらためてキーネーシスとエネルゲイアとの区別をめぐる論争の検討に乗りだす[12]。

2　牛田解釈の検討

まず、牛田は具体的にどのような解釈を示すのか。

(1) 『形而上学』Θ巻第6章の、キーネーシスとエネルゲイアの区別を論じる箇所のテクストは、文献学的にみて疑わしい。テクストの破損がひどく、かつまた、主要写本の幾つかは、この一節を欠いているからである[13]。

(2) 『ニコマコス倫理学』K巻第3・4章は、キーネーシスとエネルゲイアとの区別を主題とするものではない。ある種の行為が、「キーネーシス」と対比されて「エネルゲイア」として明示的に名指しされているわけではないからである[14]。

(3) キーネーシスの規定に使用される「アテレース」は、「未完了」という意味であって、「不完全な」と解される必要はない。したがって、エネルゲイアを「完全な行為」と捉え、キーネーシス（＝不完全な行為）とエネルゲイアとのあいだに価値的な差異を設定し

てはならない[15]。
(4) キーネーシスおよびエネルゲイアについて語られる諸特性は、「可能態から現実態へ」の移行にみられる二つの段階のそれぞれに対応すると考えられる。ここで二段階的な構成とは、たとえば、大工になる可能性をもつ者が、大工になるべく、現に修業している段階（徒弟時期）と、実際に大工（親方）となって大工仕事の可能性（能力）を身につけた者が現に大工仕事を遂行している段階、を指す（以下「二段階構造」と呼ぶ）。とすれば、アリストテレスが、いわば一連のプロセスの、その前段階を「キーネーシス」、後者の段階を「エネルゲイア」と呼び、それぞれに「歩く」と「見る」といった異質の行為を割り振るとは考えにくい[16]。

以上が、牛田解釈のポイントである。すでにふれたように、キーネーシスとエネルゲイアとを区別しようとするアリストテレスのエネルゲイア論には意表をついた着眼が散見される。そこで、どのように解釈すれば、奇抜とも思えるこうした議論はより説得力をもつのか、アリストテレスは何をねらいとしてその議論を提示したのか。これが、解釈上の前提であり課題だった。ところが、牛田は、テクスト上疑問のある『形而上学』Θ巻第6章は削除すべきだ、と提案する。そうすれば、ほかにこの種の議論を展開している箇所が見当たらない以上、アリストテレスはキーネーシスとエネルゲイアを区別しようとしているという論争の前提が、『著作集』からは一切なくなる。つまり、解釈上の論争は虚構、虚妄にすぎない。これが牛田の結論である。開腹してみると癌病巣などはそもそもなく、藤澤解釈であれその批判対象者の見解であれ、その診断は誤診だったということになろうか。

けれども、その解決の仕方は、癌病巣がなかったというよりは、抗癌剤の多量投与によって癌細胞を殲滅したとみられなくもない。たしかに、この対処療法によって癌そのものは根絶されるかもしれない。だが、その副作用もまた甚大ではあるまいか。というのも、正常細胞まで

もが、言い換えれば、藤澤が評価したところの、エネルゲイア論の示唆する豊かなモチーフ、そして、牛田自身の表現を借用すれば「アリストテレス独特のダイナミックで創意的な思索の軌跡」[17]までもが黙殺されると危惧されるからだ。われわれとしては、藤澤解釈を批判するとしても、いま少し穏やか対応を探るべきではないかと思われる。それはつまり、キーネーシスとエネルゲイアとの区別という基本的なモチーフをあくまでも大切にするということである。

　しからば、それはどのようにして可能となるのか。その手立ては、牛田解釈の整理で述べた(4)の論点にある。そこで言及された、「可能態から現実態へ」という「二段階構造」においては、キーネーシスとエネルゲイアとの区別を否定的に捉えようとする牛田解釈にあっても、各段階でのそれぞれの行為の特性がキーネーシスおよびエネルゲイアのそれに対応することが、ともかくも認められている。すなわち、牛田によれば、第一段階には「一定の目的を目指す進行的、経過的な行為」つまりキーネーシスが対応し、第二段階には「行為することそれ自体が本来の目的であって、まさにそういう行為の本性にとっては進行、経過、所産ということが付帯的に過ぎないような行為」つまりエネルゲイアが位置することになる[18]。

　興味深いことに、行為の二段階構造という観点は藤澤解釈では検討されていない。とすれば、この角度から再考することによって、藤澤とは異なった観点から、キーネーシスとエネルゲイアの区別に接近する道をわれわれは見出しうるかもしれない。そしてじじつ桑子は、(4)の分析をさらに追跡することによってエネルゲイア概念に接近しようとする。

3　桑子解釈の検討

　桑子解釈の立脚点を「論争」の経緯に限定して述べれば、つぎのようになる。

従来の解釈において「エネルゲイア」の典型的な事例とされるような行為、たとえば〈見る〉を日常的な意味で理解することが、誤解・誤読の主因である。アリストテレスがこの場面で語る〈見る〉とは、私たちの日常的な「見る」という行為を支える自然学的、感覚論的な分析の文脈における〈見る〉であって、〈映画(や絵)を見る〉などを念頭においたものではない。そして、アリストテレスによれば、この意味での〈見る〉(視覚)の対象は「色」である。それゆえ、〈見る〉という他動詞的な表現よりもむしろ〈見え(てい)る〉という自動詞的な訳語の方が、アリストテレスの把握をより精確に表現する。アリストテレスがエネルゲイアとして認定する行為には、このように彼独自の用法・着眼が込められている。そして、〈見る(見える)〉以外のエネルゲイア、つまり〈思慮する〉〈思惟(観想)する〉〈生きる〉〈よく生きる〉〈幸福である〉についても、事情は同様である。アリストテレス哲学全般に連関する視点とその分析を従来の解釈は見落としたがために、錯綜した論争が捏造される結果となったのだ。

こうした桑子解釈からすれば、エネルゲイアとして指定されるのは、上掲のような、ある限定された(いわば精選された)行為だけということになる。キーネーシスとエネルゲイアとの区別に連関して、行為一般の分析ないし分類というアリストテレスの目論見を読み込んで、かつ、例として用いられているギリシャ語の動詞の用法について、その日常的な用法を武器にアリストテレスの分析の妥当性を批判するのは、まったくの的はずれなのである[19]。

さてしかし、もし桑子がエネルゲイアのもつ意義を肯定的に評価するのであれば、しかも(藤澤解釈のように)相対的な程度問題として捉えないとすれば、エネルゲイアの特性として挙げられた判別基準の妥当性にかんして、桑子はなんらかの論拠を提示しなくてはならない。桑子は、牛田のように、テクストを削除するような強権は発動しない。このため、解釈上問題となるとなるところの、典型的には、「なぜエネルゲイアは〈今〉において完結しうるのか」[20]といった難題を事柄そのものとして

解消しなくてはならない。

　たしかに、エネルゲイアとしての〈見る〉を先のように理解するならば、その特性であったところの、目的の内在性、現在形と完了形の同時記述、〈今〉における完結性、遅速の無さなどが〈見る〉に帰属しても、違和感はないように思われる。われわれに何かが見えているとき、われわれはそのまさに「見えている」という状態を完結させるために、それ以前に為していたものとは異なる行為をさらに遂行する必要はないように思われる。そのときすでに、能力（〈見る〉という働き）は全開状態にあるからだ。絵画を鑑賞するために見るとか、何かを探すために見るということが、ここでの問題ではない。その瞬間ごとにすでに完結しているという記述が可能となるような、〈見る（見える）〉をアリストテレスは注視しているのである。

　この点は、キーネーシスの典型例とされる〈家を建てる（建築する）〉と比較すれば、より明らかとなる。「（いま）家を建築している」という言明が有意味であるかぎり、その目的（家の完成）を達成するためにはまだやり残している作業をさらに遂行しなくてはならない。つまり、建築行為のプロセス（完成する時点は除く）のどの任意の部分に関しても、建築が完了するための部分がつねにまだ残されている。だとすれば、現在（進行）形と完了形の同時記述の不適切さ、遅速という性質の帰属、〈今〉における未完了性、目的の外在性、といった条件が、必然的にキーネーシスには帰属することになる。こうして、〈見る〉と〈建築する〉とは鮮やかなコントラストをなす。

　だが、こうした特性はほかのエネルゲイアにも妥当するのであろうか。〈見る〉と同様の分析方法で、はたして〈思慮する〉〈思惟（観想）する〉〈生きる〉〈よく生きる〉〈幸福である〉なども説明されうるのか、それがわれわれには判然としない。牛田は、「本性［自然・形相］の顕現」「能力の発現」という観点からエネルゲイア的な行為（見る・思慮する・よく生きる等）の特性を位置づけようとした[21]。しかし、それだけではキーネーシス（建築する・歩く）との対比は鮮明にならないと思

われる。この点で、桑子解釈も同じだといえる。藤澤が指摘したように、「能力の発現」（藤澤の表現では「魂の自然的能力の行使」）という局面は、いかなる行為からでも取り出されうるからだ。

　個別的な事例の検証を越えて、エネルゲイアのあり方をより一般化して語りうる場面が析出されなくてはならない。ただし留意しなくてならないのは、この課題はエネルゲイアの「定義」を画定するといった作業ではない、という点である。桑子が強調するように[22]、それはあくまでも「帰納的・類比的」に見出されるところの、エネルゲイアの特異性を剔抉することにほかならない。ここでいう「帰納的・類比的」な把握というのは、アリストテレスによれば、個別的な諸事例から検討して、エネルゲイアには基本的に、「可能態（デュナミス）にたいする運動（キーネーシス）としてのエネルゲイア」と「質料にたいする実体（本質・ウーシアー）としてのエネルゲイア」がある、という見通しを指す[23]。桑子が着目し主題化しようとするのは、この点である。そこでわれわれとしては、桑子の視点を加味したうえで、これまでの論述を整理しながらアリストテレスのエネルゲイア論の帰趨を見定めたい。

4　エネルゲイア概念の帰納的・類比的な把握

　これまで見てきた、藤澤、牛田、桑子のポイントあるいは強調点を整理しておこう。

　　(a) 行為の二局面構造の検討 ── 藤澤
　　(b) デュナミスからエネルゲイアへの二段階構造への着目 ── 牛田
　　(c) エネルゲイア概念の帰納的・類比的な把握の重視 ── 桑子

　したがって、アリストテレスの「エネルゲイア論」を理解するために、各解釈者の視点を活かすべく総括的に述べれば、つぎのような指針が浮

かび上がってくる。すなわち、(a)藤澤が検討した行為の「二局面構造」を取り込むかたちで、(b)「二段階構成」に即して牛田が述べたキーネーシスとエネルゲイアとの差異区分を、(c)桑子が強調するエネルゲイア概念の「帰納的・類比的」な把握という観点から捉え直す、という指針がそれである。

　このような折衷案的な応接にたいしては、藤澤批判を企図する牛田、桑子からの反論が予想される。だが、二段階構造を視座に据えるかぎり、その反論を回避しうるのではないか、というのが本稿での期待にほかならない。そしてむしろ、こうした折衷案的な解決が、アリストテレスの「帰納的・類比的」な把握をより的確に適用すると考えられるのである。

　まず、「二段階構造」の基本枠をあらためて確認しておく。第一段階は、大工の修業を積む可能性をもった者が、親方の指導のもと、現に大工技術の習得に励む時期である。第二段階は、建築技能をマスターして建築する能力（可能性）を現にもつ者が、その能力を実際に発揮して（現実化して）家を建てる場面である。さて、こうした意味での、可能性と現実性（ないし現実化）という言葉の用法は、ある意味ではきわめて日常的であって、その理解にはさしあたって何の困難もないと思われる。もしこの基底的な行為把握を欠くならば、われわれの行住坐臥、箸の上げ下ろしなどの一挙手一投足にも支障が生ずることは、必至である。可能性（能力）と現実性（能力の行使）との位相差は、われわれの行動に浸透し、行為にたいするわれわれの姿勢（予測・期待・反応等）を深く規定、制約している。『形而上学』Θ巻第3章においてアリストテレスは、顕現していない場合の能力［可能性］の存在を否定するメガラ派の議論（現に建築していない大工は大工にあらずという論理）を扱っている。そして、その不条理性が指弾されるが、常識の立場からすれば、その姿勢と反論は健全だといえよう。

　つぎに、二段階構造に即してみたとき、大工になるべく修業するという過程は、「大工でない者」から「大工である者」への運動変化とみなしうる。また同じく、第二段階での、大工仕事をしている（家を建てて

いる）ということも、明らかにひとつの行為である。したがって、可能性・現実性の構成に照らし合わせるならば、行為にも二つのタイプ、つまり、「ある能力を獲得するという意味での運動行為」と「獲得した能力を行使するという意味での運動行為」とがあることになる。この理解も、常識的にみて問題はないと思われる。ところが、パルメニデスはこの「運動」概念に抜き差しならぬ難問を突きつけたのであった。そしてそこからプラトンが、「ある」（存在）と「なる」（生成）、「イデア界」と「感覚界」、「必然的」と「蓋然的」、「知識（エピステーメー）」と「思いなし（ドクサ）」といった哲学的言説——先のカラーの表現を借りれば「理論」——を構築することになった経緯は、周知の哲学史といえるかもしれない。

　さて、アリストテレスが直面したのはこうした問題状況にほかならない。してみれば、アリストテレスの課題とは、運動の存在を容認し、そして運動行為を可能態・現実態という対概念によって捉えようとする（日常的な）「常識」に根ざした立場を、プラトン的な「哲学的言説」からいかにして擁護するか、あるいは両者を調停させるか、ということになる。ただしそれは、『自然学』で論議されたような、いわゆるゼノンのパラドクス（運動論駁）を蒸し返すことではない[24]。そうではなくて、むしろその解決がすでに済んだあとをうけて、二段階構造を手懸りとしながら、アリストテレス独自の「ある＝存在」論を展開するという、一段高いレベルでの考察が展開されるのである。しかし他方でアリストテレスには、常識的発想に固執するだけで、理のある哲学的言説を全面的に拒絶、放擲するといった、バランス感覚を欠く思考もない。『後書』の「知識」（エピステーメー）の定義や、『形而上学』での「〈ある〉としての〈ある〉の探究」などが明確に志向するように、そこには哲学的言説を吸収する素地が十分に残されている。先人による（部分的、一面的な）真理把握を反古にしないという、きわめてアリストテレス的な戦略が、この形而上学的な考察場面でも議論の運びを規定している。

　以上の論点は、冗長で常識的に過ぎるかもしれない。しかし、それは

エネルゲイア論の位置を画定するうえで無視できない。というのも、もしエネルゲイア論において「常識」と「哲学的言説」との接点の探索が企図されているとすれば、藤澤解釈が述べるように、アリストテレスはキーネーシス・エネルゲイアという行為の差異区分を、まさにプラトン的な二分法に重ね合わせようとしていること、すなわち、より具体的にいえば、「なる」「蓋然的」「思いなし」の側には「キーネーシス」を、「ある」「必然的」「知識」の側には「エネルゲイア」を割り振ろうとしていることは、動かしがたいものとなるからだ。むろんこの方針は、プラトン哲学ことにそのイデア論をそのまま受容するものではありえない。にもかかわらず、アリストテレスがエネルゲイア概念に、「知」（学問）が備えもつ普遍性・必然性・確実性などの特性を帰していることもまた否定できない（その内実がどのようなものかは別にして）。さらには、技術知をモデルとして分析された形相概念には生成消滅のありえないことが『形而上学』では論証されているが（Z巻第7－9章）、そうした「形相」もしくは「実体」というアリストテレス哲学のタームにエネルゲイア概念が直結するのである。

　では、以上から何が帰結するのか。簡便のために図化してみるならば、次頁のような構図が想定されると思われる。

　(1)は、すでに確認されたような、われわれの日常的な行為把握の基礎にある可能性と現実性との関係を図化したものにほかならない[25]。そして、(1)から(4)への推移は、(1)の分析で取り出される二種類の運動行為がアリストテレスによって、一方のもの（前段階の運動行為）は「キーネーシス」および「質料」に、他方のもの（後段階のそれ）は「エネルゲイア」および「形相」へと振り分けられる経過を示す。したがって、この展開は、いわば日常的なレベルでの了解がアリストテレスによる概念的枠組みへと昇華（あるいは下降）していく過程だといえる。これにたいして、(7)から(4)へという推移は、プラトン哲学の概念枠が変奏されて、アリストテレス哲学に吸収される過程を示すものである。

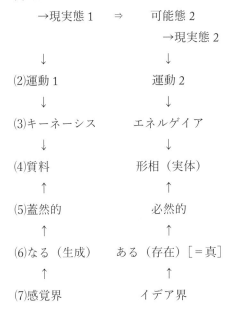

　上掲の図化とその説明とはもとより、過度に単純化されたものである。しかし、アリストテレス哲学の位置づけが「常識」および「哲学的言説」の視点から「類比的」に構築されるさまを俯瞰的に表示している。いうまでもなく、それぞれの過程をどのように記述するかという点については、さらに詳細な解析が必要となるし、また異なった展開の見方も可能である。その意味において、あくまでひとつの仮説的な枠組みにすぎない。

　そのうえで、ここで「論争」の経緯を顧みるならば、つぎのように概観できると思われる。すなわち、牛田が主題的に扱ったのは、まさに(1)→(3)の過程にほかならず、また、桑子はとくに質料と形相との関係、つまり(3)→(4)の変換に集中して考察を展開したのであり、他方、藤澤はプラトン哲学への親近性という角度から、(7)→(4)の移行に着目してエネルゲイア概念の可能性を探った、ということになる[26]。そして、桑子解釈

にあっては、難所ではあるが、「なる」に対峙する「ある」という契機をエネルゲイアおよび形相（実体）に結びつけることによって、エネルゲイアについて指定された諸特性の妥当性が根拠づけられるのである[27]。

こうしてみるならば、力点・着眼点の置き方に違いはあっても、それぞれの解釈はアリストテレスが敷設した基本路線を過たず踏襲していたといえる。つまり、それらは相互補完的な関係にありこそすれ、対立矛盾するものではないのだ。

5　むすびにかえて ── 二局面構造と二段階構造との関係

しかし、牛田・桑子が疑問を提示した、藤澤解釈の「二局面構造」という視点は、前節の折衷案においてどのように処理されることになるのか。上にみた図式的な記述は、あくまで「二段階構造」を基調としており、「二局面構造」には言及しないままだからである。そこで最後にこの問題を検討して、本幕間を終えることにしたい。

二段階構造に注目しながら、先の図表を検討してみると、つぎのような疑問が生ずる。その構造配置に即するかぎり、「エネルゲイア」「形相（実体）」「ある」などの項列（つまり右側のルート）は、他方のそれ（左側のルート）より価値の高いものとして位置づけられる。ただし、それにもかかわらず、時間の観点からいえば、(1)の二段階構造が示すように、より後のものである。とすれば、二段階構造の後半部分の項目について語られる特徴はすべて事後的な説明として、換言すれば、前段階からむしろ派生的に結果したものだとして冷遇される可能性がある。もしそうであれば、エネルゲイア概念に託されたモチーフは、著しく色褪せるにことになる。時間的な生成変化（「なる」）を越えて「ある」はずのものが、じつはその生成のただなかから現出するのだから。

さて、アリストテレスはこの問いにどのように応接したのか。『形而上学』の文脈をみるかぎり、アリストテレスがこの点に十分な関心を払

い、かつ腐心していることは明白である。というのも、「エネルゲイアは、時間においても実体（本質）においても、デュナミスよりも先なるものである」という洞察が、まさにその解答として用意されているからだ（Θ巻第8章）。そして、この洞察がわれわれの「論争」において係争中の「二局面構造」と「二段階構造」を連動させることをねらったものであることは、その論拠として提示される事例が、「建築することを学ぶ者は、建築することによって、建築することを学ぶ」というものであることから、容易に推測される。つまり、この事例に依拠するならば、徒弟（子供）が「学ぶ」ことは親方（大人）が「教える」ことによって（それとともに）成り立つ以上、「徒弟（子供）の論理」は「親方（大人）の論理」なしには自律できないのである（これを悪しきパターナリズムないし干渉とみるかどうかは、ここでは問わない）。

したがって、二段階構造においては時間的に前後して位置づけられたそれぞれの項系列は、それが顕在・発現するまさにそのときには、時間的な前後関係とは異なる角度から、つまり、まさにキーネーシスとエネルゲイアとが（同時的に）重なり合う「二局面構造」という視点から語り出されなくてはならない。かくして、時間的な二段階構造と非時間的な二局面構造という二つの軸をもつ図柄に向けて、アリストテレス哲学の基本構図は織り込まれることになる。それを一言で表現すれば、「世界」を「大人の論理」から目的論的に眺めることを意味する。こうした存在論的視点は、あの簡素な**図D**による意味論的世界に明示的には投影されることのなかったものである。

ところで、ことが目的論ということになれば、当然、風当たりも強くなる。少し間延びした記述になるが見ておこう。

たとえば、子供が箸の使い方や自転車の乗り方を学ぶときの状況を考えてみよう。その場合、たしかに、メガラ派の論法が示唆するように、「やってみなければわからない」という側面があることも事実である。子供は親兄弟から教えられたり、見よう見まね（模倣）をしたりして、その振舞い（行動）を自分のものにしていくほかはない。当事者に

してみれば、可能性から現実性への移行はなるべくしてなるというよりは、何らかの持続的な努力と忍耐を要し、それゆえまた、当然のことながら、ときに失敗する（うまくできない）こともある。自分にはそもそもその可能性がないのではないか、という不安と焦燥がしばしば脳裏をかすめもする。つまり、壁にぶつかるわけだ。ところが、首尾よくその行動パターンを習得してしまうと、つぎからはその行動を起こすことにほとんど困難・支障を覚えなくなる。既習者は何ごともなかったかのごとく、箸を使い、自転車に乗り、ピアノを弾く。「やってみなければわからない」といった賭に出るような姿勢は、もはや影をひそめてしまうのである。

　さて、以上の点が「帰納的・類比的」にいえるとすれば、二段階構図にかんしてどういう事態が帰結するであろうか。それは、推察するに、可能態から現実態への展開に二段階構造を想定し、しかも、可能態・現実態の位相差を自明なものとみなす常識的な見方は、じつは、第二段階に達したときにはじめて成り立つ、という点である。つまり、可能態と現実態とのあいだの移行を自在にこなしうる人だけが、二段階構造の実質的な内容を理解し、その妥当性を確信できるのである。その意味で、それはまさに大人（親方）からみた論理ということになる。第一段階にとどまるかぎり、子供（徒弟）の未来は、当人にとっても大人（親方）にとっても、海のものとも山のものともわからない。可能態から現実態への展開の道筋は、いまだ見えていないからだ。漠とした期待と予感があるばかりである。

　これにたいして、第二段階に達した人にとっては、可能態から現実態への状態変更は安定し、確実であり、必然的でさえある。それだけに逆に、何らかの事情（事故・病気など）によって、突如その可能性（能力）を奪われた場合、たとえば、脳内出血による半身麻痺が生じたような場合、その絶望感と衝撃の大きさは、第一段階での失敗の比ではない。「なる」はずのものが「なる」ことはなく、「ある」はずのものが「ある」ことはないからだ。慣れ親しんだ世界に亀裂が走り、世界のあり方

は一変する。そして、諦観・諦念にもまた、あらたな時間とそれなりの修練が必要とされる。もっとも、第一段階であっても、「かならずできるはずだ」という信念が過剰ないし無謀なものであれば、失敗したときの失望・落胆が「とりかえしのつかないもの」として急迫することは、言うまでもないけれども。

それゆえ、問題はこうなろう。もし第二段階における可能態・現実態の位相差を認めたとしても、もし目的論的な「世界の眺め方」に懐疑的であれば、第一段階にまでその見方を拡大適用することにも警戒することになる。「大人の論理」が「子供の論理」に妥当するかどうかは、検討されてしかるべきなのである。

目的論的世界像の守護神ともいうべきアリストテレスは、この問題を等閑視してはいない。ただ、述べてきたように、この段階での問題の再燃にたいする指針が、ある事例に託しながらの「帰納的・類比的」な方法とされるのである。われわれとしては、肩すかしのように思われる。しかし、まさにこの着眼と方法によってエネルゲイア概念への里程標はわれわれに現出するというのが、エネルゲイアをめぐる「理論」にほかならないといえる。帰納的・類比的な俯瞰図のなかには、質料論、時間把握、行為の循環的構造など、アリストテレスが他の論稿群で考究した主題がいわば裾野として、あるいは彼の哲学体系の「来し方」として組み込まれている。とすれば、われわれが「エネルゲイア」すなわち（アリストテレスの語る意味での）「現実」に出会うためにも、起伏に富み、濃淡陰翳のある、そしてやや迂遠とも思われる道程をふたたび辿るほかはないのかもしれない。そして、その旅程を終えたとき、アリストテレス哲学の「行く末」が帰納的・類比的な捉え方の延長線上に浮かび上がるものと期待される。

アリストテレスは、自身にとって枢要であると思われる哲学的な諸問題を、エネルゲイア論との関係において位置づけ、再確認している。それらの問題は、『形而上学』Θ巻第6章や『ニコマコス倫理学』最終巻の段階におけるアリストテレスにしてみれば、「来し方」のもの、つま

りすでに解決済みの問題にほかならない。したがって、われわれとしては、キーネーシスとエネルゲイアとが区別されるそのねらいを見定めるためにも、個々の問題にいま一度立ち戻り、問題の発生現場を追考察する必要がある。そうしたうえで、「家を建てる」といった、日常的で具象的な製作場面を手がかりにしながら、「ある＝存在」および「なる＝生成」、また、両者の関係のあり方を析出しようとするアリストテレスの探究方法から、その哲学の最終段階と目される、「観想的生」「思惟の思惟」等の言葉で語られる「行く末」が遠望されることになろう。

　このような茫洋たる期待にどこまで賭けることができるのか、それは覚束ない。そこで次章では、この幕間で確認した「エネルゲイア」概念の特性そのものを、本書の懸案であった〈時間〉の視点から検討すべく、『自然学』の時間論に立ち向かうことにしたい。

1　野矢茂樹訳（岩波文庫）。
2　『形而上学』Θ巻第6章を後代の欄外注が紛れ込んだものとみなす文献学的考察については、Burnyeat [2008] を参照（神崎 [2016] 74-5 注17 に簡潔な紹介がある）。Burnyeat の調査結果によれば、『形而上学』Θ巻第6章の「エネルゲイア論」をアリストテレス哲学の典拠として用いることは、もはや学術的レベルを逸脱する変人的酔狂 freak performance に堕すると断罪される（276）。本文でのちに言及する牛田 [1991] も、テクストへの同様の疑義を踏まえたエネルゲイア論を展開している。本考察ではしかし、こうした重大な異議があるにもかかわらず、アスペクトの視点からアリストテレスのエネルゲイア概念の意義を探ることにする。事柄としてのアスペクトを、人間の倫理的行為・活動の捉え方に適用する可能性はなお残されているように思われるからだ。注釈者の一人 Makin [B 2006] 128 も述べるように、『形而上学』Θ巻第6章の記述は、興味深いけれども難解であり、Θ巻全体とのつながりも不透明である（山口 [1979] によるテクスト上の精査も参照）。翻っていえば、この断章的着眼が本来『著作集』のどこに埋め込まれるのかを異論の余地なく文献学的に立証することは困難であるとしても、その哲学的射程を析出することは、当該テクストを『著作集』から全面的に放逐することへの判断留保あるいは歯止めにはなりうると思われる。疑義のあるテクストに考察の全重量を加重することのないように警戒を怠らなければ、その有効活用の可能性が失われることはない。これが

本考察の見立てである。

3 ただしそのためには、たとえば、ある箇所での「すべてのキーネーシスは未完了的（不完全）である」（*Metaphysica* 1048b29）と別の箇所での「多くのキーネーシスは未完了的（不完全）である」（*Ethica Nicomachea* 1174b4）といった不整合やテクストの不安定さには目をつぶることになる。

4 ⑴については『自然学』231b28-2a1、⑷については同 234a24（cf. 253b27）も参照。いずれについても、本書第 4 章その他であらためて論及する。

5 解釈が錯綜する一因は、（いつものことだが）アリストテレス自身の説明が少ないことにもある。また、テクストの不安定さを別にしても、可能態・現実態としての〈ある〉は「帰納的」τῇ ἐπαγωγῇ（*Metaphysica* 1048a35-6）「類比的」τῷ ἀνάλογον（b7）という方法論に即して捉えられるべきである、という（いわば最終段階にいたって繰り出される）解決指針の不透明さが錯綜に拍車をかける。本考察でも、「帰納的」「類比的」の一端を提示することを試みたい。

6 「様相」が『命題論』『前書』『形而上学』を通底する基幹的概念であることは認めたとしても、『前書』の様相論理がどのようなかたちで『形而上学』という多面的多層的な問題圏につながるのか、その一端については第 3 章で述べた。

7 「エネルゲイア」と「エンテレケイア」との異同についても不問とする。

8 Culler［2008］9（カラー［1985］4）。

9 Ryle［1954］54-67.

10 Ackrill［1965］.

11 Penner［1971］.

12 牛田と桑子が藤澤解釈に反対する基本的見解の相違については、以下を参照。牛田［1991］42-,253 注 30、桑子［1993］124 注 29,156。

13 牛田［1991］37。なお、本幕間注 1 を参照。

14 牛田［1991］38。なお、藤澤［1980a］248 もテクスト上のこの事実には気づいているが、『形而上学』Θ 巻第 6 章との比較から、当該箇所でもキーネーシスとエネルゲイアの区別が論じられていることは疑いをえないと断定し、議論を進める。

15 牛田［1991］54-6。

16 牛田［1991］第 4 節。

17 牛田［1991］70。

18 牛田［1991］69-70。

19 ただし、桑子の立論を藤澤批判としてみた場合、それが適切かどうかはなお検討の余地がある。藤澤［1980a］277 を参照。

20 桑子［1993］115-6。

21 牛田［1991］67-70。

22 桑子［1993］110-113。

23 桑子［1993］99-100 も参照。
24 「ゼノンのパラドクス」については第4章で検討する。
25 牛田［1991］63。
26 ただし、藤澤論文では(4)についての十分な検討解明はスキップされている。おそらく、桑子の立場からすれば不満が残るところかもしれない。
27 桑子［1993］第5章第7節を参照。

第4章　エネルゲイアと時間 ――『自然学』の時間

> 三週間なんて彼らにすれば一日も同然なんだ。
> ....
> 私たちは週などという単位は知らないのです。
> 私たちの最小の時間単位は一ヶ月なのです。
> ―― トーマス・マン『魔の山』[1]
> たとえ一瞬でも選手の頭のなかはゆっくり動いている。
> ―― あるMLBプレーヤー

はじめに

　幕間1で言及しておいたように、アリストテレスが「行為」を〈キーネーシス〉型と〈エネルゲイア〉型とに区別する議論を展開したことはよく知られている(『形而上学』Θ巻第6章、『ニコマコス倫理学』K巻第3・4章)。しかし同時に、この対比的区分に多くの疑義あるいは難点が見出されることも諸解釈者が指摘する通りである。たとえば、「家を建てる」οἰκοδομεῖν と「見る」ὁρᾶν との比較対照を傍証とするような仕方で、われわれの行為全般がキーネーシス型とエネルゲイア型とに単純に色分けされるとは思われないからだ。

　本章は、この争点にたいして何らかの直接的な解決案を提示することを企図するものではない。ここでは、諸解釈者がキーネーシスとエネルゲイアとの差異を論じるさいに暗黙の前提にしていると思われる〈時間〉概念の検討に絞りこむ[2]。その前提とはすなわち、エネルゲイアがそこにおいて完全性を達成しうる〈今〉τὸ νῦν を、幾何学的な〈点〉との類比に基づいて指定するというものである。だが、こうした〈今〉およびそれと連関した〈時間〉把握に依拠するかぎり、エネルゲイア概念が抜き差しならぬ困難をかかえることは避け難いように思われる。点的

な〈今〉においてはいかなる行為も完結できないとみるのがわれわれの常識だからである[3]。

とすれば、エネルゲイア論本来のねらいとその帰趨を見届けるためにも、われわれは〈今〉とは何かをまずもって画定しなければならない。「いかなる時間においても完結」し「〈今〉のうちにおけることがひとつの全体である」[4]という規定をエネルゲイアに可能ならしめる〈今〉とは、そもそもいかなるものなのか。この課題はいってみれば、〈今〉において完結する「行為とは何か」ではなく、行為――少なくともエネルゲイア型の行為――が完結しうるような「〈今〉とは何か」という角度からアリストテレスの企図を見定めるところにある。

本章の考察も二段構えとなる。前半では、『自然学』Δ巻の時間論を考察する。それを踏まえた後半では、『自然学』Ζ巻以降に登場するいわゆる「ゼノンのパラドクス」を検討する。これら二つの議論から、アリストテレスが〈エネルゲイア〉概念に込めた可能性を析出したい。『自然学』において、「時間論」と「ゼノンのパラドクス」とは密接に連関している。これは、ある意味で容易に予想されることである。だが、その考察が従来の解釈において充分に展開されてきたとは言いがたいように思われる。本章全体のねらいは、その一端を解明するところにある。

ところで、〈エネルゲイア〉の奇妙な特性を語る以前に、まずもって〈今〉そのものが難物となる。この事態を『自然学』の時間論は「アポリア」として提示してみせる。そこでわれわれとしては、アポリアの危機に瀕する〈今〉の存在をともかくも救済しなければならない。〈今〉がなければ、〈今〉におけるエネルゲイアの完結性その他を云々することもできないからだ。そのうえで、アポリアが解消されたときに現出する〈今〉は、アポリアをもたらす〈今〉とどのように異なるのか、また、その〈今〉はエネルゲイアのあり方にどのように連関するのかという考察が、本章前半の課題となる。

1 〈今〉のアポリア

まず、〈今〉のアポリア（218a8-30）を確認しておこう。アポリアは、以下のような論理的構成をとって提示される[5]。

(1) 〈今〉がそのつど異なるものとして存在するとすれば、〈より前の今〉τὸ πρότερον νῦν はいつか消滅 ἐφθάρθαι しなければならない。しかし、〈今〉を〈点〉のようなものとして仮定すれば、それは論理的に不可能である。すなわち、〈より前の今〉が消滅することは ——
 (1-1) その〈今〉自身においても（まさに〈より前の今〉が存在しているそのかぎりでは、〈より後の今〉に登場の出番はないので）、
 (1-2) 隣接する〈今〉においても（〈点〉と同様に〈今〉と〈今〉は接しえないので）、
 (1-3) 離れた〈今〉においても（もしそうなれば、〈今〉と〈今〉とのあいだに他の無数の〈今〉が同時に ἅμα 存在してしまうので）、
 —— ありえないからである。（218a11-21）
(2) 他方、〈今〉が同一［数的にひとつ］ἓν καὶ ταὐτόν だとすれば ——
 (2-1) ある有限な時間を区切ることもできないし（そのためには少なくとも二つの〈今〉が必要である）、
 (2-2) そのひとつだけしか存在しない〈今〉において万事が生ずることになってしまうが、それは不条理である。（218a25-30）

以上が〈今〉のアポリアの概要であるが、この論法によって〈今〉の存在は完膚なきまでに論駁されてしまうのかといえば、そうではない。このアポリアの構成には抜け道が用意されているからだ。その検討によって、われわれはアポリアへの対抗策を提示しうる。以下、その問題点を確認してみよう。
 (1)の問題点 —— この論駁では、「原子時間論」の立場がまったく考

慮されていない。原子時間論によれば、時間はそれ以上分割しえない最小単位のものから構成される。その単位部分をかりに〈今〉と呼ぶならば、原子時間論者は少なくとも（1-2）の可能性を認めることができる。すなわち、〈より先の今〉はそれに隣接する〈より後の今〉［＝つぎの今］において消滅可能である[6]。

　（2-1）の問題点 ── 論述の流れから判断して奇妙に思われるのは、（2-1）で提示される時間了解のあり方である。というのも、ここでは「現在」present を必ずしも意味することのないたんなる「時点」instant/moment としての〈今〉が措定されているように見えるからだ。分割可能なもの（διαιρετόν〔線・平面・立体など〕）が少なくとも二つの限界・境界をもつという見方に問題はない。しかし、（一次元的な連続体としての）時間を任意に区切る時点としての〈今〉と、アポリアが論駁しようとするいわゆる「過現未系列」の「現在」としての〈今〉[7]とを混同することはできない。たしかに、（2-1）の議論によって〈今〉の同一性（数的にひとつであること）は論駁されるかもしれない。しかし、それはあくまでも「時点」としての〈今〉であって、その論法が「現在」としての〈今〉にそのまま妥当するかは別問題である。とすれば、（2-1）は的外れな論駁となりうる。

　さらに、別の難点もある。この論法によって〈今〉の同一性を否定する場合、じつはあらかじめ「区切られる時間」つまり「限界としての二つの〈今〉のあいだに介在する時間」の存在を前提しなくてはならない。だが、これでは〈時間〉の存在を論駁するアポリアとしては藪蛇であろう。

　（2-2）の問題点 ── この記述でわれわれの注意を引くのは「今日」τήμερον という言葉である。文脈から判断するかぎり、「今日」は〈今〉の一例として挙げられたと考えられる。だが、「今日」を〈今〉（＝瞬間）とみなすのは、われわれにはいささか悠長に過ぎるように思われる。「この一瞬に」ἐν τῷ νῦν τῳδί すべての出来事が生じるという事態の方が、やはりアポリアとしてはより効果的、劇的な印象を与えるはずである。

第 4 章

　このような疑問が見てとれるとき、われわれは併せて以下の二つの論 (a)(b) を喚起しなくてはならない。

　(a) まず、時間論のアポリアによれば、ここでの〈今〉は延長的であっても構わなかった、という点である[8]。このことは、「同時性」の規定 (218a25-26) からも裏付けられる。「時間的に一緒であること」[＝同時であること] τὸ ἅμα εἶναι κατὰ χρόνον は、「〈より前〉でも〈より後〉でもないこと」μήτε πρότερον μήτε ὕστερον と補足されたうえで規定されている。とすれば、たとえば「今日」がより前の「昨日」でもより後の「明日」でもないという意味においてならば、今日起こった複数の出来事はまさに「同時に」〈この一瞬の今に〉生じたことになる。このように了解される〈今〉は、アリストテレスがのちに言及する日常的用法としての「延長的な今」(222a20-22) からは区別されなければならない。後者の〈今〉には、過去ないし未来の時間相が含意されるが（たとえば「いま彼は来たところだ」「いま彼は来るだろう」）、前者の〈今〉はそうではない。「延長的な今」における〈今〉の延長の度合いは心理的あるいは常識的な了解に即して使用されるのにたいして、前者は論理的に、言い換えれば、ことばの定義によって画定されたものであり、それゆえ、ある意味ではいかよう（内容空虚）にもなりうる[9]。

　(b) われわれの常識にとって、〈この一瞬の今に〉過去と現在との出来事が同時に生じるのはたしかに不条理である。しかしそのとき、われわれはもうひとつ別の常識を忘れてはいないだろうか。すなわち、この不条理な状況を想定するためには、その前提として、それぞれの〈今〉においては少なくともひとつの出来事が起こりうることを認めなくてはならない。そうでなければ、二つの出来事をそもそも重ね合わせようとすることができなくなる。だが、先にわれわれは、エネルゲイア概念を理解するうえで、そもそも点的な瞬間においてはいかなる出来事（行為）も完結しえない、という常識を語っていたのである。したがって、もしこの常識の側に立てば、われわれはじつは (2-2) の不条理を導き出せないことになる。

こうして、もし（2-1）（2-2）のいずれにも難点があるとすれば、〈今〉のアポリアはその片翼（同一性の論駁）を失い、無効となる。そこで逆に、もしアポリアを擁護したいのであれば、（2-1）の救済はひとまず脇に置き、われわれは（2-2）の問題点(a)を勘案して、〈今〉を延長的なものとみなせばよいことになる。そしてこの修正は、(b)によって確認したように、時間のアポリアにおいては許容されるのであった。こうしておけば、冒頭での常識に抵触することなく、ただしやや迫力を欠いたものにはなるが、（2-2）によって〈今〉の同一性を論駁する手がかりは残される。

さて、アポリアがこのように構成されているとすれば、その解消の道筋もおのずと浮かび上がる。

[A] まず、〈今〉の差異性を論駁する(1)に反論するためには、単純明快に時間（今）を原子論的に捉える立場に与すればよい。そのような〈今〉としては、アポリアでの事例にならって、「今日一日」のような時間単位を想定することになろう。

[B] 他方、(2)に反論して〈今〉の同一性を確保するためには、ここでもやはり〈今〉を延長体〔連続体 συνεχές〕として理解すればよい。こうすることによって、〈今〉は「今日一日」という、少なくともそのかぎりにおいては同一性を持続 διαμένειν しうることになる。

してみると、（2-2）のアポリアが有効であるように、われわれはさきほど〈今〉の延長性を主張したのであるが、この弁護はじつは、〈今〉の同一性を論駁するアポリアにとっては諸刃の剣だったのだ。さりとて、〈今〉の延長性を返上することはできない。あの常識が待ち構えているからである。

ここで、アポリアを回避するために提案された〈今〉のあり方を（誤解をおそれず）図化してみれば、それは ○―――○ と表示できる。

○は「限界としての今」を、そのあいだに横たわる線分は〈延長的な今＝時間〉を表わす。こうして〈今〉は、制約されたかたちにではあるが、差異性（限界としての二つの今）と同一性（持続的延長性）を併せもつことになる。

　注意しなければならないのは、ここで措定される二つの〈今〉は過現未系列での現在としての〈今〉ではない、という点である。アポリアで確認したように、過現未系列において（そのつど）存在する〈今〉はただひとつだけである。この前提に立つかぎり、われわれは二つの〈今〉を同時に識別（知覚）することは、論理的に不可能である。なぜなら、〈より前の今〉は、〈より後の今〉に比べれば〈より過去的〉であり、それゆえ、それは〈現在〉とはなりえないからだ。しかし他方で、あとで再確認するように、時間知覚の局相においては、二つの〈今〉を知覚するという直観的了解がわれわれには抜き難くあるように思われる。その意味において、時間知覚の場面において現出するとされる二つの〈今〉は、過現未系列における現在としての〈今〉にとって、地口的な語呂合わせでいえば、まさに〈いまいましい今〉にほかならない。

　むろん以上の応答これは、アポリアからのいわば逆算というかたちで、〈今〉の存在の可能性を探ってみたにすぎない。その意味で、あくまで便宜的かつ暫定的な打解策にとどまる。アリストテレスの時間論の核心部分を剔抉するためには、「時間の定義」が導出される箇所に踏み入らざるをえない。アポリアの回避・解消が消極的検討だとすれば、それを今度は、時間の本性 φύσις（218a31）に即して論拠づける積極的探究が欠かせない。しかしその場合でも、いま確認した事態は重要な指針になるはずであり、またならねばならない。もしアポリアの解決にまったく無頓着、無関係な時間の本性論が展開されるのであれば、それは不十分という誹りを免れないからである。次節以下では、ある意味できわめて大胆かつ簡潔なこのアポリア回避策がはたして妥当性をもちうるのか、その検討を試みることにしたい。

　なお、それに先だって論述のポイントを二点だけ指摘しておかねばな

らない。

　ひとつは、〈今〉の救済策として提案された、(1)の原子論的な性格と(2)の連続性（持続性）という矛盾した特性をいかに処理するかという問題である。アリストテレスは「連続的なものを」を「そのつどつねに分割されうるものへと分割されうるもの」（232b24-25）と定義する。したがって、アトム性（不可分性）と連続性とは相容れない。とはいえアポリアを回避するために、それぞれに異なる〈今〉概念を適用したのでは不十分である。この要衝的な問題は、何らかの仕方で解消されなくてはならない。アリストテレスが原子論には基本的に批判的であることからも容易に予想されるように、原子時間論をそのまま額面通りに受けとることはできない。では、どのようなかたちで時間の原子論的性格が取り出されるのか、それを見極める必要がある。

　もうひとつは、(2-2)で語られた「限界としての〈今〉」と（たとえば）「今日としての〈今〉」との関係である。たしかに「今日」という日にはその始端と終端という二つの限界が存在することは、「今日」という意味での〈今〉の同一性〔持続性〕を脅かすものではない。しかし、そうなると前者の意味での〈今〉がどのように位置づけられるのかが問題である。これら二つの異なる〈今〉概念もまた調停されなくてはならない。むろんここでもまた、たんに〈今〉の多義性に訴えるだけでは問題の解決にはならない。

　それでは、以上のアポリア回避策とその問題点を考慮しながら、アリストテレスによる時間の定義を検討することにしたい。

2　〈時間〉の定義

　アリストテレスが提示した時間の定義は、よく知られているように、「前後にかんする運動の数」ἀριθμὸς κινήσεως κατὰ τὸ πρότερον καὶ ὕστερον（219b2）というものである。この定義が導出される手順は、大略以下の

ようになっている。

> 時間は運動ではない（218b9-20）。しかし時間は運動なしには存在しない（218b21-9a2）。ゆえに、時間は運動の「何か」（属性）である（219a2-10）。そして最後に、その「何か」が「数」によって補填されることによって「前後にかんする運動の数」という定義が提示される（219a19-b2）。

解釈上の問題となるのは、「（運動の）何か」を「数」によって補填する論拠は何かという点である。Sorabji は、定義の「数」は「計測」には直接関係しないとみる[10]。定義が提示されるその直前の議論は、拡がり・運動・時間のアナロジーの説明と、時間知覚の分析（後述）に割り当てられるだけであって、計測の問題は論じられていないからである。また、計測の基準となる規則的運動の存在しない場合であっても、われわれは時間の経過を知覚しうるので、数と計測とを直接結びつける必然性はないと考えられる。刻々位置を変化させつつ運動する物体の動きに即応させて、そこに時間が経過していることをわれわれは知りうる。とすれば、計測 measuring していなくとも、数える counting ことによって時間の経過をわれわれは認識（知覚）しているといえる。

　Sorabji の解釈は的を射ているように思われる。しかし、その解釈の方針には問題がある。運動知覚と時間知覚にかんするアリストテレス自身の言葉を見てみよう。

> さて、〈前後〉を[11]限界づけることによって運動を限界づけるとき、われわれは〈時間〉をも認識する。つまり、運動の〈前後〉を知覚したとき、われわれは〈時間〉が経過したと語る。そして、われわれが〈前後〉を限界づけるのは、〈前〉と〈後〉が別個のものであり、それらの〈中間にあるもの〉μεταξύ τι が〈前後〉とは異なっていると判断することによってである。なぜなら、〈両端のもの〉τὰ

ἄκρα が〈中間のもの〉と異なるとわれわれが考えるときにはいつでも、すなわち、〈今〉が二つあると —— ひとつは〈前の今〉、もうひとつは〈後の今〉として —— 魂 ψυχή が語るときにはいつでも、われわれはこのもの［中間のもの］をもまた〈時間〉であると語るからである。というのも〈今によって限界づけられるもの〉が〈時間〉であると思われるからだ。このことを仮定しておこう。（219a22-30）

最初に、訳文について簡単なコメントを付しておく。219a26-29 の ὅταν γὰρ..., τότε καὶ τοῦτό φαμεν εἶναι χρόνον を「…いつでも、われわれはこのもの［中間のもの］をもまた〈時間〉であると語るからである」と訳出する。従来訳では、ここの 'καὶ' は無視されているが、しかし、このような訳出と理解の方向性は、アリストテレスのここでの時間知覚のねらいを逸するものである。「も」に対置されているのが、過去・現在・未来という三つの様相に基づく時間であり、言い換えれば、アポリアに曝される時間概念にほかならない。アリストテレスは、時間知覚の分析を通じて、アポリアを解消しうる時間に迫ろうとしているのである。そのうえでわれわれは、アリストテレスがその分析から取り出された〈今によって限界づけられるもの〉としての〈時間〉に「思われる」という慎重な表現をあてた理由を見出さなければならない。

したがってまた、以上の見方が正しければ、ここでのアリストテレスは、Sorabji が解釈したような意味での「数えること」を主題化しているのではない。アリストテレスが提示したのは、〈前の今〉と〈後の今〉という二つの〈今〉によって限定されたところに見出される連続体が〈時間〉だということである。これは、時間了解のひとつの、しかしある意味では常識的なあり方にほかならない。「二つ」δύο という語が明示するように、ここでの「数」は運動の局相をカウントすることによって獲得される任意の数ではなく、〈前の今〉と〈後の今〉としての「二つ」そのものである。そして、この意味での「数」は、上記の引用からもわ

かるように、「時間」の定義項の「前後にかんする」という規定において語られる事柄であって、「運動の数」には関係しないのである[12]。

　では、「運動の数」はどのようにして導出されたのであろうか。その論拠は定義の提出直後に述べられる。

　　時間とは、運動そのものではなくて、運動が数をもつかぎりにおいて、それは時間である。その証拠は、われわれは「より多い」「より少ない」を〈数〉によって判別し、「より多い運動」「より少ない運動」を〈時間〉によって判別するという点にある。したがって、〈時間〉とは「ある種の数」なのである。（219b2-5）

　主旨は明確であると思われる。われわれが運動の多寡を判別するκρίνομενところの「数」が時間であり、そのかぎりにおいて時間とは「ある種の数」だというわけである。そして、「ある種の数」と「運動の何か」とが組み合わされて、「運動の数」という「時間の本性」が画定されることになる。したがって、「運動の数」とは、たとえば仕事を終えたり砂糖が溶けたりするのに要する時間を判別するときに、われわれが日頃使用する時間概念（「3分間」「5時間」「7日間」など）を愚直なまでに素朴に言語化したものであって、何ら特異なものではない。

　しかし、ここで疑問が生ずるかもしれない。見たように「運動の多寡」とは運動に要した空間的量〔距離〕ではなくて、明らかに時間的な運動量としての多寡を指す。とすれば、この定義は循環しているのではないか。また、そもそも「時間的」とは何か、まさにこれこそが「時間論」の主題であるべきではないのか。ところが、このような疑問に「運動の数」という定義は応答しない。言い換えれば、それはアリストテレスの時間論の主題でもないように思われるのである。

　では、アリストテレスが「時間論」として腐心した問題とは何か。時間の定義（「前後にかんする運動の数」）の構成要件に着目してみよう。これまでの議論によれば、この定義は、運動（時間）知覚のあり方と

161

（時間的な）運動量の判別という二つの観点を結合するかたちで析出されたものである。すなわち、運動知覚からの〈前後にかんする〉と運動量の判別からの〈運動の数〉とが接合された結果なのである。

しかし、疑問が生じる。たとえば旅行の日数が「3日間」だと知ることによってわれわれはその（時間的な）運動量を他の運動と比較判別（これは測定行為を必ずしも含意しない）しうるが、そのときわれわれは必ずしも運動［旅行］（の前後）をじっさいに知覚する必要はない。もし必要であったならば、われわれは時間（たとえば考古学の地質年代）を知るためにはそれこそ無窮ともいえる時間を必要とし、絶望しなくてはならない。しかし、「運動の数」を知ることによって、われわれは簡潔明瞭に運動量の多寡としての時間を知ることができる[13]。ということは、それら二つの観点から取り出されたそれぞれの定義要件（「前後にかんする」と「運動の数」）は、その出自を異にするといえる。

だが、そうなると、二つの観点が必然的には関係しないとすれば、それらが定義の構成要件として短絡的には結びつかないのではないか、という疑問が生まれる。われわれはその懸隔を埋めるべく、〈前後にかんする〉と〈運動の数〉との媒介項を見出さなくてはならない。その媒介項はいったい何か。

疑問はまだある。それは、「運動の数」という定義項[14]は〈時間〉や〈今〉のアポリアにまったく対処していないと思われる点である。先月の旅行は何日間だったかと問われて「5日間」と返答したとしても、アポリアがある以上、その時間が存在するかどうかは保証のかぎりではない。この疑問にも何らかのかたちで解決策が示唆されなくてはならない。そして、この問題は媒介項の問題とどのような連関をもつことになるのか、がさらなる課題となる。

アリストテレスはこれらの問題にどのように対処するのか。アリストテレスの時間論の基本軸は、むしろこのようなやや捻れた問題連関の解決を目指したものだと推測される。では、その解明のための手がかりはどこにあるのか。

この点について、われわれは五里霧中にあるわけではない。むしろアポリアの検討をすでに終えたわれわれには、運動（時間）知覚の記述が何を念頭に置いたものかを見てとることは容易だといえる。すなわちそれは、「二つの〈今〉によって限界づけられた時間」であり、アポリアの回避策として候補に挙げ、さきに ○―――○ と図化しておいた時間にほかならない。アリストテレスはアポリアを解決するために要請されたその時間了解を、時間知覚の分析的記述という場面から析出し、「仮定」し、根拠づけようとしているのである。すでに指摘したように、さきの引用文［219a22-30］の「この中間のものをも時間である」の「も」καί を見落としてはならない。これは、いわゆる前後系列的な時間を提示すべく、アポリアが問題とした過現未系列の時間への対峙を意識しての発言である。

　ただしアリストテレスは、前後系列的な時間と過現未系列の時間とを突き合わせて、その優劣を問題にしているのではない。ここでの前後系列は、あくまでも過現未系列における「現在としての今」の内部構造として摘出されたものである。問題の焦点が、いま現在経過しつつある時間を知覚する場面にあるということを忘れてはならない[15]。この方針からは、過現未系列のもつパラドクス性を回避して時間の問題を解決に導こうとするアリストテレスの戦略が、ひいては、その存在論が垣間見えるように思われる。

3　限界としての〈今〉

　このように解釈してきたとき、いよいよもって焦眉の問題となるのは、時間知覚の場面における〈今〉が二つあるというパラドキシカルな状況をいかにして回避しうるか、という点であろう[16]。すなわち、「限界としての今」の身分が明らかにされなくてはならない。時間は過去・現在・未来という時間相から構成されるという了解のもとでは、〈今〉

〔＝現在〕はひとつしか存在しえない。そして、「〈今〉のうちには前［と後］は存在しない」（cf. 234b8）というのがわれわれの常識的な時間了解である。では、この難点はどのようにして解消されるのか。その解決にあたってアリストテレスが依拠するのが、「時間は運動ではないが、運動なしには存在せず、運動に従う（ἀκολουθεῖν, cf. 219a19）」という根本的な洞察にほかならない。アリストテレスは以下のように語る。

〈今〉が限界であるかぎり、それは〈時間〉ではなく、［時間に］付帯的に生ずる。しかし、それが数えられる[17]かぎりにおいて〈今〉は数である。というのも、限界はそれがその限界であるところのそのものに帰属するが、［中略］「数」は他のところにもある［遍在的である］からだ。（220a21-24）[18]

アリストテレスによれば、運動は「或るものから或るものへ」という構造をもつ（219a10-11）。たとえば、コリスコス（人間）がリュケイオンからアゴラに散歩しているとき、「コリスコスがリュケイオンにいること」が運動における〈前〉であり、「コリスコスがアゴラにいること」が〈後〉である（219b20-21 cf. 225a1-2）。そして、その〈前後〉に対応して〈前の今〉と〈後の今〉が語られる。これら二つの〈今〉が、時間知覚の記述によれば「限界としての今」である。とすれば、限界としての〈今〉はそのつど、たとえば「コリスコスがリュケイオンにいる今」「コリスコスがアゴラにいる今」というかたちで、当該運動の局相に帰属することになる。「限界としての今」の「限界」とは運動の限界（局相・局面）であって、〈時間〉自体の限界ではない。したがって、時間の重要な特性のひとつであった遍在性を「限界としての今」はもたない。それゆえまた、それは時間たりえないのである。逆に、時間が「数」であるとすれば、そういった意味での限界を時間は本来もちえないことになる。

ここで注意しなければならないのは、「限界としての今」が〈時間〉

でないのは〈今〉が〈時間〉のいわば切断面のごときものであって時間的な延長をもたないからではない、という点である。そのような理解の仕方は、ちょうど点と線分を比較するように、〈今〉を〈時間〉と対比して捉える見方から生ずる。たしかに「限界としての今」は非延長的な性格のものである。というのも、限界が何かの限界として機能するためには、それ自身は非延長的でなくてはならないからである。もしそうでないとすれば、今度は「限界としての今」がそれ自身とは異なる他の「限界としての今」によって限定されなくてはならないであろう。だが、それは無限後退を引き起こす。したがって、「限界としての今」は点のごときものである。

とはいえ、「限界としての今」は本来的には運動との関係において語られるべき存在様態のものである。運動の局相の観点からみた「限界としての今」はその本性上、いわば〈時間〉以前の事柄として捉えられなくてはならない。それため、アリストテレスはそれを時間の「基体」ὅ ποτε ὄν と呼ぶ（219b14-15）[19]。したがって、「限界としての今」が二つ存在することは、「現在としての今」が二つ同時に存在することではまったくない。両者は、その存在論的なレベルを異にするのである。それでは前掲引用で、「限界としての今」に対置されたところの「数えられるかぎりの今」とは何か。その解明の手がかりはつぎの箇所にある。

> われわれは運動体によって運動における〈前後〉を認識し、そして、その［運動における］〈前後〉が数えられうるもの ἀριθμητόν であるかぎりにおいて、〈今〉は存在する。（219b23-25. cf. 219b28）

この箇所をさきの運動（時間）知覚の記述と比較してみると、二つの点で異なる。まず、さきには運動の前後を識別することによって知覚されたのは〈時間（の経過）〉といわれていたが、ここでは前後が数えられることによって存在するのは〈今〉とされる。アリストテレスが「時間論」において〈今〉の存在に言及するのは、驚くべきことに、じつは

165

この箇所のみである。そして、〈時間〉の存在が直接的に論拠づけられる箇所は、アリストテレスの時間論には皆無である。この事実は何を示唆するのか。

　さらに、つぎの微妙な異同についても注意すべきである。運動の前後を認識（区別）することによって時間の経過をも知覚するというのが、時間知覚での論点であった。つまり、いまの引用箇所の言葉でいえば「運動体によって運動における前後を認識」することが、そのまま時間の知覚でもあったわけである。ところがいまは論述が二段構えになっていて、「〔運動の〕前後が数えられうるものであるかぎりにおいて」という規定が付加されている。この追加規定は「〔運動の〕前後が認識（区別）されうるものであるかぎりにおいて」とは異なる事態を指し示すと考えなくてはならない。でなければ、「数えられうるもの」という言葉は宙に浮いてしまうからだ。

　したがって問題は、なぜここでは〈時間〉ではなくて〈今〉の存在に言及されるのか、また、なぜそれはたんなる運動の前後の識別（区別）ではなくて数性（数えられうるものであること）との連関で語られるのか、ということになる。この問題は、さきに指摘されていたところの、〈前後にかんする〉と〈運動の数〉とを接合する場面に深くかかわってくるように思われる。というのも、まさにここにおいてはじめて、〈運動の知覚〉と〈運動の数〉との統合的連結が明示的に語られるからにほかならない。

4　単位としての〈今〉

　いま指摘した二つの問題、そしてさらには、運動の知覚に結びついて摘出される〈数としての今〉と〈時間〉とがどのようにして縒り合わされているかという問題を解決する手がかりは、以下の難解な一節において示されていると考えられる[20]。

〈時間〉がなければ〈今〉もなく、〈今〉がなければ〈時間〉もないということも、明らかである。なぜなら、〈運動体〉と〈運動〉が一緒に（同時に）存在するように、運動体の数と運動の数もまた一緒に存在するからである。というのも、〈時間〉とは運動の数であり、〈今〉は運動体のように、いわば「数の単位」μονὰς ἀριθμοῦ だからである。（219b33-220a4）

奇妙なのは、「運動体の数」ὁ ἀριθμὸς ὁ τοῦ φερομένου という表現である。ある人が数日間旅行をするとき、常識的には、その運動体の数は旅行期間中その人本人としての「一」以外であることはない。また、人間というもの（物・身体）によって旅行の日数を測るというのも、あからさまなカテゴリーミステイクである。さらには、たとえば校庭を駆け回る子供の人数の意味での「運動体の数」が運動の数の「単位」であるとも考えられない。それでは、ここでの「運動体の数」をどのように解釈すればよいのか。

　ここでは、「運動の数」と「運動体の数」の関係を、端的かつ簡明に〈時間〉とその〈単位としての今〉というようにそのまま受け取るべきであると考える[21]。「運動体の数」の「数」はアリストテレスの時間論の文脈においては、「それによってわれわれが数を数えるところの数」（いわゆる抽象的な数）ではなくて、「数えられるもの・数えられうるもの」（数えられる対象）という意味での数を指す（cf. 219b6-9）。その点を踏まえて「運動体の数」をパラフレーズすれば、それは「数えられうるものとしての運動の前後」になる。そして、さきの記述によれば、運動の前後が数えられうるものであるときに存在するのが〈今〉なのであった。ただし、それは「限界としての今」ではなく（cf. 220a14-16）、限界としての二つの〈今〉によって限界づけられるところに現出する〈時間〉である。これがまさに時間知覚の記述にさいして「仮定」された時間にほかならない。したがってまた、その〈今〉は時間的な幅をもった〈延長的な今〉なのである。

このような時間了解があるからこそ、アリストテレスはある箇所で以下のように語ることができるのである。すなわち——

〈前後〉は運動のうちにある。そして、〈時間〉とは数えられうるものであるかぎりでの〈前後〉である。（223a28-29）

これまでの見方が正しければ、ここでの〈時間〉は〈今〉に置換可能である。しかし、よしんばこの〈今〉が時間的延長をもちえたとしても、なぜそれはさらに「単位」と性格づけられねばならないのか。その理由についてもアリストテレスは簡明な応答を提示している。

いずれのものもそれが数えられるのは、ある何かひとつのそれと同質のものによってであり、したがって、時間もまた、ある限定された時間によって χρόνῳ τινὶ ὡρισμένῳ 数えられる。（223b14-15）

単位としての〈今〉もひとつの時間である。この〈今＝時間〉が時間の単位となることによって、「運動の数」つまり〈時間〉が数えられるのである。こうした〈今〉と〈時間〉との関係は、数えられうるものとしての一頭の馬［単位］によって馬の頭数を数えるのとパラレルであるとされる（220b18-20）[22]。したがって、このかぎりにおいて、単位としての〈今〉と〈時間〉との関係はビー玉（あるいは数珠玉）が線状に並んでいるというイメージそのものにほかならない。

このようにしてアリストテレスの時間論は、さきに指摘されたアポリアの解決指針、および、その問題点に即したかたちで時間の本性問題を論じえたといえる。すなわち、〈今〉の原子論的性格と延長性（連続性）という相矛盾する性格をどのようにして調和するかという論点については、〈今〉はそれ自身が時間としての連続性をもちつつも、「単位」という観点からすれば、原子論的性格をも合わせもつと応えられる（cf.

220a27-32)。他方、「限界としての今」と「数えられうるものとしての今」との差異についてはすでに述べられたとおりである。そして「〈今〉は時間の部分ではない」という見解も、正式には「限界としての今」の規定と考えられるべきなのである（cf. 220a18-19）。

またさらに、時間論の懸案のひとつでもあった、時間の定義項の〈前後にかんする〉と〈運動の数〉との接合問題についてもアリストテレスは、以下のように応答したことになろう。すなわち、運動の前後が数えられうるかぎりにおいて存在するところの「単位としての今」によって、運動の数としての〈時間〉も数えられるとすれば、この「単位としての今」こそが、〈前後にかんする〉と〈運動の数〉との媒介項だったのである。「単位としての今」は、それがまさに〈今〉であるかぎり運動知覚の場面、すなわち、〈前後にかんする〉という契機が語られる場から切り離されることはなく、それと同時に、単位としては「運動の数」の算定にとって不可欠の要素だといえる。

ただし、この場合の「数（数える）」は直ちに「測定」に結びつくものではない。というのも、すでに見たように、「運動の数」は「測定」ではなく「（運動の多寡）の判別」という視点から析出されたからである。測定するためには運動の前後に立ち会う必要があるが、運動量の多寡の判定にはその必要はない。アリストテレスがしばしば〈時間〉を「運動の数」とだけ語る [23] 理由も、ここにある。測定という行為が実際問題としてどのように可能かという点についても、アポリアがあった。しかしアリストテレスは、「〈部分＝今〉は〈全体＝時間〉を測り、全体は部分によって構成されなくてはならない」という難題に明確な解答を与えていない。語られたのは、「数」の単位（部分）としての〈今〉の存在だけである。したがって、測定対象としての時間（過去や未来の時間）の存在（実在性）にかんしては、たんにその可能性が示唆されたにとどまる [24]。

5　エネルゲイアの〈今〉

　アリストテレスの時間論を見通しにくくさせている原因の一端は、時間測定の基準となる規則的運動（単位としての〈今〉）を画定する論考と、個別的な運動知覚に伴う時間知覚の記述とが混在しているところにあるのかもしれない。アリストテレスは、「数」という観点において〈今〉と〈馬〉をアナロジカルに語った。しかし、そこには異同も指摘しうる。馬を数えるにあたっては、何にもまして馬一頭それぞれの単位性（「馬であること」）が存在論的に優先する。だが、〈今〉の単位性の基底、つまり、数えられうるものとしての運動の〈前後〉にはそのような分節性はないように思われる。野を飛ぶ鳥や風に吹かれる百合の動きにもわれわれは運動の〈前後〉を識別しうる。しかし、そこに「単位」的な性格が顕在もしくは伏在するようには見えない。この疑問に直面すると、われわれは以下のように推測したくなる[25]。すなわち——

　アリストテレスが〈今〉を単位として措定したのは、じつは「時間」を「運動の数」と定義したことから逆に要請されたのではないか。というのも、時間が「運動の数」である以上、そこにはなんらかの単位が必要であり、もしそれを〈今〉だとすれば、その〈今〉もまた数でなくてはならない。そこで〈今〉の存在を語る場面において、運動の前後のたんなる区別（識別）ではなく、そこにさらに「数」（数えられうるもの）を追加せざるをえなかった。このように「運動の数」という常識的な時間把握はアリストテレスの論述を強く拘束していたのだ。

　——しかし、アリストテレスが〈時間〉を論じるうえで最終的に配視する運動が、〈最初のもの〉πρῶτον で〈規則的〉ὁμαλής で〈最も識別されうるもの〉γνωριμώτατος であるところの天体の円環的運行にあたることは疑いをえない（223b12-4a2）。この運動への揺るぎない確信があればこそ、時間の単位でありかつわれわれにとって「最も可知的」γνώριμον μάλιστα（219b29）な〈今〉の存在をアリストテレスは語りえたのである。一頭の馬はそれぞれ単位となるべき資格（自然本性 φύσις）

をもつ。その単位性は「馬」という存在と不可分である。それと同様に、〈今〉もまた単位性をもつとすれば、その根拠となるのが円環的運動である。そして、円環的運動がまさに「円環」として存在するためには、たんなる直線とは異なって、いかなる意味での一時的停止や部分的欠如もあってはならない。そのかぎりにおいて、円環的運動に基づく〈今〉はより一層「不可分的」な存在性格を色濃くもつのである。

そのうえで、〈今〉を時間単位として位置づけることは、アリストテレス哲学にとってさらなる重要性を帯びる。というのも、円環的運動を観想する行為（これはエネルゲイアの典型のひとつである）において、もっとも明瞭に時間の単位としての〈今〉の存在とその本性とが認識されうるからだ。言い換えれば、われわれが本章冒頭で言及したところの、〈今〉において完結するというエネルゲイア概念に、最も透徹し充足した意味を付与するものがあるとすれば、それは時間単位としての〈今〉をつくりだす円環的運動 ── たとえば「今日一日」としての太陽の運行 ── の「観想」をおいてほかにはないのである。

〈エネルゲイア〉と〈キーネーシス〉とを区別する基準として言及された〈今〉は、こうした「観想」という行為に視線を定めつつ、そこに収斂することをねらいとして語り出される。むろん「観想」（観ること）は、日がな一日太陽の動きをただ眺めやることではない。それは、円環的運動の実在的構造とその秩序性・完全性を観てとることを要請し、そのうえではじめて成り立つ。それゆえ、「観る」ためにはおよそ「一日」とは言いがたい知的習熟の蓄積と明晰な ── そして円環的運動への眼差しが、アリストテレスの形而上学において終極的には「不動の動者」としての「神」の観想へと連関していくとすれば ── おそらくは「神的」ともいえる洞察が必要となる。

こうしてわれわれは、観想的活動のひとつが〈今〉において完結（完了）する〈エネルゲイア〉であることの意味と可能性に出会う。本来、「自然」φύσις という実在的な秩序（252a12-14）と密接不離の関係にある〈時間〉を、ただ眼前を移ろいゆく（行為やこころの動きも含めた）運

動のたんなる付随現象とみなしたり、あるいは、空間的表象のみを頼みにして論じたりするとき、われわれはアリストテレスが観る〈時間〉から遠く離れ、同時に〈エネルゲイア〉を理解するひとつの指標をも見失う。そして、そのかわりとしてわれわれに忍び寄り、跳梁跋扈するのが、あのアポリアにほかならない。

6　ゼノンのパラドクスと時間

　〈今〉のアポリアは解消され、〈エネルゲイア〉の可能性もひとまず提示された。つまり、〈時間〉という現象は救われたといえる。しかし、アリストテレスの『自然学』では、アポリアのつぎには、いわゆる「ゼノンのパラドクス」（以下たんに「パラドクス」と略記）が待ち構えている。このパラドクスにたいしてアリストテレスはいかなる哲学的視座からその解決を試みたのか。その基本指針を析出することが本節以下の課題となる。
　パラドクスは、『自然学』Z巻第2・9章およびΘ巻第8章に分散して登場するが、一般に、可能態・現実態という対概念を手がかりとするアリストテレスの最終解決（Θ巻第8章）は、消極的、否定的に評価されるにとどまる。たとえばBarnesは以下のように語る。

> 　（可能態・現実態という）アリストテレスのジャーゴンは、（パラドクスの）前提 ── 無限多の仕事（infinitely many tasks）を遂行することは不可能である ── を否定しているのであって反駁してはいない、という事実を部分的に隠蔽するにすぎない[26]。

　だが、そこにはなお再考の余地がなお残されているように思われる。『自然学』のアリストテレスにしてみれば、パラドクスは論争家的議論（185a10）の域を出ないとして、放擲することもできたはずである。運

動の存在は、自然学的探求の「基礎定立」とみなされるからだ (185a12-14, 253b5-6)。それにもかかわらずアリストテレスは、対人論法的な解法だけでは「事柄と真理にとって十全ではない」πρὸς τὸ πρᾶγμα καὶ τὴν ἀλήθειαν οὐχ ἱκανῶς. (263a17-18) とみずから認めたうえで、自説の修正に着手するのである。

では、その追究においてアリストテレスがわれわれに提示しようとする「事柄と真理」とは何か。その内実の一端を、パラドクスの漸進的構成に着目することによって解明することが、本考察のねらいとなる。予想されるように、パラドクスは〈時間〉にも深くかかわる。したがって、われわれがすでに本章前半で考察した「時間論」もまた何らかのかたちで再登場するはずである。

まず、パラドクス全体の構成とアリストテレスの解法の（通説による）要点を確認し、本稿での指針を述べておく。

(A) Z 巻第 2 章 233a21-31
有限時間内に無限のものを通過することは不可能である。
解法：時間もまた無限に分割可能である。
(B) Z 巻第 9 章 239b5-40a18
「飛矢」(α)：運動体は今において静止している。
解法：時間は不可分な今からは構成されない。
「二分割」：空間（大きさ）の無限分割による運動の不可能性。
解法：(A)に準ずる(*)。
「アキレウス」：「二分割」に準ずる。
解法：「二分割」に準ずる(*)。
「飛矢」(β)：「飛矢」(α) に準ずる。
解法：時間は今から構成されない。
「走路」：（論点の画定は困難だが）半分の時間はその二倍に等しい。
解法：ゼノンは運動の相対性を考慮していない。

(C) Θ巻第 8 章 263a4-b9
　解法の問題点：(A) (B)の解法（*）は対人論法的である。
　解法の修正：連続体は現実には（無限に）分割できない。

　上掲の概観からもわかるように、アリストテレスはパラドクスをあるひとつの箇所で集中的に論じているわけではない。いわゆる（運動にかんする）「ゼノンのパラドクス」としてお馴染みのものは、(B)のものである。この箇所が一般には、『自然学』の文脈から切り離されて、自律したアポリアとして百家争鳴のただなかに投げ込まれることになる。しかし、本稿で着目したいのは、「海戦問題」と同様に、テクストの文脈に配慮しながら、これらの考察に見られる漸進的な展開にある。パラドクスそのものに独自の解決を提示することは、本稿の課題ではない。以下で追跡するのは、パラドクスにたいするアリストテレスの応答から見えてくる方向性にある。
　さて、漸進性のひとつは、アリストテレス自身も明言している（下掲の(3)）。したがって、パラドクスの議論に漸進性があることは確実である。そのうえで、われわれはそれ以外にも看過しえない漸進性を指摘できるように思われる。すなわち──

　(1) (A)から(B)への漸進性──「無限」の捉え方の変更
　(2) (B)における四つのパラドクス間の漸進的構成
　(3) (A) (B)から(C)への漸進性──対人論法から事柄と真理の場面へ
　(4) (C)における漸進性──最終解決が論じられる文脈での漸進性

　まず、「漸進性」について付言しておきたい。たとえば、(B)について見よう。その記述に即するならば、最初のパラドクスはじつは「二分割」ではなく「飛矢」である。ところが、アリストテレスは「飛矢」を「第三」のパラドクスとして位置づけたうえで、「アキレウス」のあとで再度言及する。推測するに、「飛矢」が「第三」のパラドクスでなけれ

ばならない何らかの理由をアリストテレスは察知していたと考えられる。つまり、「飛矢」「走路」の問題性は、「二分割」「アキレウス」を通過したあとに顕在化すると予測されるのだ[27]。

(B)の漸進性とは、「二分割」から「走路」へという順にパラドクスの困難さはその度合いを増していく、という意味での問題の連続性にほかならない。従来の解釈は、こうした漸進的性格を従来の解釈は軽視していたように思われる。通説によれば、「二分割」「アキレウス」と「飛矢」「走路」との間に境界線が引かれ、アリストテレスが重視した（解決のより困難な）パラドクスは前者にあるとされる[28]。

本考察では、この問題設定に若干の修正を試みたい。テクストの読みという点からその要点をあらかじめ示すならば、前掲の一覧表で（*）を添えた3箇所（「先の議論において」239b13-14・「同じ解法」239b26・「この解法」263a15）の指示内容を通説とは異なる仕方で解釈する、ということになる。先に引用したBarnesのような評価が生じるのは、Θ巻第8章での解決、すなわち、可能態と現実態との観点からの解決をそのまま額面通りに受けとることに起因するように思われる。こうした解釈では、アリストテレスの修正的解決はたんに「運動にかんする最初の議論」（＝Z巻第2章）を念頭に置くだけになり、四つのパラドクスの漸進的構成はもとより、Θ巻の漸進的文脈も考慮されないことになる。

それでは、(1)〜(4)の漸進性を辿っていくことにしたい。

7 「二分割」「アキレウス」——(A)から(B)への漸進性

Z巻第2章の争点は、「いかにして無限を通過しうるか」にある。そして、通常の解釈では、Z巻第2章＝「二分割」＝「アキレウス」と解され、そこでの解法が対人論法的であるがために、Θ巻第8章においてそれらが一括して修正されると整理される。だが、パラドクス解釈のひとつを手がかりとすることによって、Z巻の第2章と第9章とでは「無限」

の理解の仕方が、ある意味で対照的であることを確認できるように思われる。とすれば、その解法も異ならざるをえず、そこに問題認識の深化としての漸進性(1)が生ずることになる。以下、この点をまず確認したい。

Z巻第2章では、(通過すべき)空間には限りなく分割点があり、それゆえ、有限の時間において終端に到達することは論理的に不可能である、というかたちで運動の不条理が示される。これにたいしてアリストテレスは、空間と時間との一対一的な対応に基づいて反論する。すなわち、(通過に要する)時間もまた無限に分割可能であれば、空間に対応する時点も限りなくある以上、ゼノンの論法は無効であると批判するのである。運動を「旗立て作業」になぞらえていえば[29]、旗を立てる地点（空間の分割点）がたとえ限りなくあるとしても、旗（時間の分割点）も必要なだけいくらでもある（調達できる）から、心配無用というわけである。

だが、これと同様の仕方でZ巻第9章のパラドクスを解消するというわけにはいかない。Z巻第9章では空間と時間の双方がパラドクスの俎上に置かれるからである。無限（限りのないもの）に対応する点がそもそもあるかどうかは、空間・時間いずれにも投げかけられる問いなのである。したがって、「有限の時間に無限のものを通過すること」を「無限の時間に無限のものを通過すること」と読み変えたとしても、「無限をいかにして通過しうるか」という問いは、解決されないまま残る。

それでは、アリストテレスはZ巻第9章においてどのように対処するのか。ここでしかし、まさにこの未解決の点をアリストテレスはΘ巻第8章まで持ち越すのであって、いまその解決を遂行することは、最終解決の先取りになってしまうのではないか、と解釈上の疑問が生ずるかもしれない。だが、Z巻第9章で示唆される解法は、通説とは異なって、Z巻第2章のそれではないと思われる。Z巻第2章との対比が鮮明になるように、Z巻第9章でのパラドクスを少し露骨に定式化すれば、つぎのようになる[30]。

(1) 運動とは限りのないものを通過することである。
(2) しかし、ないものを通過することは不可能である。
(3) ゆえに、運動は不可能である。

　Z巻第2章とZ巻第9章とではアリストテレスによる「無限なもの」の捉え方に変化がある。簡潔に言えば、Z巻第2章では「限りなくあるもの」、Z巻第9章では「限りのないもの」という観点からパラドクスが構成されているのである。歌謡曲の歌詞を借りることが許されるならば、パラドクスの事態は、「(君の行く道は)果てしなく遠い」から「(君のあの人は今は)もういない」へと変化する。では、Z巻第9章のアリストテレスの解法はどのようなものであり、それがどのようにして「希望へと続く」ことになるのか。
　それを探るには、「二分割」にかんする二通りの解釈が手引きとなる。すなわち、「二分割」には、分割の方向を終端に向けてとるか（前進型）、逆に、終端から始端に向けてとるか（後退型）、という二つの解釈が提案されている。そして、後退型では運動の最初の一歩がないので、そもそも運動が存立しえず、前進型では最後の一歩がないために、いつまでも運動は終局しない、という不条理が生ずる。
　しかし、従来、この区別をアリストテレス自身の応答（漸進的解決の一部）として検討することはなかったように思われる。その一因は、ここでのアリストテレスの対応の仕方にある。アリストテレスの見通しでは、「アキレウス」は「二分割」の変奏に過ぎず、「二分割」と同じ論法によって解決される。とすれば、「アキレウス」は明らかに前進型であるから、「二分割」もまた前進型と判定されることになる。通常は、この線に沿ってパラドクスは整理される[31]。
　だが、アリストテレスが報告している「二分割」の記述そのものは、後退型に読むのが自然だと思われる[32]。そこで、「二分割」は後退型、「アキレウス」は前進型と、それぞれ異なる構成のパラドクスとして指定すべきであろう。したがって、後退型の「二分割」では「動い

てしまった、が、(じつは) 動けなかった」というかたちで、前進型の「アキレウス」では「動いてしまった、が、(まだ) 動いてしまっていなかった」という体裁で、それぞれ露骨な矛盾あるいは不条理になる[33]。こうすることによって、ゼノンによる運動論駁は四つあるという事実 (ただしアリストテレスの報告) とも整合する。

　他方でしかし、アリストテレス自身による整理ではパラドクスは実質的には三つである。この食い違いをどうすればよいのか。そこでわれわれとしては、前進型と後退型を念頭に置きながら、つぎのように想定すべきであろう。すなわち、ゼノンが設定した区別 (後退型・前進型) にもかかわらず、アリストテレスの見方からすれば、二つのパラドクスは問題構成を、それゆえまたその解法をも共有する結果になったのだ、と。したがって、もしそうだとすれば、ここでのわれわれの課題は、前進型と後退型を一括して処理 (解消) しうる論法を見出すことでなくてはならない。「二分割」と「アキレウス」を単純に同一視して解釈することは、アリストテレスの立論のねらいをも見失わせると危惧されるのだ。

　それでは、アリストテレスはどのような解法を示したのか。それは、通説とは異なって、Z巻第2章ではなく第5・6章において展開されていると考えられる。いまその要衡的論点のみを取りだせば、「二分割」を前進型、後退型のいずれに解釈するにせよ、パラドクスの論理は「運動しつつある」という事態には何ら抵触しないとなる (235b30-6a7, 236a32-b22)[34]。そして、その論法の要諦として導入されるのが、「アスペクト」にほかならない。すなわち、「運動しつつある」is moving は「これまで運動していた」have moved と「これからも [ある時点まで] 運動するであろう」will have moved を含意するというアスペクトについての言語 (ロゴス) 的了解である[35]。

　この含意関係を認めるならば、「運動しつつあること」には最初の時点も最後の時点も存在しない。というのも、もしかりにその (最初あるいは最後の) 時点を指定したとしても、つねにその前後には「これまで運動していた」時点と「これからも運動するであろう」時点が措定でき

るからだ。さもなければ、それは「運動しつつある」という「文法」に反することになる。このようなアスペクト的了解に基づくならば、「運動しつつあること」と「運動の最初の項も最後の項もないこと」とは両立可能である。したがって、「二分割」「アキレウス」は（ゼノンにとっては）後退型と前進型という異なる論理構成をもつものであったが（これはパラドクスとしての興味を引き立てるように思われる）、アリストテレスはそれら二つを同じひとつの観点から解決したことになる。

　確認の意味も含めて、アリストテレスの要点を図解すれば、以下のようになるだろう。着目したいのは、ここでの 開（○）閉（●）の組み合わせは恣意的ではない、という点である。この構図は、中間域の時点 t における「運動（運動しつつあること）」を措定したときに見出されるものである。

　だがここで、パラドクスのねらいが運動の否定にあるとすれば、そもそも「二分割」「アキレウス」において「運動しつつあること」を容認しえないではないか、という疑問が生ずる。しかし、アリストテレスの引用報告（解釈）に従うかぎり、パラドクスが示しえたのは、運動には最初の点も最後の点も存在しない、という一点に尽きる。そして、この論理からでは運動の否定が直ちに帰結するわけではない、とアリストテレスは切り返したのである。

　とはいえ、「二分割」「アキレウス」の解消がかりに正鵠を得たものだとしても、つぎに何が待ち構えているのかは、もはや明瞭であろう。ある任意の中間点（時点）において「運動しつつある」と語ることはそもそも可能なのか、という点に論駁の矛先が向けられることになる。

　こうして、「二分割」「アキレウス」から「飛矢」（「矢は飛んでいるの

か」)への移行すなわち漸進性が要請される。

8 「飛矢」「走路」——(B)のパラドクス間における漸進性

「飛矢」は一般に、以下のように整理される[36]。

- (a) 矢は〈今〉において静止している。
- (b) どの〈今〉においても静止している矢は、飛行の全時間において静止している。
- (c) ゆえに、矢の飛行(運動)は不可能である。

「飛矢」は二度言及されるが(前掲の一覧表を参照)、二つの「飛矢」(α)・(β)には記述のうえで明らかな異同がある。すなわち、「今」を修飾する「不可分な」(ここで「不可分的」とは「点的」に等しい)という形容詞の有無がそれである(239b8-9, 31-32)。これは瑣末な差異ではけっしてない。以下、この観点から「飛矢」にたいするアリストテレスの応接を辿ることにしたい。

まず、この異同に照応して「飛矢」には二つの解釈が想定できる。すなわち、かりに前提(a)を認めたとしても前提(b)が偽であるからゼノンの推論は偽だと(アリストテレスに)裁定される「飛矢」(i)と、前提(b)を可能とするような〈今〉概念を前提(a)において仮定した場合の「飛矢」(ii)である。「飛矢」(ii)は、点的ではない〈今〉、つまり、いわゆる原子論的な時間概念を念頭においたものである。〈今〉が延長的であれば、〈今〉によって〈時間〉を構成することは可能であり、前提(b)を無効にしようとするアリストテレスの反論を封殺しうる。

では、「飛矢」(ii)にたいしてアリストテレスはどう再反論するのか。ところが、それは基本的には「飛矢」(i)とまったく同じであって、「時間は〈今〉から構成される」という前提を認めないというものなのであ

る。これでは、「飛矢」(ii) の意図を黙殺しているとしか思われない。だが、そうではない。アリストテレスの論法はこうである。「時間は〈今〉から構成されない」ということの論拠が、じつは両義的なのである。すなわち、その意味は、(1) ちょうど線分が点から構成されないと同様の論理で理解されるか（アリストテレスは「飛矢」(α) ではそのように論じる（239b8-9））、あるいは、(2) 時間は過去・現在・未来という三相から成り立つのであって、〈今〉（＝現在）のみでは時間を構成したことにはならない（cf. 218a3-8）、というものである。後者であれば、〈今〉が延長的か否かには関係なく、「時間は〈今〉から構成されない」ことになる。してみれば、(2) が「飛矢」(ii) に対するアリストテレスのここでの反論にほかならない。

　しかし、まだパラドクスは生じうる、とゼノンは再び問う。最後の「走路」である。無論、この「走路」をもアリストテレスは解消しうると論じる[37]。かくして、四つのパラドクスは漸滅する。

　以上、Ζ巻第9章での応酬を手短に検討してきたが、その文脈を考慮するならば、そこには不整合が生ずることは明らかである。四つのパラドクスが提示される直前において、アリストテレスは「〈今〉においては運動することも静止することも不可能である」（239b1-2）と論じているように思われる。ということは、「二分割」「アキレウス」に対処すべくアリストテレスによって採用された解法が論外であるのはもちろんのこと、「飛矢」(i) の前提(a)もまた偽のはずである（〈今〉においては静止もできないからである）。ところが、アリストテレスはこうした点には何ら言及しない[38]。前提(a)は不問に付されるかたちで、「飛矢」の議論は開始される[39]。アリストテレスの対応は明らかに対人論法的である。アリストテレスは、（少なくともこの段階では）問題の深刻さに気づいていない（ように見える）。もしアリストテレスが前提(a)を否定したとすれば、パラドクス回避の基点であった「今における運動」も放棄せざるをえず、藪蛇となることは目に見えているからだ。

「二分割」から「走路」へ進展するにつれて立ち現われてくるのは、現在としての〈今〉であり、しかもそれは、点的瞬間における運動（および静止）を否定するZ巻の基本指針に従えば、ある意味で延長的（連続的）な〈今〉でなければならない。たしかに、もしこうした〈今〉概念が措定できれば、「二分割」「アキレウス」にたいするアリストテレスの解法も有効であり、「飛矢」で指摘された疑念もひとまず解消される。とはいえそれは、われわれの常識的な（Z巻での）了解、すなわち、線分：点＝時間：今という類比関係を断ち切るものになることは明らかである。

運動論駁のパラドクスという非常識を再反駁するために、別の常識を消去すべきか否か。アリストテレスはいまこの分岐点に立たされている。しかも、もしその常識的なアナロジーを否定したならば、あらたにそれに見合うだけのしかるべき時間把握が提示されなくてはならない。「二分割」「アキレウス」で示され「飛矢」(i)において確認される「非延長的（点的）な今」と、「飛矢」(ii)で示唆され「走路」において明示される「延長的（アトム的）な今」との関係が、いまここで問われているのである。どうみても両立しがたく性格づけられた二つの〈今〉概念に、アリストテレスは折り合いをつけねばならない。

このような意味において「飛矢」は、常識的な時間了解に巣くう問題性を剔出するものにほかならない。パラドクスの真価はまさにここにある。「通説」で解釈されるように、「飛矢」「走路」はアリストテレス自身の前提に反する論駁であるがゆえに、最初から問題にならず、アリストテレスはこの反論を早々に切り上げた、という仕方でパラドクスは構成されていない。むしろ「飛矢」こそが、アリストテレスにとって鬼門なのである[40]。

9　パラドクスの最終解決 ── 前途瞥見として

　パラドクス（Z巻第2・9章）の内容がこれまでに確認されたようなものだとすれば、アリストテレスの最終解決は、通常の見方[41]とは異なる角度から理解されねばならない。パラドクスがアリストテレスに突きつけた問題はじつは、無限のものをいかにして通過しうるか、という点にはもはやない。最後（最初）の項の非存在というかたちで理解される無限は、Z巻での分析によれば、運動の存立を脅かすものではなかった。「時間は無限に分割可能である」というZ巻での前提的な了解事項に隠されていた問題は、「〈今〉における運動」において集中的に顕在化するのであった。

　では、「〈今〉における運動」が孕む隘路にアリストテレスが刻み込んだ道標は何か。最後の漸進性［(4)］を検証することにしたい。過現未系列における〈今〉を念頭に置きつつ、アリストテレスは「〈今〉なしには〈時間〉が存在することも、〈時間〉を考えることも不可能である」（251b19-20）と確認したうえで、パラドクスの最終解決へと踏み出す。

　『自然学』Θ巻という文脈は、同じパラドクスを扱いながらも、Z巻のそれとは鋭いコントラストをなす。すなわち、その最終解決は、運動は永遠的か否かという、「自然にかんする研究のみならず、第一の原理の探求にとってもまた有益な」（251a5-8）考察場面において、「形相にかんして不可分な、ひとつの、連続的で、無限な運動とは何か」（Θ巻第7・8章）というコスモロジカルな問題設定に織り込まれている。見てきたように、アリストテレスの論述は漸進的であった。そしてこの最終段階でもまた、「より先なる（第一の）運動は何か」というまさに漸進的探究にパラドクスは位置づけられるのである。

　さて、この問いへのアリストテレスの応答は、天体の円環的運動に帰着する。そして、「第一の運動」を画定する考察は、パラドクスとの連関でいえば、第一の（最も基底的な）現在＝〈今〉とは何かという問いに連接する。円環的運動が〈今〉という時間の基準値（時間の単

位）であることは、「時間論」でも確認されるところである（cf. 220a1-4, 223b12-4a2）。

　では、その目論見はいったいどこにあるのか。前節で指摘された問題点を考慮するならば、それは、Z巻において基調をなしていた常識的な時間表象から脱却するところにある、と推察できる。そして、その照準をさらに絞り込めば、運動の構成要件としてZ巻で再三指摘された「或るものから或るものへ」（234b10-11）という契機において焦点を結ぶことは、容易に予想される。この内在的契機は、Z巻において、運動が連続性という特性をもつことの論拠になったものである。そして、連続的なものは無限分割を許す。だがそうすると、運動からはその初項（第一歩）も終項（最後の一歩）も雲散霧消する結果となる。「或るものから或るものへ」は、運動に不条理を刻印する元凶にほかならない。したがって逆に、もしこの契機を運動から削除しうるならば、パラドクスの禍根を断つ途も拓かれることになる。

　しかし他方で、このような解決指針は別の問題を水面下で誘発する。運動に「或るものから或るものへ」という基本特性を帰属させるかぎりにおいて、「現在進行形（しつつある）」と「完了形（してしまった）」とは両立しえない（Z巻第1章）。つまり、「運動しつつあること」はその運動が「未完了」であることを告げるのである。これが、『自然学』での基本的な捉え方である。

　それでは、「未完了的な運動」があるとすれば、「完了的な運動」もあるのか。この問いは、〈キーネーシス〉と〈エネルゲイア［エンテレケイア］〉とを区分する契機あるいは誘惑となりうる。こうして、可能態と現実態による運動の定義に「アスペクト」が関与してくるのである。しかも、「未完了」と「完了」を比較考量するとき、もし「完了」が「未完了」よりも価値的に高いとみなされるならば、この問題はそのまま倫理的な問いにも発展していく。

　以上の点を確認したうえで、「二分割」と「アキレウス」のパラドクスへの解法として提示された「運動しつつある」に再度着目してみよ

う。「運動しつつある」という事態のみを運動了解の起点とした場合、〈キーネーシス〉と〈エネルゲイア〉との区別は取り出せない。なぜなら、「運動しつつある」という記述だけであれば、それが未完了・完了のいずれを含意するかは確定しないからである。つまり、このかぎりにおいて、アスペクトは重要な差異にならないのである。こうして、「アスペクト」を運動の概念把握に組み入れるべきか否か、それが問題となる。すでに述べたように、自然学的な探究においてパラドクスはたんなる論争的詭弁として黙殺、放擲してもよかったはずである。ところが、パラドクスの解決には「アスペクト」という意想外の問題が絡みついてくるのであった。

そのさいわれわれが留意しなければならないのは、こうして醸成されたアスペクト問題の核心は何か、という問いである。幕間１で確認したように、アリストテレスは「エネルゲイア」の特性として、(1) 現在形と完了形との同時性、(2) 遅速なし、(3)〈今〉における完結性、(4) 目的の内在性、を挙げている。これらを裏返して「キーネーシス」の特性を述べるならば、(1') 現在形と完了形との非同時性、(2') 遅速あり、(3')〈今〉における非完結性、となるだろうが、ここまではひとまず問題はない。しかし、「或るものから或るものへ」がキーネーシスの基本特性だとすれば、(4') として、目的の（内在性ではなく）外在性を挙げうるかどうかは、不分明となる。「或るものから或るものへ」には「目的」がすでに織り込まれているように思われるからである。そのかぎりにおいて、「目的（目標・到達点など）」を抜きには「運動」はそもそもロゴス化（語ること）ができない。したがって、たとえば「あてもなくぶらつく」は字義通りには「運動」ではないことになる。

こうして、少なくとも『自然学』のキーネーシスについては、(1') と (4') をどのようにして整合的に捉えるかが問題となる。また、(3') の非完結性は実質的には、〈今〉における静・動の不可能性の謂いである。したがって、議論の厳密さを期すならば、この点で、キーネーシスとエネルゲイアとの対照性（非完結性と完結性）は崩れる。それととも

に、運動が「存在する」ときにはつねにその運動が「まだ完結していない」とすれば、そのような運動はむしろそもそも「まだ存在しない」とみなすべきではないか、というある意味ではより深刻な問題も生じることになる。

キーネーシスについてアスペクトの観点から抽出された (1')～(4') は、内部崩壊の危機に瀕している。それに追い打ちをかけるのが、ゼノンのパラドクスにほかならない。アリストテレスは、見てきたように、(3)の着想によってその打開を図ろうとしたのであった。しかしそれは結果的に、(1)(2)(4)の特性を呼び起こすことになり、それに見合う〈運動〉を見出すことが求められる。「事柄と真理」を追究すると宣言したアリストテレスには、もはや詭弁にたいして詭弁でもって、そしてむろん対人論法によっても対応することは許されない。

それでは、パラドクスへの打開案として着目される「天体の円環的運動」にはどのような意味が込められているのか。われわれにしてみれば、運動が直線的であれ円環的であれ、それが線的表象を伴うかぎり、「或るものから或るものへ」という契機はつねに見出され、そこに本質的な差異があるようには思われない。ある意味では当然至極のこの疑問に応えるべく、アリストテレスのねらいを前途瞥見というかたちで取りだし、本章の結びとしたい。

焦眉の問題は「今における運動」にあった。「今における運動」つまり「いま…しつつある」という語法にかんして、パラドクスの最終解決におけるアリストテレスの着眼を読み込むならば、われわれはつぎのような示唆を見出しうる。それは、「いま…しつつある」という語法は、じつは単相的ではなく、そこにはある種の深層構造が隠されている、という存在論的な分析である。すなわち、「いま…しつつある」の〈今〉には、たとえば「今日」「今月」「今年」などのように、「より先なる運動」としての天体の円環的運動が、いわば隠れたパラメーターとして組み込まれているのである。この意味において、〈今〉と「…しつつある」とは二重の「係り結び」をなすといえる[42]。

こうした語義的分析による対応は、パラドクス自体を、そしてまた、その解消指針を矮小化するものではけっしてない。むしろ、パラドクスが喚起する問題を的確に受けとめたものである。「係り結び」の二重性が見落とされ、「いま…しつつある」において〈今〉と〈運動〉とが短絡されるとき、〈今〉と〈運動しつつあること〉との結びつきは逆に希薄化し、〈今〉はたんなる指標 index に過ぎないものとなり、運動から乖離していく。「…しつつある」という現在進行形は、まさに〈今＝現在〉を論理的に含意すると考えられる以上、「…しつつある」にとって「いま」はむしろ余剰な規定とさえみなしうる。このことが、〈運動〉からの〈時間〉の乖離に拍車をかける。その結果、われわれが触れ、見、語ることになる〈時間〉は、「或るものから或るものへ」という空間的表象の残滓だけとなる。常識的な時間了解とは、この残滓に寄生したものにほかならず、まさにそこにおいてΖ巻のパラドクスは醸成されたのである。

　われわれはむろん、天上の世界にあって「いま…しつつある」（行為する）わけではない。われわれは月下の世界の〈今〉（そして〈ここ〉）において行為を遂行するほかはない。しかし、そこにあっても、自然的世界の恒常的秩序を反映する基底的な時間把握があってこそはじめて、一方では、天上の世界から月下の世界への、円環的構造の因果的投影（Θ巻第 6 章）[43] も、われわれにとっては意味をもつものとなり —— たとえば「人間は人間を生む」といった円環的構造を解明しうる場面との接点が見出される ——、他方では、Θ巻最終章での「不可分的で、部分がなく、大きさをもたない」とされる「第一動者（不動の動者）」へ、われわれ自身 —— アリストテレスは「連続的に運動する［行為する］人」（263b6）と語る —— が眼差しを向ける視点も仄見えてくる。天体運動という自然的実在への〈今〉の投錨が切断されるとき、われわれの「いま・ここ」での存在と行為も浮流し、自然と人間との関係も視界のきかないものになる。ここで再度あの歌詞に託すことが許されるならば、「空にまた陽が昇るとき［希望へと続く道を若者は］また歩き始める」

ことができるのかもしれない。

　ゼノンによる運動論駁というパラドクスは、こうして、アリストテレスの自然学的構想においては、漸進的探究の進捗とともに、宇宙論的な、そして形而上学的射程をも取り込んだ広袤のなかへと吸収、分散、解体され、同時にそこで、緩和、融合、調和されることによって、解決されるのである。アリストテレスが「パラドクス」から読み取った「事柄と真理」とは、かかる哲学的視座をわれわれに証示するものにほかならない。

1　高橋義孝訳（新潮文庫）。
2　本章では、『形而上学』Θ巻第8章の議論には立ち入らずに、キーネーシスとエネルゲイアとの対比のもとで議論を進める。
3　「いかなるものも〈今〉においては運動しない。」（*Physica* 234a24 cf. 253b27）。
4　*Ethica Nicomachea* 1174a14-15, b5-6, b9. 前注の論点も含めたエネルゲイア概念の捉え方については、本文でものちに検討する。
5　〈時間〉にかんするアポリア全体については注8で言及することとし、本章では〈今〉に焦点を定める。
6　原子論的な時間を想定することは唐突な印象を与えるかもしれないが、アリストテレスの哲学的考察においては重要な観点を提供する。たとえば、『感覚と感覚されるものについて』第7章 448b16-9a20（とりわけ、448b19-22 で言及される「連続的でありながら不可分な時間」）を参照（cf. 447a12-14）。ここでは、「同時に」すなわち「ひとつの不可分な時間に」複数のものを感覚することは可能かというアポリアをめぐって考察される。なお、以下本文で検討していくように、デモクリトス的な原子論の立場に与しないアリストテレスは、時間の構成要素として原子的な最小単位をそのまま額面通りに採用することはしない。あくまで、アポリアを回避ないし解消する手がかりとして着目、導入されるのが、原子時間論にほかならない。この打開策がエネルゲイア概念の捉え方にもつながっているところにアリストテレスの時間論の特異性が見えてくる。
7　〈今〉のアポリアが開始されるとき、〈今〉とは「過去と未来を区切る διορίζειν ように見えるところのものである」（218a9）ということが確認されている。「区切るように見える φαίνεται」という曖昧ないし慎重な表現は、〈今〉の存在のあり方をめぐる難解な考察を予示し、かつ、アリストテレス自身の見解（後述）を留保しておくための深謀である。
8　時間論におけるアポリアの概要を確認しておく。アポリアは全部で三つ列挙され、

本文で述べた〈今〉のアポリアはその第3部に相当する。三つのアポリアは、全体としてひとつの問題系をなすように構成されているが、その第2アポリアでは、〈今〉が時間の部分ではないがゆえに、〈今〉の存在は〈時間〉の存在を含意しない、という論駁が提示される。そのポイントは、「あらぬもの」（＝過去と未来）を「あるもの」（現在としての今）によって測定し構成することは不可能だ、という点にある。しかし、「（何かの）部分」であることの条件として、部分による全体の測定 μετρεῖν と構成 συγκεῖσθαι という条件を持ち出す（218a6-7）のは、不自然である。ここでは、第1アポリアが「存在」の曖昧さを利用したように（過去も未来も現在しないがゆえに時間は存在しないという論法）、「部分」の多義性が利用されている（『形而上学』Δ 第25章の「部分」の項を参照）。したがって、この反駁そのものは〈今〉が延長的であっても成り立ち、〈今〉の非延長性は直接の論拠になっていない。であればこそ、1では〈今〉の非延長性（点との類似性）が仮定されたのである。なお、たとえば「時間は〈不可分な今〉からは構成されない」（239b8-9. cf. b31-32）といった正確で明示的な記述と、ここでの語り口（「時間は〈今〉から構成されないように思われる δοκεῖ」218a8）とは区別されなくてはならない。この論点については、「ゼノンのパラドクス」であらためて言及するが、前注でも指摘したように、アポリアが周到に構成されていることは確実できる。なお、『自然学』の「時間論」においてアリストテレスは〈今〉のアポリアを重点的に主題化することになるが、「過去」や「未来」を等閑視することによって、「過去の実在」が否定されたり、「未来の可能的存在」が排除されしたりするわけではない。以下を参照。野家［2016］133-78。

9 ちなみに、McTaggart［1968］Ch. 33 によれば、「同時性」の概念は前後系列的時間（いわゆるB系列）についての言語とされる。

10 Sorabji［1983］87-88. cf. Ross［A 1936］65, Bostock［1980］152, Most［1988］15.

11 τὸ πρότερον καὶ ὕστερον ὁρίζοντες（219a23）と読む（すなわち、τῷ ではなく τὸ を採用する）。

12 たとえば220a14-17 が、このような解釈を支持する典拠になるかもしれない。この箇所では、〈前後〉が〈運動の数〉としての〈時間〉に転換あるいは拡張される事態が語られている。だが、問題はそこでの「時間」χρόνος と「数」ἀριθμός が何を意味するかである。見通しを簡潔に述べれば、以下の本文でも言及するように、（日常的な時間了解にも通じる）時間計測の場面での〈前後〉と時間認識の場面での〈前後〉とは、事柄として区別されなくてはならないのである。

13 「運動の数」としての時間による運動量の判別は、抽象的な数によるものではなく、「3年間」「5ヶ月間」「7時間」という時間単位が付加された、「数えられ〔う〕るものとしての時間」による。

14 アリストテレスは、〈時間〉を語るさいにしばしば「前後にかんする」という定義要

件を省略する。220a3-4, b17, 221b2, 11, 223a19, 30, 33, 251b12, *De Caelo* 279a15 など。
15 問題の焦点が「現在としての今」にあるとすれば、アポリアの (2-1) について指摘された難点も消失する。つまり、(2-1) での連続体としての時間は、じっさいには (2-2) での延長的な今を考慮したものだとみなされる。
16 「同時に二つのものを感覚（知覚）することは可能か」という問いについては、注 6 を参照。ただしこうした問題の連関について、キーネーシス・エネルゲイア問題を換骨奪胎しようとする Burnyeat [2008] 260-261 は否定的である。
17 ἀριθμεῖ ではなく ἀριθμεῖται と読む。
18 この箇所のテクストは破損しており、満足な修正案は見出されていない。適宜修正して読む。cf. Ross [A 1936] 603, Most [1988] 11-14. なお、時間は運動とは異なって、遍在的で、遅速性をもたないと了解され (218b9-20)、その特性は時間の「数性」によって論拠づけられている (220a32-b5, 223a29-b12)。
19 暫定的に「基体」という訳語を当てたが、その精確な意味内容は確定しがたい。したがってまた、アリストテレスが〈今〉の同一性と差異性を ὅ ποτε ὄν と τὸ εἶναι によって説明する方法も明晰とは言いがたい。cf. Conen [1964] 65-91, Coope [2005] 173-7.
20 この箇所については、Owen [1986] 311-312 を参照。ただし〈今〉の解釈の仕方は異なる。
21 Hussey [B 1983] 159 および土屋 [1985] がこの解釈の可能性を示唆する。
22 〈今〉と〈時間〉との相補的な関係は、厳密には非対称的である。なぜなら、時間がなければ今もないという事態は「運動の数（＝時間）」の「単位（＝今）」もまた〈時間〉であることに基づくからである。
23 注 14 を参照。
24 Ross [A 1936] 598-599 は、(Torstrik に従って) 219b12 の μετρεῖ（測定する）という多くの写本の読み方に反対して、ὁρίζει（区切る mark out）と読む。その理由のひとつとして Ross は、「〈今〉は時間を測る〔尺度である〕」という見解をアリストテレスに帰することができないという点を挙げる。たしかに、常識的な了解における点的な今（瞬間）によって時間を測定することはできない。しかし、本稿で示したように、〈今〉が時間の単位であるとすれば、Ross の解釈には根拠はない。ただし、馬を数えるのと類比的に、アリストテレスが（アポリアによってその存在が脅かされている）時間を現実にどのように測定するのかは、別の問題である。「時間論」では、測定の可能性が示されたにとどまる。
25 Cf. Ross [A 1936] 501. 前注も参照。
26 Barnes [1982] 267. 以下も参照。藤澤 [1965/1969] 282。
27 Cf. Ross [A 1936] 72. なお、「第三の議論はいま述べられたものであり」τρίτος δ' ὁ νῦν ῥηθείς (239b30) と語られている。

28 「ゼノンのパラドクス」については何が「通説」なのかも不透明となりつつあるが、ここでは通説のひとつとして Kirk & Raven [1957] 293-7 を挙げておく。Ross [A 1936] 83-4 の注解および山川 [1996] 第1章注5も参照。植村 [2002] は、「アリストテレスの運動論の文脈」に言及してはいるが、「アキレスと亀」を最難関と論定している（その第2章を参照）。
29 これは Ryle [1954c] 41 の用例である。
30 この整理には異論もある（Barnes [1982] 267-8. cf. Black [1954] 95-108）が、いまはアリストテレスの立論に即して論を進める。
31 Cf. Vlastos [1975b]、永井 [2008]。しかし、ゼノンによるパラドクスの提示（これはアリストテレスよる「報告」でもある）とそれについてのアリストテレスの「解釈（注釈）」とは（困難ではあるが留意して）区別しなければならない。「二分割」と「アキレウス」が同じ議論である（それゆえその解法も同じでありうる）と「解釈」しているのは、あくまでアリストテレスである（山川 [1996] 19-20 を参照）。また、「大きさを分割する」仕方が前進型であれ後退型であれ、「ゴールに達しない」（239b22-24）という帰結は得られる。そのさい、アリストテレスが「アキレウス」について追記したコメント（239b26-29）は、Z巻第2章の解決案を念頭に置くものであるから、第9章での「解法も同じ」という観点からは切り離して解釈されなければならない。
32 アリストテレスの文言（239b11-13）は、以下の通りである。πρῶτος μὲν ὁ περὶ τοῦ μὴ κινεῖσθαι διὰ τὸ πρότερον εἰς τὸ ἥμισυ δεῖν ἀφικέσθαι τὸ φερόμενον ἢ πρὸς τὸ τέλος. つまり、ゴールに到達するよりも先にまず中間点に到達しなければならず、その中間点に到達するよりも先にさらに手前の中間点に到達しなければならず、さらに…となる。cf. Simplicius [A 1885] 1013.
33 矛盾の表現は、ルイス・キャロルを借用した山川 [1996] 29-32 の表記「動いた、が、動かなかった」を微修正したものである。なお山川は、「アスペクト」（後述）の論点については Simplicius を援用しておきながら、Vlastos [1975b] の解釈に従って、前進型を採用する。このため、ゼノンの議論そのものとそれについてのアリストテレス自身による（解決策も含めた）解釈との識別が不鮮明になっているように思われる。
34 Cf. Sorabji [1983] 414, 419.
35 Cf. Binnick [1991] 241.
36 Owen [1975] 157-. cf. Vlastos [1975a].
37 「走路」の解法も提示されるが、周知のように、テクストが著しく錯綜している。いまその検討には立ち入らない。ゼノンが運動の相対性に思い至らなかったという、トリヴィアルな誤解を認めがたい（cf. Sorabji [1983] 331）とすれば、われわれはアリストテレスの解法をひとまず考慮の外においても許されるであろう。い

ずれにせよ、「走路」での時間概念が（アリストテレスにとって）原子論的なイメージに近接したものであることさえ、確認できればよい。

38 これと同様に、Z巻第8章の考察に基づけば、「飛矢」(ii) にたいしても、アリストテレスは以下のように反論できたはずである。すなわち、〈今〉が延長的である場合、前提 (a) に「静止」のみを指定するのは恣意的である。〈今〉において静止があれば、それと同等に、いや、それ以上に「運動」も語りうるはずである。静止とは運動の欠如態にほかならないからだ（239a13-14）。〈今〉において静止しているか運動しているかは、論理の問題ではなく事実の問題に属する。したがって、「飛矢」(ii) は無効である。

39 Cf. Waterlow [1983].
40 Cf. Lear [1981]、内山 [1988]、山川 [1996]。
41 たとえば以下を参照。Sorabji [1983] 322-3.
42 「係り結び」という表現は大森 [1992] 33 から借用した。
43 Cf. Gill [1991] 258.

幕間2　「アスペクト論」への補遺 ── 言語と実在

> 球が止まっている位置を離れ他の場所に行って止まったとき、その球は「動いた」ものとみなされる。
> ── ゴルフ規則 第2章 用語の定義 35
>
> 人工物は単に物理的な性質によって定義されるのではなく、人間と関わりのある、何らかの目標・必要性・機能によって定義される……
> ── チョムスキー『統辞理論の諸相』[1]

はじめに

　〈ロゴス＝言語〉と〈プラーグマ＝事柄［事物・事態］〉との基本的かつ根本的な関係にアリストテレスはどのように接近したのか。これまでの考察から見てとれるように、「アスペクト」問題は『著作集』に深く根を下ろしている[2]。その一端について、『自然学』Θ巻第8章の「アスペクト論」（263b9-264a6）を手がかりとして検討することにしたい。

　この箇所全体を一読すれば、「アスペクト」が何を指しているかは明らかである。「アスペクト論」は、文法用語としての「完了」「未完了」「現在（進行）」といった「アスペクト」に向けられたものである。「アスペクト」は一般に、「過去形」「現在形」「未来形」などの「テンス」（時制）と対概念をなす用語である。ここでの「アスペクト論」はしたがって、いわゆる「アスペクト知覚」といった哲学的問題を直接のテーマとするものではない（むろんまったく無関係というわけではないが）。

　しかしアリストテレスは、なぜ「テンス」と対比される意味での「アスペクト」に着目するのか。この幕間2では、やや混濁した感のある「アスペクト論」の構成を明らかにすると同時に、その成果を踏み台としながら、前章で剔出した、〈今〉において完結・完了しうる〈エネルゲイア［エンテレケイア］〉概念を冷静に捉え直すための冷却期間を設けること

がねらいとなる。その趣意を簡潔に述べれば、「アスペクト盲」への警戒とともに「テンス」を置き去りにしないところにある。

1 アスペクト論の構成

まず、当該箇所を「アスペクト論」と呼ぶ理由を確認するためにも[3]、そのアスペクト論全体を訳出しておく。分量としては、Oxford Classical Text で一頁ほどしかないが、便宜上、Ross の「アナリシス」[4]に準拠して、全体を五段落に分けたうえで、適宜、各段落の小見出し、字句の補足、引用の指示記号、議論のつながりになる文言の付記や改変を加える[5]。なお、テクスト上に現われる「アスペクト」にかかわる「動詞」については、下線で強調したうえで、各段落の訳文末尾(*)で注記する(一部の動詞については章末注で補足する)。

[1] アスペクトの観点の提示　263b9-15
　そして、以下のことも明らかである。もし「時間の〈より前〉と〈より後〉との分割点は、プラーグマのうえでは、そのつどつねに〈より後〉に属する」(以下 [T] と略記)としなければ——
　(1-i) 同じものが [Fで] あると同時に [Fで] ない、
　(1-ii) また、[Fに] なってしまったときには [(まだ) Fで] ない[6]、
——ということになるであろう。たしかに、分割点は〈より前〉と〈より後〉との両方に共通のものであって、数のうえでは同じひとつのものであるが、ロゴスのうえではそうではない(なぜなら分割点は、一方では〈より前〉の終端 τελευτή であり、他方では〈より後〉の始端 ἀρχή であるのだから)。しかし、プラーグマのうえでは、分割点はそのつどつねに〈より後〉の状態 [パトス] に属するのである (= [T])。

　　*下線部は「現在完了」γέγονεν (「テンス」「アスペクト」の指示がない
　　　ときは基本的に「現在」である。以下、同様。)

[2] 具体例による説明　263b15-21

　ACB を時間 [C は時間 AB の分割点]、D をプラーグマ（事物）としよう。そして、時間 A の全体において D は白いが、時間 B の全体では白くないとしよう。すると D は、時点 C において「白くありかつ白くない」ということになる。というのも、もし A 全体において D が白かった [白いままだった] とすれば、「D は白い」と語ることは A のどの時点においても真であり、同様にして、B 全体では「D は白くない」と語ることが真であるからだ。そして、C は [ロゴスのうえでは、一方の終端、他方の始端として] A にも B にも属する。とすれば、[プラーグマのうえで「白くありかつ白くない」という不条理を避けるためには] D は A 全体において白いとみなすべきではなく、〈終端の今〉τελευταίου νῦν としての C を除いた時間において白いとみなすべきである。そして、まさに [プラーグマのうえでは] C は〈より後〉に属するのである（= [T]）。

　＊波線部は「未完了過去」ἦν

[3] 承前　263b21-26

　そして、もし時間 A の全体において D が白くなくなりつつあった、つまり、白が消滅しつつあったとすれば、D は分割点 C において白くなくなってしまった、つまり、白が消滅してしまったのである。したがって、【白いあるいは】「白くない」と語ることが最初に真であるのは[7]、C においてである。もしそうでないとしたならば、つぎのいずれかになる。すなわち──

　　(3-i)　[白く] なくなってしまったときに [白く] なくなるか、つまり、白が消滅してしまったときに、白くなくなるか [= (1-ii)][8]、

　　(3-ii)　あるいは、C において同時に白くありかつ白くない、一般化して言えば、「[F で] ありかつない」ということにならざるをえないか [= (1-i)]、

――のいずれかである。［だが、いずれも不条理である。］

*波線部は「未完了過去」ἐγίγνετο / ἐφθείρετο、下線部は「現在完了」γέγονεν / ἔφθαρται、二重下線は「未来」ἔσται

[4] 原子時間論への再反論　263b26-4a1
　［原子時間論者からは、上述の議論は成り立たないという反論が予想されるので、それにたいする再反論を提示する。］
　(4-i) しかし、もし「より前の時点に［Fで］ないものがより後の時点に［Fで］あるとすれば、何であれそれは［Fで］あるものになる」（以下［P］）ことが必然であり⁹、また、「［Fに］なる［なりつつある］ときには［（まだ）Fで］ない」（以下［Q］）とすれば、時間を［原子論者の語る意味での］不可分的な時間にまで εἰς ἀτόμους χρόνους 分割することは不可能である。
　(4-ii) というのは、もし時間AにおいてDは白くなりつつあったが、Aに接続する ἐχομένῳ 不可分的な別の時間Bにおいて白くなってしまったと同時に白くあるとすれば ―― すなわち、もしAにおいて白くなりつつあったが、白くはまだなく（＝［Q］）、Bにおいて白くあるとすれば ―― そのあいだには何らかの生成 γένεσις［なること］がなければならず（＝［P］）、したがって、白くなりつつあったその時間もまた［接続しているAとBとのあいだに］存在しなければならないからである。［こうして無限後退が生じ、原子時間論者の前提である時間の接続性は成り立たない。］

*点線部の「なる」は「現在」γίγνεσθαι / γίγνεται（＝なりつつある）、波線部は「未完了過去」ἐγίγνετο / οὐκ ἦν、下線部は「現在完了」γέγονε

[5] 反原子時間論者の見解　264a1-6

[前段の議論は、反原子時間論者にも妥当するのではないかという反論が予想されるが、それは正しくない。]

というのも、それと同じ論法は、「(原子論的な意味で) 不可分的なものを主張しない人々」τοῖς μὴ ἄτομα λέγουσιν には妥当しないであろうから。むしろ、[Fに] なりつつあった時間の〈最後の時点において〉ἐν τῷ ἐσχάτῳ σημείῳ[10]、[Fに] なってしまい、かつ [Fで] であり、その最後の時点に接続あるいは継続する時点は存在しないのである。しかし、不可分的な時間は [[4] で議論したように、接続的ではありえないとすれば] 継続的［離散的］である。[したがって、反原子時間論者には原子時間論者への反論は妥当しない。] そして、つぎのことは明らかである。すなわち、もし時間Aの全体において [Fに] なりつつあったとすれば、[Fに] なりつつあった時間に [Fに] なってしまった時間を加えた時間が、たんに [Fに] なりつつあっただけの時間全体よりも多いというわけではないのである。[しかし、[2] で述べたように、ここでの「最後の時点」はむしろ〈より後〉の時間に帰属させなければならないのである。]

＊波線部は「未完了過去」ἐγίγνετο、下線部は「現在完了」γέγονε

2　アスペクト論の問題点とその解決指針

さて「アスペクト論」は、前半の [1][2][3] と後半の [4][5] に分けることができる[11]。その点を踏まえて、全般的なコメントと案件を確認しておこう。

(a) アスペクト論全体の構成について問題となるのは、前半と後半との関係である。[4] は他の段落との関係を無視すれば、原子時間論への反論となる論点を取り出すことはできるかもしれない。しかしそもそも、

原子時間論に言及されるはなぜなのか、唐突な印象は拭いきれない。アリストテレスが原子論にたいして否定的な立場にあることは、哲学史の常識に属するだろう。では、『自然学』の最終巻において、しかもアスペクト論に絡むかたちで原子論を検討するねらいは何か。

(b)前項と連関して疑問となるのは[5]である。[4]での原子時間論にたいする反論が反原子時間論には妥当しないといった内容の議論が展開されていると考えられるが、論点も、全体との繋がりも、掴みがたい。このような再々反論めいた議論のねらいはどこにあるのか。

(c)アスペクト論の主眼は、[1]で提示される[T]にあると考えられる。では、[T]はどのようにして根拠づけられるのか。もし分割点が〈より前〉と〈より後〉のいずれに属するかが争点だとすれば、〈より後〉ではなく〈より前〉に属するとみなすことも、矛盾解消の選択肢になりうるからだ。論理的にみるかぎり、背理法の適用だけから[T]を導出することはできない。つまり、[T]は恣意的であるように見えるのだ[12]。アリストテレスとしては、分割点が〈より前〉ではなく〈より後〉に属することを証示しなければならないし、われわれとしてもアスペクト論にそれを期待する。ところがテクストをみるかぎり、そのための議論が展開されているようには見えない。あまつさえ、[5]での、「〈なりつつあった〉時間の最後の時点」や「〈なりつつあった〉時間に〈なってしまった〉時間を加えた時間」といった表現は、分割点が〈より前〉に属することを示唆しているようにさえ思われる。恣意性は、どのようにして解消されるのか。

以上の全般的な読解上の問題点を踏まえたうえで、アスペクト論の帰趨を探ることにしたい。アスペクト論は、全体として、何を、どのように論証しようとしているのか。

まず、上掲(c)で述べたように、アスペクト論の主題とされる[T]は恣意的な選択の結果であるように見える。すなわち、[1]での議論は

もし［T］でなければ、（1-i）と（1-ii）が帰結する。
しかし、（1-i）（1-ii）はともに不条理である。
それゆえ、［T］である。

──という背理法を採用しているように見える。もしそうだとすれば、たしかに分割点は〈より前〉と〈より後〉のいずれに帰属するかという点で恣意的になりうる。だが、アリストテレスの議論のねらいはむしろ、（1-i）および（1-ii）が不条理であることをそのまま示す点にあると考えられる。［T］そのものは、〈より前〉を除外し、〈より後〉のみを考慮しているからである。しかも、そのさいの不条理さとは、プラーグマのうえでの不条理である。（1-i）の「ありかつない」という矛盾は、数のうえでも、ロゴスのうえでも、容認されており不都合はない。厳密な意味での「矛盾」ではないからだ。しかし、プラーグマのうえでは（1-i）がまさに矛盾となることは否定できない。つまり、それは言わずもがなの論点である。したがって、アリストテレスが焦点を定めるのは（1-ii）にほかならない。

　以上の点を考慮して、（1-i）と（1-ii）とを比較してみれば、（1-i）にはアスペクトの観点が不要であるのにたいして、（1-ii）はまさにアスペクトにかかわる。それゆえ、訳文で補足したように、アスペクトを付記することで、（1-ii）は、プラーグマについての誤った意味論的記述、すなわち、「Fになってしまったときには、まだFでない」となる。そして逆に、その正しい記述は、「Fになってしまったときには、すでにFである」となろう。

　以上が［1］の要点である。つづく［2］は具体例によるその再確認になるわけだが、追記もある。すなわち、分割点を含めた〈以前〉のどの時点でも白いこと、また、同じく分割点を含めた〈以後〉のどの時点でも白くないことが「真」であるという条件である。この真理条件が加味されることによって、「白から非白への変化」の記述としては、「非白」の時点は〈以後〉の側に置かれることになる。この事態を論拠づけるの

が、［1］での「完了」のアスペクトに代わって「未完了」が使われていることである。これによって〈以前〉の記述には「持続」（白いままでありつづける状態）が導入される。同時にそれに照応して、変化後の状態である「現在」は、持続（白くないままありつづける状態）として了解されることになる。つまり、(1-ⅰ)(1-ⅱ)で併用されている「現在」が、(1-ⅱ)では「持続」のアスペクトを獲得するのである。

そしてさらに［3］では、［2］の議論を踏まえたうえで、「なりつつある」というアスペクトが導入される。むろん、「なりつつある」は「なってしまった」を含意しない。しかし、「白から非白への変化」について、時間全体における真理条件を考慮して記述するならば、「白くない」と語ることが「最初に真である」のは分割点においてであることが確認される。したがって、(3-ⅰ)と(3-ⅱ)とは、先の(1-ⅰ)(1-ⅱ)と同様に、明確なコントラストを描き出す。しかも今度は、「現在」「未完了（過去）」「（現在）完了」「未来」というアスペクトの組み合わせで構成された記述になっている。こうして、〈プラーグマ〉を意味論的に的確に記述するためには「アスペクト」が不可欠だといえるのである。

以上が、前半［1］［2］［3］の骨子である。(1-ⅰ)＝(3-ⅱ)の矛盾概念（つまりは矛盾律）と(1-ⅱ)＝(3-ⅰ)のアスペクト的記述との対照比較は、〈ある（存在）〉についての可能態・現実態による把握がアスペクト概念に通じることを示唆するに十分であると思われる。そして、ここでのアスペクト論に限定すれば、〈今〉において完結・完了する観想的行為の可能性を論じた直後に、時間の分割点においてプラーグマ（事物・事象）がアスペクト的な相貌を開示することを再確認することは意味があったといえる。

ところが、ここで横やり（反論）が入ることになる。アリストテレスによる〈ある〉（ここでは「白から非白への変化」）の捉え方をアスペクト抜きで記述しても不都合はないのではないのか、という原子時間論の立場から反論である。というのも、たとえば「白から非白への変化」を

あえて図化すれば　○○○○○●●●●●　といった時系列上の変化にすぎないともいえるからだ。

　そこで、こうしたアスペクト抜きの記述にたいする再反論を提示するのが［4］である。その要点は、［1］［2］［3］で導入されたアスペクト的記述に即して、○と●とのあいだに「なる（生成）」がなければ「変化」の記述にはなりえない、という点にある。アスペクト不要論に反駁するのにアスペクトを持ち込むことがはたして有効なのかが疑問になるが、ひとまず認めたとしよう。しかしそれでもなお、その反駁は逆にアスペクト有用論にも妥当するのではないかという再反論が予想され、それに応戦する議論と思われるのが［5］である。残念ながら、その議論のねらいは、［4］とのつながりも含めて明確ではない。

　そこで、以下の考察では、［4］［5］が対人論法的な色合いが強いことも踏まえて、アリストテレスのねらいを少し広い視点から検証することにしたい。そのことが、本幕間の冒頭で予告したように、アスペクト論の眼目を浮かび上がらせることにつながると期待されるからだ。つまり、議論の段取りとしては、この「アスペクト論」でも、直前の「ゼノンのパラドクス」と同様に、対人論法的な枠を越え出て「事柄と真理」を目指すことになる。以下のやや遠回しの立論では、アスペクト論をめぐるいくつかの文脈 ―― 以下、「パラドクスの文脈」「自然学の文脈」そして「著作集の文脈」と呼ぶ ―― に着目してみたい。

3　アスペクト論の文脈

　まず、「パラドクスの文脈」は、アスペクト論が置かれているテクスト上の位置関係から読みとれる。アスペクト論は「以下のことも明らかである」と始まるが、これは直前の「ゼノンのパラドクス」（以下「パラドクス」と略記）を踏まえての発言である。この「パラドクス」が解決された（と解釈される）ことをうけて、アスペクト論は、いわばその

残響のなかで、「パラドクス」に連関する問題を扱うとみなされる。このことは、アスペクト論の査定を低く見積もらせることにもなる。「(ゼノンの) パラドクス」という最大級の難題は、アスペクト論に立ち入ることなく、すでに解決済みと解されるからだ[13]。

だが、即断は控えなければならない。[T] にかんする議論が背理法を採用していることからもわかるように、アスペクト論もまたなんらかの不条理をめぐる議論である。もしその不条理が「パラドクス」にも本質的に関係するものだとすれば、アスペクト論は、「パラドクス」では取り扱えなかった、あるいは、見落とされていた論点に迫るとも考えられる。「パラドクス」を切り抜けた（とされる）直後に置かれたアスペクト論のねらいを精査することは、けっしてたんなる残務処理には終わらない可能性がある。このような論点を含みもつ文脈を「パラドクスの文脈」と呼ぶことにする。

アスペクト論の位置づけは、「パラドクスの文脈」よりもさらに大きな文脈を想定することによって、より鮮明になる。アスペクト論の [T] もしくはそれに類したテーゼが問題となるとき、その背景には、直線（点）－運動（運動体）－時間（今）、という存在論的なアナロジーがあることは容易にみてとれる。月並みだが、便宜的に「空間化のアナロジー」と呼ぶことにする。このアナロジーは、『自然学』Δ 巻での「時間論」はもとより、E 巻以降での「運動論」その他においても前提とされ、運動や時間の特性、ことにその連続性および無限分割性を分析する手がかりとなるものであった。そして、アリストテレスの理解では、「パラドクス」は「空間化のアナロジー」に巣くうものだった[14]。とすれば、「空間化のアナロジー」に起因する不条理を問題とするアスペクト論は、先に指摘したように、「パラドクス」の解決についての何らかの重要な補足的考察を意図しているとみなしうる。そこで、「空間化のアナロジー」を視野にいれた問題圏を「自然学の文脈」と呼ぶことにしよう。

以上の二つの文脈は、アスペクト論の配置と [T] とからほぼ異論な

く読みとれるものである。しかし、アスペクト論にはさらに別の文脈も控えている。その確認のために、あらためて段落［1］と段落［2］［3］との異同に目を向けなければならない。

　アスペクト論は、両義性をめぐって展開される。言語上の両義性や多義性への着目とその分析は、アリストテレスの常套手段でありいわば十八番である。だが、アスペクト論の記述にはさらに際立った特徴がある。それは、両義性が二重に適用されている、という点にある。すなわち、「ロゴスのうえで」と「数のうえで」という両義性を確認したうえで、その両義性全体をさらに相対化するかのように、「プラーグマのうえで」というメタ的観点が投入されるのである。両義性の二重適用ないし二段階適用とでも呼ぶべき操作は、アリストテレスの『著作集』ではあまり類例がない。「ロゴスのうえで」と「プラーグマのうえで」という両義性は、同じひとつの坂道を「上り坂」と「下り坂」とみなしたり、同じひとつの〈今〉に「数のうえで」と「ロゴスのうえで」といった両義性を語ったりするのとは根本的に異なっている。

　「ロゴスのうえで」と「プラーグマのうえで」とは、これまでのわれわれの語り方に即せば、〈ロゴス＝言語〉と〈ピュシス＝世界〉という区分にほかならない。しかし、自然学的考察であるから〈プラーグマ＝ピュシス〉に論点が傾斜するのはまったく自然であるとはいえ、そうした原基的区別について両義性という視点を持ち出すことは不自然ではないのか、という疑念が生じる。メタ的両義性の導入は、アスペクト論のねらいを見定めるための重要な手がかりになると思われる。

　それでは、段落［1］と段落［2］［3］とをあらためて比較してみよう。［2］［3］は、具体例を挙げながら、（1-ⅰ）と（1-ⅱ）を補足説明するものである。記述のうえでも、その対応関係は明確である。したがって、［1］と［2］［3］とは内容としては実質的に同じもの、つまりは、繰り返しにすぎないともいえる。むろん、論点の反復は無意味ではないし、具体例は事柄の把握をより確かなものにする。また、これらの具体的記述をうけて段落［4］以下の議論は展開されている。したがって、段落

[2][3]がまったくの余分であるというわけではない。しかし、それだけになおさら疑問に思われるのは、なぜこれほどまで丁寧に同じ内容が反復されているのか、という点である[15]。

このような疑問をもって[2][3]を読み返すとき、[1]にはなかった観点が導入されていることを看過してはならない。それは「真理概念（…は真である）」である。アリストテレスにおいては、周知のように、そして、これまでにもそうみなしてきたように、〈ロゴス〉の真偽は〈プラーグマ〉のあり方に応じて決まる、という真理観が根底にある。したがって、ここでの「真理概念」には、前段[1]での〈ロゴス〉および〈プラーグマ〉への照応が暗黙裡に意図されている。むろん、「プラーグマのうえで」と対置される「ロゴスのうえで」の〈ロゴス〉を、真理概念が問題となる「命題」とみなすためには、なお議論が必要である。しかし、〈ロゴス〉と〈プラーグマ〉との対比がことさらに強調される「アスペクト論」に「真理概念」が織り込まれていることを軽視してはならない。

あるひとつのテーマをめぐる探究が、『著作集』においていわば全体論的な問題圏ないし問題環を形成するとき、それを「著作集の文脈」と呼べるとすれば、「アスペクト」をめぐる論考にも「著作集の文脈」を想定しうる。それというのも、そもそもなぜアリストテレスは「アスペクト」を論じるのか、逆にいえば、なぜ「アスペクト」は論じるに値する哲学的な問題になりうるのかという問いは、『著作集』の大局的な問題圏のなかで明瞭な輪郭をとって立ち上がってくるからである。

では、それはどのような問題圏か。本考察の再確認にもなるが、アスペクト論での真理概念を手がかりとすれば、おおよそつぎのような問題設定とその移行を「著作集の文脈」として取り出せる[16]。

まず、本書第2章で見たように、真理概念の基礎を構築する『命題論』では、命題の内部構造が、オノマとレーマとの結合というかたちで解析された。しかし、〈ロゴス〉と〈プラーグマ〉との対応関係に基づいて真理概念を捉えようとするとき、「過去」「現在」「未来」という

「テンス」は「レーマ」(「動詞」)の無視しえない構文論的要素となった。だが、〈ロゴス〉のもつ「テンス」に〈プラーグマ〉がどのように「対応」するか、という探究は難題となり、わけても、未来時制命題の真理値を問題とするとき、それは抜き差しならないものとなった。それが「海戦問題」であった[17]。

しかし『命題論』の段階では、「海戦問題」への最終的解決はなされていない。その解決のためには、〈ロゴス〉が対応する〈プラーグマ〉のあり方への探究が要請されたからである。これは、〈ロゴス〉を主題とする『命題論』の射程圏外に位置する。さらには、たんに命題レベルではなく、推論(論証)レベルでの考察も必要とされた。探究対象のあり方に応じた方法論の確立は、アリストテレス哲学の要諦であるが、未来時制命題もまたその事例のひとつなのである。

では、未来時制命題にかかわる〈プラーグマ〉を探究するにふさわしい舞台はどこか。それは『命題論』でのささやかな修正案によって指定される。未来時制命題は、命題の真理値(真あるいは偽)が時点によって変化するという事態として、たとえば、色白のソクラテスが色白でなくなる、といった運動変化のタイプとして捉え直される。これにともなって未来時制命題は、「命題論」から「運動論」すなわち「自然学の文脈」へと考察の場面が移されることになる。

しかし、『命題論』から転送された未来時制命題を待ちうけているのは、『自然学』における「運動」(キーネーシス)の定義、すなわち、「可能態の、可能態であるかぎりでの、現実態」(201a10-11)というものであった。切り詰められた定義項からわかるように、未来時制命題と運動との結びつきには、『命題論』とは異なる概念装置があてがわれる。むろんそれは『命題論』からまったく隔絶しているわけではない(完全に隔絶していれば、転送は失敗だったことになる)。「ある」(現実様相)と「ありうる」(可能様相)という『命題論』での対比的考察の延長線上に、運動の定義は結実しているからである。

だが、この定義によって同時に、「運動」つまり「キーネーシス」と

「現実態」つまり「エネルゲイア（エンテレケイア）」との対峙という新たな問題、すなわち、「エネルゲイア」もまた「キーネーシス」の一種だとすれば、「運動」の定義は定義として機能しないのではないか、という問題が生じる。被定義項の「キーネーシス」と定義項の「エネルゲイア」とをどのように区別するかという問題は、アリストテレスにあっては、「自然学の文脈」を越えて「形而上学」的な探究の場を要請することになる。そして、その言語分析な考察の場面において、「完了」「未完了」といった「アスペクト」概念はひとつの有力な判別基準として再登場するのである。

このように未来時制命題は、大局的にみれば、『命題論』から『自然学』それからさらには『形而上学』へと、それぞれの文脈ごとに固有の問題を誘発しながら、『著作集』を縦断していく。アスペクト論は、『命題論』で発生した「テンス」問題が「アスペクト」問題に変換され、それがさらに「形而上学」的考察に転送されるいわば前哨戦に位置するといえる。ここに、アスペクト論の「著作集の文脈」がある。

4　アスペクトとプラーグマ──原子論への反論として

それでは、「アスペクト論」に戻って、前掲 (a) (b) の問題点を若干なりとも解決することを試みることにしたい。段落 [3] から段落 [4] への移行は、いわば議論の中断と反転とによって、すなわち、これまでの議論にたいする原子時間論からの反論およびそれにたいする再反論という構成でもって遂行される。述べてきたように、原子時間論そのものはアリストテレスの立場ではない。またその再反論も、段落 [5] が指摘するように、アリストテレス自身の見解からのものではなく、むしろ対人論法的なものである。このような論述はしかし、アスペクト論の意味づけを低減するものではない。以下で見るように、これはアリストテレスの意図的な戦術である。『自然学』の最終局面に近づきつつある場面

で、しかも「パラドクス」を（ひとまず）解決した直後に提起されたアスペクト論には、しかるべきねらいが隠されていると思われる。

　しかしまずは、反論と再反論の内容を確認しておこう。テクストでは、反論する側の原子時間論がどのような内容のものであるかという肝心の記述は欠落しており、原子時間論への再反論がただちに開始される。そこで本稿でも、原子時間論からの反論は省略して、直接、再反論を検討することにしたい。再反論の確認によって、本来先行する反論の内容も、ひいてはアリストテレスの企図も、逆算できると期待されるからである。

　さて、(4-ⅰ) および (4-ⅱ) で言及される［P］［Q］および原子時間の接続性から推して[18]、原子時間論への再反論はつぎのような論法のものである。［P］［Q］を再掲しておく。

　　　　［P］＝より先に［Fで］ないものがより後に［Fで］あるとすれば、
　　　　　　　それは［Fで］あるになる
　　　　［Q］＝［Fに］なる［＝なりつつある］ときには［まだFで］ない

　再反論のポイントは、原子時間の接続性はそのつどつねに更新され、新たな原子時間が導入される、という点にある。［P］は、Fでない時間とFである時間とのあいだにFになる時間の介在を要請する。しかし、［Q］によってFになる時間はFでない時間である。そこで［P］が再適用されると、ない時間とある時間とのあいだにさらに第二のなる時間を導入せざるをえない。そしてさらに［Q］が再度適用されれば、無限後退を引き起こし、原子時間の接続性は破綻する。かくして、時間を（それ以上分割しえない）最小単位の原子時間にまで分割する作業は不条理となり、(4-ⅰ) の後件が帰結する。再反論の要諦はつまるところ、原子論に反対する立場のエレア派ゼノンによる「多のパラドクス」を転用したものにほかならない。

　しかし、再反論が以上のようなものだとすれば、その問題点の指摘も容易かもしれない。

まず、［P］についてみよう。原子論の原子論たる所以は、徹頭徹尾、変化を〈あるもの〉と〈あるもの〉との関係として、すなわち、〈非Fであるもの〉と〈Fであるもの〉との関係として処理するところにある。原子論での変化には、〈ない〉から〈ある〉へという論理形式はない。〈ない（あらぬ）〉を〈ある〉として捉えるところに、原子論の論理的革命がある。それゆえ、［P］のような条件ははじめから封殺されている。

　原子論はしたがってまた、［Q］も認めることはない。なぜなら、〈なる〉という存在様式は原子論の最終的な記述では消失し、残るのは何らかの〈Fである〉という状態でしかないからだ。ましてや、〈Fになる〉は〈非Fである〉を含意するといった、まさに言葉（ロゴス）のうえでの字義的操作は、〈プラーグマ〉のレベルではいかなる効力ももちえない。〈ない〉と〈ある〉とのあいだには〈なる〉が介在するという〈ロゴス〉のうえでの要請は、〈プラーグマ〉のうえでの、それに対応する〈なる〉ものや〈時間〉の存在を産み出さない。〈ロゴス〉と〈プラーグマ〉とのあいだの断絶は原子論の欠陥とはならないのである[19]。むしろ、その隔絶を原理的に容認し奨励するのが原子論にほかならない。このように原子論からは、〈ない〉と〈ある〉とのあいだに〈なる〉を介在させる発想も、〈Fになる〉は〈Fでない〉を含意するという言語分析も、原理的に排除される。したがって、アリストテレスによる原子時間論の論駁は空転する。

　さらに、原子時間論がアリストテレスのいう意味での「接続性」を前提するかどうかも疑問となる。アリストテレスの再反論では、原子間の接続性が重要なポイントになっているが、原子時間どうしの存立関係を「接続的」ではなく「継続的」（離散的）に考える立場は、事柄そのものとして可能である。しかし、離散的原子時間は段落［4］では除外されている。これが意図的な除外であることは、段落［5］の記述から窺える。そこでは、原子時間は離散的なものとして語られているからである（いわく「原子時間は継続的（＝離散的）である」）。原子と原子とのあいだに「空虚」が厳然と「存在」するのと同様に、原子時間と原子時間

とのあいだに「無時間」が「存在」することで、原子論の基盤が揺らぐことはまったくない。

それぞれの原子時間に対応して、物の状態配置がある。物のレベルでの原子論的な記述（描写）とは、お馴染みのものだが、コマ撮りフィルムに喩えることができる。フィルムそのものに時間はない。フィルム全体は同時的に存在している。そのかぎりにおいて無時間的である。しかし、日常的な了解に準拠して無時間的である（時間がない）ということは、いかなる意味でも運動や時間が存在しないということではない。このような世界像はたしかに、われわれの日常経験的な了解から著しく乖離しているかもしれない。だが、〈感覚〉と〈真実〉（＝実在）とを峻別することもまた、原子論の根本指針なのだ。〈Fでない〉〈Fになる〉〈Fである〉というセットは、いわば、感覚レベルでの、アスペクト論での表現によれば、「ロゴスのうえで」の区別にすぎない。「プラーグマのうえで」では、それらはすべて〈ある〉に改鋳可能であるし、そうすべきであるというのが、原子論的世界像なのである。このような原理的分断を設定したうえで、あとは〈空虚〉もまた〈ある〉とみなすその論理にならって、物の世界に〈運動〉を投げ入れてやるだけである。もし、〈時間〉もまた必要だというのであれば、運動方程式の記述にみられるように、記号 t を添えてやればよい。

時間を直線、時点を t としたうえで、「ロゴスのうえで」の、つまり、エレア派の論理に依拠する再反論をパラフレーズした一例を示せば、つぎのようになる[20]。

(1) D は時点 t^1 において F ではなく、かつ D は別の時点 t^2 ($t^1 < t^2$) において F であるとする［＝[P]］の前件（事実認定的仮定）。
(2) もし、D は時点 t^1 において F ではなく、かつ、D は別の時点 t^2 において F であるとするならば、D は〈Fでない〉から〈Fである〉に〈なる〉。［＝[P]］
(3) ゆえに、D は〈Fでない〉から〈Fである〉に〈なる〉。［(1)と(2)

から]
(4)ところで、〈なる〉は変化である。
(5)しかし、変化は時間を要する。
(6)なぜなら、時間的な幅をもたない点的瞬間において変化は生じないからである。
(7)ゆえに、〈なる〉は時間を要する。[(4)と(5)から]
(8)ゆえに、t^1 と t^2 とのあいだには時間が存在する。[＝原子時間論の否定]

　論証の問題点は明白である。もし結論(8)の実質的な意味が $t^1 < t^2$ にあるとすれば、それは(1)の同語反復である。これは、ひとつの時間軸上に異なる二つの時点を任意にとれば、いずれか一方は〈より前〉で他方が〈より後〉になることを主張しているにすぎない。したがって再反論は、運動変化の分析そのものからは独立の、すなわち(2)から(7)を必要としない、いわば幾何学的なテーゼに依拠していることになる。このような見方を「無時制的」とまでは言わないとしても、少なくとも「アスペクト」的視点が欠落していることは確実である。この点において、原子論を批判するエレア派の論理は原子論と異床同夢なのである。
　アリストテレスの論駁は対人論法的である。原理 [P][Q] および原子時間の接続性を認めるかぎりでの原子時間論者 ── [P][Q] を額面通りに認めることは原子論の根幹を換骨奪胎しかねないにもかかわらず ── を論争相手としているからだ。アリストテレスの再反論は、すでに見たように、ゼノンの「多のパラドクス」を想起させる。自然学的探究の場面において、こうした論理あるいは詭弁を厳しく糾弾し拒否するのが、『自然学』でのアリストテレスの基本方針であったことを思えば、アスペクト論の対人論法的性格はいっそう際立つといえる。

5　前途瞥見 ──「アスペクト盲」への両義的警告 ──

　ここでの「アスペクト論」は、いわば見え透いた論駁を上演してみせているのかもしれない。段落［4］の登場人物は、原子時間を主張する原子論者と、「多のパラドクス」を考案したゼノンが属するエレア派である。アリストテレスは、両陣営から距離をとった地点で対立を俯瞰しつつ、演出しているわけだ。

　では、このような空疎とも見える論駁的論争を演出することによって、アリストテレスが舞台裏で語ろうとしているのは何か。これまでの考察に基づくならば、それは、〈ロゴス〉を代表するエレア派と〈プラーグマ〉の側の原子論者とがともに、運動変化をめぐる考察において、ある決定的な契機を見落としていることを告発する点にある。その決定的な契機とは、もはや言うまでもなく、「アスペクト」にほかならない。「未完了」「完了」「進行形」などのアスペクト的指標について、原子論者であれば、それは言語（ロゴス）のうえでの事柄でしかなく、世界（プラーグマ）そのものにはないと語る。他方、その原子論をロゴスの側から批判するエレア派も、前節でみたように、その論理からは「アスペクト」の視点が欠落している。つまり一言でいえば、エレア派も原子論者も「アスペクト盲」なのである。

　これがアリストテレスの診断結果にほかならない。〈ある〉〈あらぬ〉と〈過去〉〈未来〉とをたんに概念的に交差させただけでは、〈プラーグマ〉を記述する〈ロゴス〉としては不十分なのだ。そして、いわばそのミッシングリンクとして機能するのが、「アスペクト」となる。つまり、「アスペクト」がなければ「世界の正しい眺め方」はありえないというわけである。〈ロゴス〉としてのアスペクトを語るとき、われわれはそこに〈プラーグマ〉としてのアスペクト的なあり方を区別し、事象・事柄の真偽を判別することに不都合を覚えない。「アスペクト」は、世界を眺めながら、そのなかで行動し生活し思索し、世界について語ることの基層をなしている。この意味において、〈プラーグマ〉から〈ロゴス〉

への反照は厳然として存在する。ここに「アスペクト」の原基的事実性がある。

　アスペクトの「真理概念」が真の意味で充足するのは、〈プラーグマ〉におけるアスペクト、つまり、アリストテレス哲学の用語に置き換えれば、運動変化する自然的世界の目的論的構造が、〈ロゴス〉のアスペクトを支えるかたちで探究、開示されたときにほかならない。この探究は、たとえば、「連続的に運動しているものは、もしいかなるものによってもその進路を変えられることがなければ、それが移動したその場所に向かって、それ以前にも移動しつつあった」(264a9-11)[21] といったような、アスペクト的位相の投射された〈ロゴス〉を精確に把捉し、理解するための必須要件にもなる。

　もとより、「はじめにアスペクトありき」ではない。〈ロゴス＝言語〉の側のアスペクトは、無条件に〈プラーグマ＝ピュシス＝世界〉の側のアスペクトを保証するわけではない。アリストテレスの「真理概念」が示すように、あくまで〈ロゴス〉が〈プラーグマ〉に対応するのであって、その逆ではない。しかし同時に、アスペクトの事実性を特権化し、そこに全重量をかけることの危険性にも注意しなければならない。「アスペクト」のみが「世界のあり方」のすべてを語るわけではない。「パラドクス」および「自然学」の文脈の源泉は、もとをただせば、「著作集の文脈」の発端となった「海戦問題」にある。それは、直線によって表象された時間軸上に、「過去」「現在」「未来」という「テンス」を配置したことに起因する問題だった。

　「アスペクト」への志向を強めることは、「アスペクト」探究への契機となった「テンス」という〈時間〉のもうひとつの地平を矮小化し、それを忘却する危険がある。本来「テンス」あっての、あるいは、「テンス」込みでの「アスペクト」であるべきなのだが、その「テンス」を等閑視するという意味での「アスペクト盲」に罹患しないともかぎらない。この場合の「盲」は「盲信」の謂となる。そして、われわれが前章で検討してきたような「パラドクス」解消の理論装置である「エネルゲイ

ア」概念はじじつ、その危険な兆候を孕んでいるのである。

とすれば、『自然学』の最終段階における（究極の「エネルゲイア」にほかならない）「不動の動者」の探究を、アスペクトの事実性に基づいて、見え透いた眺め方としてではなく世界の正しい眺め方として、過不足なく的確に構築し、完結させるためにも、「アスペクト論」は「パラドクスの文脈」に置かれなければならなかった。なぜなら、エレア派と原子論者とのあいだの擬似的論争から語り出された「アスペクト論」は、それを自作自演したアリストテレスそのひとにとっても、二重の意味での「アスペクト盲」の解毒剤を調合する処方箋となりうるからである。

---

1 Chomsky［2015］29-30（＝チョムスキー［2017］86）。
2 この見方に異論のあることは、すでに幕間1で確認した通りである。
3 むろん *Physica* 263b9-264a6 だけが「アスペクト論」でないことは、『自然学』E巻・Z巻における運動論の記述を見れば明らかである。本幕間で検討したいのは、アスペクト論が「ゼノンのパラドクス」の解決後に置かれている文脈にほかならない。
4 Ross［A 1936］449.
5 こうした「付記」や「改変」によって、テクストの混濁はいくぶん緩和されて平明になる（ことが期待される）と同時に、解釈の方向性が限定され、歪められる危険はある。しかし本考察の見通しでは、「アスペクト論」のねらいを浮かび上がられるためには必要な措置である。
6 (1-ⅰ) と (1-ⅱ) における「(Fで) ある」および「(Fで) ない」は、「現在分詞」ὄν / μὴ ὄν で表記されている。この点については、あとであらためて言及する。
7 ここでは、文意を限定するために【　】の字句は削除して、「白いものが白くなくなる」という場合の記述に一括して訳出する。アリストテレスは、その逆、つまり、「白くないものが白くなる」という場合も想定して記述していると考えられる。
8 すでに白くなくなってしまったのに、さらに「白くなくなる」ことが必要であるという点で、(1-ⅱ) と同じである。ただし (1-ⅱ) では、「F（白）でないものがF（白）になる」という逆の場合の記述であった。
9 (4-ⅱ) の事例（「白い」）を踏まえて「Fで」を補う。なお [4] では、[3] とは逆に、「白くないものが白くなる」という場合の記述である。また、「Fでないもの」

と「Fであるもの」はともに「現在分詞」μὴ ὄν / ὄν であり、注6で述べたように、(1-i) と (1-ii) と同じである。
10 「最後の時点」は、ここでのアスペクト論では、[2] の「終端の今」τελευταίου νῦν から区別する意図をもって導入されたと考えられる。
11 Graham [B 1999] 144-145 では、[1][2][3] はひとまとめにして取り扱われている。この点で、五段階に区分している Ross [A 1936] 714 でも実質的に同じである。
12 [T] の恣意性の指摘については、以下を参照。Sorabji [1983] Ch.26, Graham [B 1999] 144.
13 このような理解は、「パラドクス」にたいする一般的な応答を念頭に置いた場合のことであって、本考察では、すでに前章で提示したように、「アスペクト」の視点は「パラドクス」の解決には不可欠なのであった。
14 第4章を参照。幕間1で指摘したように、「〈ある場所〉から〈ある場所〉へ」といわば目的論的に規定される〈運動〉については、「現在形（しつつある）」と「完了形（してしまった）」とが同時には成り立たないのであった（『自然学』Z 巻 231b28-2a1）。
15 拙訳では、注記したように、ただでさえコンパクトなアリストテレスの記述をさらに簡略化しているが、テクストそのものは、運動変化の種類や相方向性も考慮しながら、運動変化全般に適用可能な一般理論の提示を目指した考察になっていると考えられる。
16 ただし以下の記述は、かぎりなく断片的かつ概略的である。また、『魂について』での諸問題の位置づけも不問とせざるをえない。
17 すでに第2章で検討したように、海戦問題の標的は未来単称命題のみに限定されるものではなく、「ある（存在）」全般への糸口であった。しかし、未来時制命題がその問題性を見てとりやすいかたちで際立たせることは疑いない。
18 アリストテレスの定義によれば、「継続的」とは中間に同種のものが介在しない場合であり、「接続的」は接触している場合、そして、「連続的」は接点が同一（ひとつ）の場合とされる。『自然学』E 巻第3章、Z 巻第1章などを参照。
19 むろん、原子論が〈ピュシス〉に合致させるべく〈ロゴス〉革命、つまり、どこまでも〈ある〉で押し通す戦略を採用したことは認めたうえでの話である。
20 Graham [B 1999] 145-146 にある記述を一部改変したものである。Graham は、アリストテレスの議論が混濁しているとみなすが、本論の理解が正しいとすれば、「アスペクト」問題（この場合はエレア派の論理）を炙り出そうとするアリストテレスの意図は成功している。
21 ἅπαν γὰρ τὸ κινούμενον συνεχῶς, ἂν ὑπὸ μηδενὸς ἐκκρούηται, εἰς ὅπερ ἦλθεν κατὰ τὴν φοράν, εἰς τοῦτο καὶ ἐφέρετο πρότερον. 参考までに、Graham 訳は以下の通りである（斜体字強調は引用者）。Everything that *moves* continuously, if it is not knocked off course

by anything, *was previously travelling* towards the destination it *arrived* at by locomotion.

　当該箇所では「ロギコース」な考察が提示されているが、「（分詞形での）現在（進行）」「未完了過去」のほかに、「アスペクト論」には登場しなかった「アオリスト」が出てくる。なぜアリストテレスは「アスペクト論」において「アオリスト」を検討する場面を設定しなかったのか。これが何らかの偏向なのかどうかも含めて、再考すべき課題が残る。cf. Graham［B 1999］149.

第5章　無抑制の時間的構図 ——『倫理学』の時間

> 「自然を理解するには自然と同じくらい大雑把でないとね」と彼は言った。
> 　　　　　　　　　　—— アーサー・コナン・ドイル『緋色の習作』
> 自然本性と教育は似ている。というのも確かに、教育は人間を変容させるが、この変容により、それは自然本性を生み出すからである。
> 　　　　　　　　　　　　　　　　　　　　　　　　—— デモクリトス[1]

はじめに

　未就学児を被験者とする実験で有名な「マシュマロ・テスト」は、その考案者によれば、欲望に抵抗する意志や能力をいかにして獲得するかという「文明が始まって以来の根本的な難題」をテーマとし、それは、古代ギリシャの哲学者が「アクラシアー」と呼ぶ「無抑制」の問題にほかならない[2]。それでは、マシュマロ・テストとはちがって、統計的解析も fMRI の脳画像や遺伝学の現代的な知見も持ち合わせないアリストテレスは、無抑制の難題にどのように迫るのか。本稿では、その方法論に即した無抑制の構図を描出することによって、「解釈上の難題」にもなっている『ニコマコス倫理学』（以下『倫理学』と略記）H巻の視点から「根本的な難題」へのささやかな照射を試みたい。

　アリストテレスが『倫理学』H巻の大半を費やして展開した無抑制論は、「アリストテレス著作集でもっとも議論された箇所のひとつ」[3]とされる一方で、「アリストテレスが提示した解決すべき問いが何であり、その解答がどのようなものか、という点について公認の解釈はない」[4]とも評されている。「無抑制」や「意志の弱さ」は、その存在がなかば自明であるとはいえ、事柄そのものとして明瞭なわけではないのだ。

　本章では、このような混迷の度合いを考慮して、アリストテレスの無抑制論の難所を正面から突破するのではなく、やや遠回しにその輪郭の

素描から始めることにしたい。その作業のために、便宜的な呼称に過ぎないが、「マクロ的」「メソ的」「ミクロ的」という三つの視点を導入する。マクロ的視点は『政治学』につながる『倫理学』全体の目的と構想を、メソ的視点は無抑制論の難所に先行するH巻第1・2章の記述を、そして、ミクロ的視点とは難所である同巻第3章の核心部を指す[5]。

アリストテレスは、ミクロ的考察の直前に「難問の解消が発見である」(1146b7-8) という探究方法に言及している。「難問の解消」が望むようなしかたで「(何らかの) 発見」になるとすれば、メソ的視点を介してマクロとミクロの両視点が往還的に連動する事態を精査しなければならない。これが、本考察の見通しである。そして、マクロとミクロという二つの視点をつなぐメソ的視点の背景に浮かび上がる基本概念が、「ピュシス (自然)」と「ノモス (法)」にほかならない。つまり本章前半の課題は、無抑制論に向けた予備的かつ試論的な考察として、ピュシスとノモスが交差する一断面を取り出すところにある。

1 マクロ的視点としての無抑制論

アリストテレスの無抑制論は、「新たな出発点を立てて」(1145a15) と切り出される。しかし、無抑制 (および抑制) はむろんH巻冒頭が初出ではない。これらは、非理性的でありながら理性に従う (あるいは従わない) 部分をもつ「魂の構造」を大摑みに画定するための重要な鍵概念なのであった (A巻第13章)。『倫理学』では、その「魂の構造」に即して「性格の徳」と「知性の徳」の分析的記述が展開されることになる。そして、それはZ巻まででひとまず完了する。

では、Z巻につづくH巻の無抑制論の眼目はどこにあるか[6]。アリストテレスは同じA巻第13章で、倫理学的考察の主題である幸福 (「徳に基づく魂の活動」) を確認しつつ、つぎのように語る。

> 幸福とは、完全な徳に基づく魂のある種の活動である以上、われわれはつぎに徳について考察しなければならない。［中略］のみならず、真の政治家も、何にもまして徳をめぐって腐心してきたように思われる。なぜなら、真の政治家は、市民たちを善き人にし、法に従うように仕向けることを望んでいるからである。（1102a5-10）

「真の政治家（立法家）」の目標が市民を善き人にすることだとすれば、まずもって課題となるのは、有徳の段階にはいまだ至らない幼児や青少年の教育問題をどうするかであろう。このことは同時に、有徳ならざる抑制のない人をどのように扱うか、そして、そもそも抑制のある（ない）人はどのような性格特性なのか、という考察を要請する。現実問題として、政治家は、そのエネルギーの大半を抑制のある（ない）人に投入することになるといえる（放埓な人や獣的な人についての判断は留保しておく）。

ただし、『倫理学』H巻の無抑制論では、「抑制のない人は、必要な事柄をすべて民会で議決し、優れた法も整備されているのに、それをまったく使用しないポリスに似ている」（1152a20-21）と冷ややかに指摘されている。抑制のない人にとって、「（優れた）法」はまさに猫に小判でしかない。とすれば、政治家にとって抑制のない人への配慮は無駄ではないのか。ここで留意すべきは考察の文脈である。この箇所での「抑制のない人」は「（優れた）法を使用しない人」である。無抑制についての概念規定としてみれば、これで十分である[7]。しかし、「市民たちを善き人にし、法に従うように仕向けることを望んでいる」とされる「真の政治家」にとってはそうでない。述べたように、抑制のない人を放置することはできないからだ。このことに以下の引用を重ね合わせてみる。

> 真の政治家の雛形として、われわれはクレタやスパルタの立法家たちをもっており、他にもこうした関心をもった政治家たちがいたからである。そして、もしこの種の考察が政治学に属するとすれ

ば、その探究は「われわれの始めからの計画」に沿ったものとなる。（1102a10-13）

「われわれの始めからの計画」とは、『倫理学』掉尾において『政治学』を予示しつつ、倫理学から政治学への橋渡しを指示するマクロ的構想にほかならない。アリストテレスはしたがって、マクロのレベルを視野に入れながらメソとミクロとの両視点からなる無抑制論を展開していると考えなければならない。では、無抑制論が『倫理学』における脇道的な議論でないとすれば[8]、その考察はどのような意味で倫理学から政治学への移行的展開に貢献するのか。

2 メソ的視点としての「パイノメナ」——無抑制論への導入

アリストテレスの無抑制論は、「パイノメナの提示」による方法論の確認から始まる。パイノメナの提示は、無抑制論の本論であるミクロ的視点への導入である。パイノメナの提示の段階で、無抑制や抑制のない人はどのように了解されているのであろうか（「パイノメナの提示」を「Φ提示」と略記し、(1)〜(5)に区分して訳出する。なお(2)には、後述での検討のために下線を付す）。

(1)抑制や忍耐は、立派で称賛すべきもののうちに入り、抑制のなさや意志の弱さは、低劣で非難されるべきものに入ると思われており、また、抑制する人と自分の理知的な思考に踏みとどまる人とは同じ人であって、抑制のない人と自分の理知的な思考から逸れる人とは同じ人であると思われる。（1145b8-12）
(2)抑制のない人は、自分の行為が低劣だと知りながら、パトスのゆえにその行為をするが、他方、抑制のある人は自分の欲望が低劣だと知っているかぎり、ロゴスのゆえにその欲望には従わない[9]。（1145b12-14）

(3)節度ある人は抑制があって、忍耐強いと考えられているが、しかし抑制のある人がすべて節度ある人かといえば、そう考える人たちもいれば、そう考えない人たちもいる。それだけなく、放埒な人は抑制がなく、抑制のない人は放埒であると主張して、両者を区別しない人もいれば、放埒な人と抑制のない人とは別々だと主張する人もいる。(1145b14-17)

(4)思慮ある人は、その人に思慮があるかぎり、抑制のない人ではありえない、と主張されることもあれば、思慮があり、有能であるにもかかわらず、抑制のない人たちがいる、と主張されることもある。(1145b17-19)

(5)気概や名誉や利得にかんして、抑制がないと言われる人たちがいる。(1145b19-20)

無抑制論の起点となるパイノメナは、以上の通りである。アリストテレスがこれらのパイノメナを方法論の一環として持ち出すねらいは、どこにあるのか[10]。本考察では、パイノメナの提示の直後に論及される「アポリア(難問)」との連関を踏まえて、(2)を検討してみたい。

Φ提示(2)は、「抑制のない(ある)人」についてのパイノメナ、すなわち、常識的見解をそのまま書き出しているだけのように見える。しかし、Φ提示(2)の下線部に着目してみよう。その記述によれば、抑制のない人は自分の行為が低劣だと知っているのにたいして、抑制のある人は自分の欲望が低劣だと知っているとされている。つまり、両者では異なる視点(行為と欲望)から記述されていることになる。これは些末な異同のようにみえるかもしれないが、そうではない。試みとしてΦ提示(2)を欲望および行為で統一して書き換えると、どうなるだろうか。そこからは原理的な論点を取り出しうるようにも思われる。まず、「欲望(に従う)」で統一した場合である。

抑制のない人は、自分の<u>欲望</u>が低劣だということを知りながら、パ

トスのゆえに<u>その欲望に従う</u>が、抑制のある人は、自分の欲望が低劣だということを知っているので、ロゴスのゆえにその欲望には従わない。

　この書き換えでは、抑制のない人にかんして「パトスのゆえにその欲望に従う」という規定に疑義が生じる。なぜなら、パトス（情念・感情）と欲望の関係が不明瞭であり、ましてや、もしパトス＝欲望であればなおさらのこと、その規定は不可解となるからだ。したがって、Φ提示⑵を「欲望」で統一することはできない。逆に、この書き換えが有効であるためには、パトスと欲望がなんらかのかたちで截然と区別されなければならない。しかし、一般的見解のレベルにおいて、パトスと欲望はどのように区別されているのか。そのための情報（パイノメナ）提示はない。ではつぎに、「行為（をしない）」で統一した場合はどうか。

　抑制のない人は、自分の行為が低劣だということを知りながら、パトスのゆえにその行為をするが、抑制のある人は、自分の<u>行為</u>が低劣だということを知っているので、ロゴスのゆえに<u>その行為をしない</u>。

　修正前の「その欲望に従わない」ということが修正後でも（暗黙裡に）前提できるとすれば、内容的に違和感はなく、「行為」で一貫できそうである。だが、それはあくまでも欲望の視点を前提的了解として認めた場合である。もしこの媒介項［欲望］がなければ、「ロゴスのゆえにその行為をしない」という事態は、やはり不自然もしくは説明を要する記述になる。というのも、ロゴスと（不作為も含めた）行為とのあいだには隔たりがあるからだ。つまり、ロゴス（たとえば理性的判断）が（必然的に）行為をもたらす（あるいは押し止める）というパイノメナ的了解には、疑問符が付くのである。それゆえ、この書き換えも問題なしとはいえない。逆に、この書き換えが有効であるためには、ロゴスと行為との関係性（ある種の因果性や規範性）を担保する説得的な構図が

措定されなければならない。

　Φ提示⑵は、抑制・無抑制にかんして一般に広く受け入れられていると思われる了解である。しかし、Φ提示⑵をめぐって、一見したところ支障が出るとも思えない書き換えによって浮かび上がるのは、一方では、パトス［情念・感情］と欲望との区別、他方では、ロゴス［理性］と行為とのあいだの連関、という二つの論点であった。

　ここで、それぞれの論点を抑制のない人と抑制のある人のそれぞれのあり方に対応させてみよう。抑制のない人は、結果としての行為の低劣さには視線が向いているが、自分の（いわば内面の）欲望にたいする認識には甘さ（弱さ）がある。そのため、パトスと欲望をある意味で一緒くたにしたうえで、それによって行為は（避けがたく）結果すると認定する（いわく「欲望に負ける」「自分は意志が弱い」など）。他方、抑制のある人は、あくまでも抑制のない人との相対的な比較においてではあるけれども、そうした認識の甘さ（弱さ）はない。それゆえ、低劣な欲望をまさに低劣なものとして取り押さえることができ、それゆえロゴスに従った行為が可能となる。

　こうした論点は、あくまでΦ提示⑵では伏在しているのであって、表面化してはいない。では、二つの論点が人柄の全面的なあり方として顕在化すれば、どうなるであろうか。パトスの場合であれば、その人柄はいわば欲望の権化たる「放埒な人」であり、ロゴスであれば、理性の具現者たる「節度ある人」になる。逆に、ここでの伏在と顕在に無頓着でいると、抑制のない人と放埒な人の区別も、抑制のある人と節度ある人の区別も、見失われることになる。それがまさに、Φ提示⑶として（ある人々が主張する）パイノメナにほかならない。

　また、そうした区別への感度の低さゆえに、パトス（低劣な欲望）の有無という観点が見落とされるとき、節度ある人も抑制のある人も、ロゴスに従うという点だけから評価されて、両者にかんする評価（賞讃）の異同が見てとれなくなる。他方、放埒な人と抑制のない人にかんする評価（非難）においても、ロゴス（理性的判断）の有無という観点の脱落

によって同様の事態が生じる。この論点に連動するのがΦ提示(1)である。

　このようにΦ提示を概観するならば[11]、無抑制の核心を捉えるためには、パトスおよびロゴスが行為とどのようにつながるのか、という基本的で原理的な問いをあらためて問わなくてはならない。これがまさしく、ソクラテスが「アポリア」として突いてくる論点であり、ミクロ的視点での課題となる。ただしそのさい、看過できないマクロ的視点がある。B巻第3章から引用しておこう。

　　快楽と苦痛は行為に付随して生じるかぎりにおいて、人の性格の性向を示す指標と見なさなければならない。なぜなら、身体にかかわる快楽を差し控え、そのことに喜びを見出す人は節度ある人であり、他方、それを嫌がる人は放埓な人である。［中略］というのも、その意味で、性格の徳は快楽と苦痛にかかわるからである。現にわれわれは快楽のゆえに卑劣なことを行ない、苦痛のゆえに美しい行ないを差し控えるのである。したがって、プラトンが現に主張しているように、喜ぶべきことを喜び、苦しむべきことを苦しむように、われわれは幼い頃からすぐさま何らかの仕方で仕付けられていなければならない。じっさい、「正しい教育」とはこうしたものなのである。（1104b8-13）

　ここでは、節度ある人や放埓な人の性格特性が、快楽と苦痛という概念によって記述されている。それは、ある意味で常識的な見方でもある。だが、われわれにとって不可解な点もある。なぜなら、Φ提示での記述には快楽と苦痛がいっさい登場しないからだ。抑制・無抑制をめぐるメソ的視点のパイノメナにおいて、快楽・苦痛という基底的様態（パトス）はどこに行ってしまったのか[12]。このことは何を示唆するのか。

　この疑問を勘案するとき、ロゴスおよびパトスと行為との相克的連関を炙り出したΦ提示(2)は、さらに重要性を帯びる。Φ提示(2)は、以下で見るように、いわゆる「ソクラテスのパラドクス」との関連によって、

ミクロ的視点での問題の発火源になっている。と同時に、快楽と苦痛という『倫理学』のマクロ的問題を逆照射しているのである。アリストテレスによるやや捻れた問題設定(つまりΦ提示)は、無抑制のどのような事態を射貫くものなのか。この点を脳裏にとどめつつ、「パイノメナ」に続いて論及される「アポリア」の検討に移ることにしたい。

3 アポリアとしての無抑制

「アポリア(難問)」は、Φ提示(2)にねらいを定めつつ、以下の問いから始まる。

> 抑制のない行為をするとき、人はいったいどのような仕方で[自分のなすべき行為を]正しく了解しているのか、という疑問が起こるかもしれない。(1145b21-22)

Φ提示(2)では、抑制のない人が知っているとされる事柄は「自分の行為は低劣である」ということであった。「自分の行為は低劣である」という知(判断)は、それ自体としてみれば正しいといえる。ただし、前節で述べたように、Φ提示(2)での抑制のない人は、パトスや欲望への認識が甘いために「知」という観点は注視されないままであった。それにたいしてこの難問では、「正しい了解」「自分のなすべき行為」言い換えれば「正しい行為」を「知っている」とはどのようなことなのか、という視点にシフトする。このことは、ソクラテスの見解に即した問題への転換によってさらに明確になる。すなわち——

> [最善のことを]了解していながら、その最善のことに反して行為する人は誰もいないのであって、[そうした行為があるとすれば、それは行為者の]無知による[とソクラテスは考えた]。(1145b26-27)

ソクラテスの定式化では、訳出での字句の補足から見てとれるように、「自分のなすべき行為」が「最善のこと」に言い換えられたうえで、抑制のない人が知っているのは最善のこととみなされ、最善の判断に反して行為することはありえない、と論定されている。ここにソクラテスからの難問の根がある。しかし他方でソクラテスには、よく知られているように、「悪と知りつつ、それを為すことはない」という定式もある。事柄そのものとしては、どちらの語り方をしてもコインの表裏の関係にあるように思われる。たとえば、悪いと知りつつ喫煙することは、善いと知りつつ禁煙しないことでもある（cf. 1113b6-14）。ただし、ここでの難問では「最善と知りつつ」という強い条件になっているため、このような表裏の関係が取り出しにくくなっている。ここには、アリストテレスの問題構成をめぐる深謀遠慮が垣間見えるかもしれない。

いずれにせよ、アリストテレスの議論の運びでは、「劣悪（悪）と知りつつ」という定式はΦ提示(2)の側に組み込まれ、他方、「最善と知りつつ」という定式は「難問」という強い色合いを帯びて提示されるのである。通常の解釈では、こうした異同は無視されて、ソクラテスの難問はΦ提示(2)に関連する問いとして理解されるが、この対照は何を示唆するのか。

その見通しを得るために、アリストテレスが「ソクラテスの難問」にたいしてどのような解決の指針を提案しているのかを確認しておこう。難問にたいするアリストテレスの解決指針は、二段構えになっている。

> [1]［ソクラテスの］この議論は、パイノメナと明らかに齟齬する。[2]そして、［行為者の］状態［パトス］にかんして、もし［無抑制が］無知によるとすれば、その無知のあり方がどのようなものになるのかを探究しなければならない。なぜなら、抑制のない行為をする人は、その状態に陥る前には、［その行為をなすべきであるとは］少なくとも思ってはいないということは、明白だからである。（1145b26-31）

[1]では、ソクラテスの見解を否定すべく、パイノメナ（Φ提示(2)）が対置される。したがって、無抑制の議論（ロゴス［1145b25, 27］）としては、「最善のことを知りつつ」という捉え方ではなく、「低劣と知りつつ」というΦ提示で理解すべきだ、と提案されていることになる。ソクラテスの見解とパイノメナとの齟齬は、無抑制の存在を認めるか否かにあるとも解釈できる。だが、ソクラテスの難問がΦ提示(2)と連関づけられるかぎり[13]、その争点は無抑制という事象の有無をめぐるものではない。したがって、「最善と知りつつ」という観点からの標準的な問題設定は、無抑制の捉え方を歪める可能性がある。そのうえで[2]では、ソクラテスによるいわば無抑制無知論について、抑制のない人は全面的な意味での無知ではない、という事実認定がなされ、その無知の状態（パトス）をあらためて考察する必要性が指摘される。

　こうしてアリストテレスは、ソクラテスの見解が事実認定の点で決定的に誤っていて（「明白」と言われている）、しかも、その過誤がどこにあるのかについて、その着目すべき課題を提案したことになる。解釈のうえで重要なのは、ソクラテスの見解（難問）と常識的見解（パイノメナ）とを整合的に理解する方法を探るのがアリストテレスの無抑制論の課題である[14]、とは即断しないことである。「最善のことを知りつつ（行為しない）」と「低劣と知りつつ（行為する）」との落差を考慮することなく、両者の整合的理解を安直に追求することは、アリストテレスの無抑制論の核心を見落とす危険がある。「最善のことを知りつつ」という場合にどうなるのか。それは目下の無抑制論ではひとまず不問とされるのである。

　以上が、メソ的視点（H巻第1・2章）の概略的要点である。このような見通しが正しいとすれば、それに引き続き展開されるミクロ的視点（同巻第3章）において、焦眉の難問を解決（あるいは解消）するための指針もおのずと定まる。すわなち、抑制のない人が抑制のない行為を行なう前にもっていた「知」を行為時に失うのはどのようにしてか、ということだ。これが解決のための指針となる。

だが、このような時間的位相を視野に入れた問題設定は、それほどインパクトのある解決策であるようには見えない。事柄としては、知っている状態［行為前］→知らない状態［行為時］→知っている状態［行為後］、という時間的変化についての単純素朴な提案でしかないからだ。この提案にどのような問題解決の突破力があるのか。とはいえ、少なくともつぎの論点が明確になることも否定できないように思われる。すなわち、時間的位相を取り込むことによって、Φ提示(2)でも難問でも、「知りつつ（了解しつつ）」と（ギリシャ語では）分詞形で表記されていたことに起因する曖昧さが（部分的にではあれ）取り払われる場が開かれるからである。

　このような解決指針の道筋を見通すことはまだできないが、メソ的視点での時間的位相（知→無知→知）に基づく考察が重要であることを明確にしたうえで、アリストテレスは核心部でのミクロ的視点に取り組むことになる。そのさい、いわば「人間の学としての倫理学」を志向するアリストテレスは、日常生活の一齣として生じる抑制のない行為に限定される時間だけを対象としているわけではない。前節で瞥見したように、メソ的視点の背景となるマクロ的視点においては、性格の徳にかかわる快楽や苦痛の問題は「正しい教育」という人間形成に深く関与するものであった。教育と時間という論点にからめて、マクロ的構想を再提示する『倫理学』最終巻最終章から引用しておきたい。

　　しかしおそらくは、若い頃に正しい養育と配慮を受けるだけでは十分ではなくて、大人になってからも、定められたことを実行し、かつ習慣化しなければならない以上、こうした点にかんしてもわれわれは「法」を必要とするであろうし、また、一般に人生の全体にかんしてもわれわれは「法」を必要とするのである。(1180a1-4)

　ミクロ・メソ・マクロ的視点を貫通して視野に入れるべき「時間」とは、まさに「人間の生（人生）」としての時間である。無抑制問題から

析出される時間は、人間の生としての時間のうちにいわば昇華するかたちで組み込まれていくことになる。しかもアリストテレスは、まさにその局相において、いずれも一般には「ノモス」に分類される「教育（養育）」「習慣」「法」の連関を刻み込むのである。では、このような視座において「ノモス」に対置される「ピュシス（自然）」はどうなるのであろうか。

4　マクロ的視点としてのピュシスとノモス

前段で引用した『倫理学』最終巻最終章は、以下のように始まる。

> さてそれでは、幸福をめぐる以上の事柄やさまざまな徳、さらには友愛と快楽について、その輪郭がこれで十分に述べられたとすれば、はたしてこの探究はその目的を達成したと考えるべきであろうか。（1179a33-35）

『倫理学』全体の考察は、その最終段階においても依然として「輪郭」にすぎないことが再確認される。『倫理学』の論考が輪郭を描くものであることは、A巻第2章その他で予告されていた方針である（1094a24-26, 1104a1-2）。輪郭を素描する考察は、倫理学がもつ学としての位置づけと方法論にも結びつく。すなわち位置づけとは、政治学の一部としての倫理学のことであり（1094a26-27, b4-11）、その輪郭素描的な探究は、倫理学という学問の方法論をも投影するものであった（1098a20-24）。

このような輪郭素描的な性格にさらに別の課題が重ね合わされる。それが、輪郭の描写でもって倫理学の目的は達せられたのか、という問いである。この発問のねらいは、輪郭だけではなく細部の考察によって目的が完遂する、という点にあるのではない。アリストテレスは続けてこう語るからだ。

> われわれのあらかじめ目指していた探究は、その目的を達したと考えるべきだろうか。あるいは、言われているように、行為にかかわる事柄においては、個々の問題を観想的に考察し、そして認識することが目的なのではなく、それらのことをむしろ実際に行なうことが目的なのであって、したがって、徳についても、知ることだけでは十分ではなく、その知を<u>所有</u>するとともに<u>使用</u>するように、われわれは務めなくてはならないのではないか。（1179a35-b4）

　以上の課題設定は、『倫理学』の目的に即したものであり、マクロ的視点の確認でもある。注意すべきは、倫理学の目的について「知る」と「行なう」とがたんに対比されているのではない、という点である。知（理論的認識）と行為（実践）との乖離状態を指弾する「所有・使用」という区別は、アリストテレスの定番的手法とはいえ、無抑制論のミクロ的視点の考察のためにも導入される（1146b31-35）。ということは、倫理学・政治学的探究そのものが「たんに知るだけ」のいわば無抑制の状態にとどまるべきではない、と警告されているのだ。
　このような仕方でのマクロとミクロの連動は、さらに以下の観点からも補強される。それは、「言葉（ロゴス）」と「善き人になる」の関係である。「たんに知っている」という事態は、無抑制論では「言葉のうえだけで知っている」ことに比定されるものであった（1147a18-24）。アリストテレスはそのさい、抑制のない人を「言葉のうえだけ」の初学者になぞらえている。このことを踏まえながら提示されることになるのが、「教育」というマクロ的視点から『倫理学』全体の帰趨を方向づける「パイノメナ」である（K巻第9章）。すなわち——

> 現状において言葉（ロゴス）はどのようなものに見える（φαίνονται）のかといえば、一方では、若者たちのうちで自由人的な人間の向きを変え、彼らを刺激する力をもち、また生まれのよい、真に美を愛する性格（エートス）の持ち主を徳の虜にするが、他方では、多く

の人々を善美の事柄へと促すことはできない。というのも、多くの人々は自然本性的には（πεφύκασιν）、慎みにではなく、恐怖に従い、彼らがもろもろの低劣なことを差し控えるのも、醜さのゆえにではなくて、いろいろと罰せられるからである。事実、多くの人々はパトス（情念・感情）によって生き、自分たちの固有の快楽およびその快楽の種にあるものを追求し、快楽と反対のさまざまな苦痛を避けるが、もともと彼らは、美しく、真に快いものを味わったことがないので、そのようものには考えも及ばないのだ。だとすれば、こうした人たちを、いったいどのような言葉が改変できるだろうか。なぜなら、ずっと以前から性格に染みついているものを、言葉によって取り除くことは不可能であるか、あるいは容易ではないからである。（1179b7-20）

ここでは、言葉、自由、性格、徳、善悪美醜、自然本性、パトス、快苦——こうしたマクロ的概念を埋め込みながら、無抑制論の核心部分を投影した問題圏が「パイノメナ」（φαίνονται → φαινόμενα）として集約されている。そして、やや差別的な響きの伴う「多くの人々（大衆）」οἱ πολλοί とは、言葉だけでは徳に導かれることのない人々である。言葉が人々を徳に誘導するためには、それに先だってすでに人々の性格がしかるべき状態に習慣化・教育されていなければならない。そうでない場合には、言葉による議論や説得は虚しいとされる。そして、自分の知を表明する言葉が空転しているときが、抑制のない人がまさに無抑制の状態で行為しているときにほかならない。

とはいえ、H巻の無抑制論での記述がそのままここで復唱されているわけではない。H巻第2章の記述では、「抑制のない人は、自分のなすことを低劣だと知りながら、パトスのゆえにそれを行なうが、他方、抑制のある人は自分の欲望を低劣だと知っているかぎり、ロゴスのゆえにそうした欲望には従わないのである」とされている。それでは、前掲引用において「（罰せられることを恐れて）もろもろの低劣なことを差し

控える」と語られる「多くの人々」は、はたして「抑制のある人」なのか。H巻に従えば、K巻の「多くの人々」は「抑制のある人」とはいえない。H巻では「罰を恐れて」ではなく「ロゴスのゆえに」と語られていたからだ。しかし他方で、「多くの人々」は悪徳に分類される「放埒な人」でもない。なぜなら、「多くの人々」は自分に固有の快楽追求に染まった性格をもっているとはいえ、その改変の可能性が全面的には否定されていないからである[15]。

それでは、H巻冒頭での区分——節度、抑制、無抑制、放埒——に即せば、「多くの人々」は抑制のある人と抑制のない人との中間に位置することになるのだろうか（むろん節度ある人に分類されることはない）。だが、「多くの人々」がその基本的区分を提示する段階（メソ的視点）で考慮されていないというのも奇妙ではないのか。

この問題を考えるためには、上掲箇所に登場する類型を再確認しなければならない。そこでは、「若者たちのうちで自由人的な者」、「生まれのよい、真に美を愛する性格の持ち主」、そして「（罰せられることを恐れてもろもろの低劣なことを差し控える）多くの人々」という類型的区分が示されている。この区分には「若者たち」が入っていることからもわかるように、H巻における性格の四類型が形成された段階での区分ではなく、形成過程の段階での区分が念頭に置かれている。四類型の性格が形成される過程の段階であるにもかかわらず「性格」への言及があるため、紛らわしい記述になっているが、これら三つの区分はいずれも四類型の性格的区分ではない。

以上を踏まえれば、K巻第9章でのアリストテレスのねらいは明確であろう。すなわち、性格の諸類型をその形成過程という時間軸（範型としては「善き人になる」）を想定したうえで[16]、倫理学から政治学への橋渡しを提示しているのである。それゆえ、前掲の引用に続けて、以下のように語られることになる。

　　われわれが善き人になるのは<u>自然による</u>とある人々は考えているが、

しかし、習慣によると考える人たちもいれば、あるいは、教示［学習］によると考える人たちもいる。ところで、自然に属する事柄は、明らかに、「われわれの力の範囲内にあるもの」ではなく、何らかの神的な原因によって、真に幸運な人たちにそなわっているのである。（1179b20-80a5）

　「自然」が「われわれの力」の及ばないものだとすれば、残るのは「習慣」と「教示（学習）」である。だが、自然的契機がすべて除外されるわけではない。むしろ、ここで除外される「自然」は、あくまでも「神的な原因」や「真に幸運な人たち」と限定されるような、言ってみれば僥倖的自然である。このようなレベルでの自然を除外したとしても、「習慣と教示にかかわる自然」はむしろ逆にほとんどそのまま残りうる。それゆえ、アリストテレスの構想に従うならば、習慣と教示、言い換えれば、広義の教育は、まさに人間の自然本性のうえに築かれる可能性を閉ざされていない。そしてそれは、第3節末尾ですでに確認していたように、「大人」にとっても開かれている（開かれていなければならない）可能性なのである。

　「政治学」というさらにマクロ的視点からすれば、「倫理学」は「輪郭の素描」にとどまらざるをえなかった。そして、倫理学から政治学へと引き継がれるのは、倫理学・政治学全体の目的としての「善き人になる」ための「教育と法」のあるべきかたちを探究することである。しかも、その探究が目指すのは、「ノモス」という相対的で慣習的な性格のものではなく、まさに人間としての「ピュシス」という普遍性にほかならない。あるいは、その探究は「ノモス」と「ピュシス」との一体化を志向する、と言うべきかもしれない。アリストテレスは、「政治学」の構想を以下のように遠望している。

　　まず、先行する者たちによって語られた見解が何か細部にわたって適切であるかどうか、これを通覧し、つぎに、記録収集された諸国

制に基づいて、どのような要件がそれらポリスを保全し、また滅ぼすのか、またどのような要件が各種の国制を維持し、また倒すのか、［中略］ということを考察するようわれわれは試みることにしよう。実際、このような考察がなされたならば、おそらくどのような種類の国制が最善であるのか、またどのようにしてそれぞれの国制が編成されれば最善のものとなるのか、またそのためにはどのような<u>法</u>と<u>習慣</u>が採用されるべきか、こうした事柄をより包括的に視野に収めることができるだろう。（1181b15-23）

　こうした課題設定と方法論に投射されているのが、「人間は自然本性的にポリス的動物である」（『政治学』A巻第2章）という原基的洞察である。われわれ人間にとって「ポリス的動物」であることの「自然」は、いまなお未開拓の領野に置かれている。それはまさに、アリストテレス自身が構想して取り組んだように、動物学、霊魂論、倫理学、そして政治学などの諸学を統合する俯瞰的考察を必要とすると言わなければならない。こうした事態を受けとめて、「人間にかかわる事柄についての哲学」の完成に向けた「法と習慣」を見据えるアリストテレスの方向性について、アナクロニズムに陥ることを恐れず、と同時に、たんなるパターナリズムの復誦に堕することには警戒しながら[17]、近代の古典的著作の一節をいわば本歌取りすれば、それは以下のようになるのかもしれない。すなわち──

　　一方の極にポリス的民主制の条件が自由として現われ、他方の極に政治参加する以外には何もすることのない人間たちが現われるだけでは、［古代民主制の確立には］十分ではない。また、こうした人間たちに自ら進んで政治参加するように仕向けるだけでも、十分ではない。ポリス的市民階級は、古代民主制が進行するなかで形成されるのであり、<u>教育</u>と<u>伝統</u>と<u>習慣</u>をつうじて、古代民主制の要求するもの［規律］を自明な<u>自然法則</u>として承認してしまうのである[18]。

「ピュシス」と「ノモス」についてのあくまで輪郭的描写であることを斟酌しながら、無抑制をめぐる「難問の解消」がいかなる意味で政治学にとって有用なのかを見定めることが、無抑制論の核心部のもつ可能性と意義の「発見」につながるといえる。このことを、アリストテレスによる無抑制論の再検討のための予備的指針としたうえで、あらためてわれわれはH巻第3章の難所に取り組まなければならない。

5　アポリアと解決指針

それでは、無抑制論のいわば本丸（H巻第3章）に取りかかることにしたい（一部の論点については再確認しながら検討する）。

述べてきたように、アリストテレスの無抑制論は、パイノメナ→アポリア→解決、という手順で展開される。小論で検討するのは、いわゆる「ソクラテスのパラドクス」をアポリアとするルートである。アリストテレスは、無抑制にたいするソクラテスのアポリアを以下のように述べる。

> ソクラテスは、無抑制はありえないと考えて、知識の無力さを主張するこの議論と全面的に闘っていた。というのも、最善のことを了解していながら、その最善のことに反して行為する人は誰もいないのであって、そうした行為があるとすれば、それは行為者の無知によるとソクラテスは考えたからだ。（1145b26-27）

これは、「抑制のない人は、自分の行為が低劣だと知りながら、パトスのゆえにその行為を行なう」（1145b12-13）という、なかば自明とも思われる常識的了解（パイノメナ）にたいする批判である。このパイノメナとアポリアを対置すれば、すでに述べたように、常識的了解では抑制のない人の知が低劣な行為に向けられているのにたいして、ソクラテスの見解には最善という強い条件が持ち込まれている。二つの視線は、

ある意味で逆向きかもしれない。またアリストテレスによれば、無抑制の対象は飲食物（甘いもの、酒など）や性的快楽にかかわる行為が基本とされる[19]。このような捉え方もまた、人によって濃淡軽重があるにせよ、やはり常識的了解の一面を映し出している。では、ソクラテスの見解は放棄されなければならなかったのか。再度引用して要点を再確認しておきたい。

> ソクラテスの議論は、パイノメナと明らかに矛盾する。そして、無抑制の状態にかんして、もし無抑制が無知によるとすれば、その無知のあり方がどのようにして生じるのかを探究しなければならない。なぜなら、<u>無抑制な行為をする人</u>は、その状態に陥る前には、低劣な行為をなすべきであるとは少なくとも思ってはいないということは、明白なのだから。(1145b26-31)

アリストテレスは、常識的了解における「知」を支持しながらも、ソクラテスによる「無知」の視点を取り込むかたちで、矛盾の解消を図る。それが、抑制のない人の「知→無知→知」という状態変化に着目する解決指針にほかならない[20]。本稿では、この戦略の、すなわち、パイノメナをロゴス化（言語化）する方法論のねらいを明確にすべく、アポリアの解決編（H巻第3章）全体の検討に先だって、解決指針に直接応答する考察に直行して、無抑制の構図の抽出を急ぐことにしたい。

その考察（後掲のC）では、解決指針の状態変化が類比的事例によって説明される（1147a10-18）。たとえば、酒に酔っている人は、素面→酒酔い→素面、と推移する。これと類比的に、抑制のない人の状態は、知→無知→知、のように変化するとされる。飲酒はまさに無抑制の典型的対象でもあるので、分かりやすいとともに混線もしやすい説明であるが（飲酒して酔うという生理的変化そのものは抑制の有無に直接関係するわけではない）、要点を確認しておく[21]。

酒に酔っている人は、「所有している知識を使いたくても思い通りに

は使えない」という状態にある（酔いの程度は不問とする）。この状態は、素面のときに「所有している知識を使う必要がないから使用しない」というあり方とは明確に区別されなければならない。そして、自在には使えないというそのかぎりにおいて、知識を所有していない（非所有）という意味で無知に等しい。ただし、酒に酔ったからといって、それ以前にすでに所有していた知識が（突発的な異変でも生じないかぎり）消失するわけではない。この点を踏まえて、酒酔いは「ある意味では知識を所有しているが、ある意味では所有していない」という両義的な状態として把握される。そして、酔いからは通常ほどなくして醒めるので、「所有かつ非所有」という状態は動的変化の一時的な局相である。

　このようなお馴染みの具体例を踏まえれば、時間的な状態変化の原因もまた（委細は別にして）特定可能である。酒酔いであれば、アルコールの体内吸収による生理的変化がその原因とされるように、無抑制では、身体や精神に変化をもたらす欲望が原因とみなされる（1147a14-18）[22]。

　さて、類比的事例の説明能力を認めるならば、ソクラテスのアポリアは、当初の解決指針に即してあっけなく解決されてしまう。そして、解決の核心はこれ以上でもこれ以下でもない。ただし、その核心部分はひとまず提示されたとしても、考察そのものが完結するわけではない。アリストテレスは、「アポリアの解決は発見である」と語るのであった（1146b7-8）。われわれは、上述の解決によってすでに「発見」されているはずの、ただしわれわれにはまだ見えていない可能性のある無抑制という事象の内実を「再発見」しなければならない。

　まず、再発見に向けて、解決指針とその解決との小さなギャップを確認しておく。解決指針で知（知識）の状態として指定されていたのは、無抑制に陥る以前の段階であった。つまり、その指針によれば、無知は中間段階に、知はその以前と以後に割り振られるはずだった。ところが、類比的事例による説明では、知と無知は中間段階における「所有かつ非所有」という両義性によって確保された。もしたんに知と無知の共存を提示する折衷案的解決でよければ、所有かつ非所有という中間段階の捉

え方でも十分のはずである。われわれとしては、アリストテレスが知→無知→知という構図に誘導するような解決指針を示した理由を探索しなければならない。そこで、アポリア解決の核心部分を解決編全体の概要に再配置したうえで、再発見への手がかりを見出したい。

6 解決編の概要

解決編全体の手順は、以下の通りである。

アリストテレスはまず、無抑制の構成要件である「自分の判断に反して」について、その「判断」が「エピステーメー（知識）」か「真なるドクサ（思いなし）」かは議論に関係しないと前提する（1146b24-31）。そのうえで、鍵概念をもちいた区別を以下の手順で提示する（1146b31-7b17）。

  A 「知識（知っている）」にかんする所有と使用の区別
  B 「命題」にかんする区別
   B1 「命題」にかかわる普遍と個物の区別
   B2 「普遍」にかかわる行為対象と行為主体の区別
  C 「知識の所有」にかんする「所有かつ非所有」というあり方
  D 無抑制の原因にかんする「ピュシコース」な説明

上掲の手順において、解決指針への直接的応答はすでに検討したCである。以下では、Cの状態変化から導かれる無抑制の構図（以下「図」と略記）を脇に置きながら、解決編の概略的方向を追尾したい[23]。なお、ここでは「手順」と呼んだアリストテレスの（「さらに」ἔτι という語で連続している）各論述をどのように関係づけるかが解釈上の難題にもなるわけであるが、本稿では無抑制全体を俯瞰する「図」として捉えることになる[24]。

図の要衝はつぎの点にある。アポリア解決の論法は述べたとおりであるが、手順ではそれがCに配置されている。そして、核となるCの前にAとB、その後にDという手順になっている。つまり、核は最初にも最後にも置かれていない。そして、Cが無抑制の状態変化にかんする論点の提示であることを踏まえるならば、ここでの「前」「後」とは時間的推移に対応すると読みとれる。図は、このような無抑制の状態変化を極度に簡略化して抽出したものにほかならない。これによって、従来の解釈が見逃していた構図とそれに基づくアポリア解決の方向性が明確に浮かび上がる。このような無抑制の構図によって、錯綜するテクスト解釈にひとつの整合的な読み方を提示することが本考察のねらいでもある。

まずAの区別は、図左欄（無抑制状態以前）の「善い大前提」（実線枠内）としての知識に適用される。この区別によって、たんに所有しているだけの知識であれば、「なすべきでないこと」ἃ μὴ δεῖ πράττειν（1146b34）を行なうことが（「異常」δεινόν（b35）ではないという意味で）可能とみなされる。この段階での行為はあくまで可能性にとどまる（左欄下段の破線枠内）。以下で説明されるように、大前提だけでは行為の説明にはならないからだ。なお左欄の記載では、B1およびDの観点を先取りして「大前提」という概念規定を組み入れておく。また、Cの観点から、抑制のない人がもつ潜在的な欲望を表示する「悪い大前提」、および、B以下の個別的状況を表示するための「小前提」も同様に組み入れる[25]。

つぎのB1では、大前提（普遍的命題）にくわえて小前提（個別的命題）が導入され、Aの区別が小前提にも適用される。この拡大適用によって、「知識に反する」παρὰ τὴν ἐπιστήμην（1147a2）行為の可能性が語られる。行為は（小前提の）個別的事柄にかかわるが（a3-4）、その小前提の知識が（所有されてはいるが）使用されていない場合、知識に反する行為を「なすことを妨げるものはない」οὐδὲν κωλύει πράττειν（a1-2）という意味で可能となる。Aと同様に、知識に反する行為は可能性にと

どまる。抑制のない行為の原因である欲望が顕在化していないからである。そのさい、B1での小前提の所有とは、行為がかかわる対象の不在を意味し、この事態が欲望の潜在と連動している。また、もし甘いものを食べたいという欲望が顕在化しても、手元に甘いものがなければ食べることができない点は、善い大前提だけがある場合と同断である。無抑制状態以前は、甘いものがないときに無性に食べたくなって何らかの行動をとる、といった状況設定ではない。もしそうであれば、その状態はすでに無抑制状態にある。くわえて、手元になければ、たとえば店に買いに行けばいいだけのことであるが、そうなると、欲望の顕在化とともに行為の推論は多層化・複雑化する。しかし、以下に確認するように、アリストテレスのねらいは、あくまでアポリア解決のためのミニマムな構図の提示にある。

 つづくB2は、小前提（個別的命題）を構成する項について行為主体と行為対象を区別する。これは、B1の区別を行為対象に限定するためである。この限定的適用によって、後継のCにおいて、行為主体のいわば自己意識は「知→無知→知」という変化を貫通して作動することになる。つまり、抑制のない人における知と無知という認知的状態が確保されるのである。

 以上が、無抑制状態以前の段階である。AとBによる区別そのものは、無抑制以外にも利用できる。しかし、「なすべきでないこと」や「知識に反する」という設定から窺えるように、ここでは無抑制の説明をすでに想定した記述となっている。左欄での「大前提」「欲望」などの概念規定が先取り可能となる所以である。

 さて、このようにしていわば初期状態が設定されたならば、それ以降の変化はなかば自動化される。すなわち、この初期状態のときに、欲望が顕在化すれば、**図**中央欄の無抑制状態へ移行する（①）。欲望を顕在化させるのは、それ以前には不在であった欲望対象の現前にほかならない（1147a33）。左欄と中央欄における個別的状況の実質的な差異は、欲望対象としての甘いものが不在か現前かだけである。そして、欲望対象

の現前化によって、一方では、「善い大前提」が「所有」から「（ある意味での）非所有」に転落して正常には作動しなくなり（中央欄の破線枠内）、他方では、欲望のいわば三段論法が成立して（中央欄の実線枠内の二重下線）、無抑制な行為が結果する。こうして、解決編全体としては、Dにおいてアリストテレスが例示する「大前提・小前提・欲望・結論」の4点セット（1147a31-34）が、それ以上の補足を一切必要としないミニマムに完結した無抑制の構図となる[26]。

7　無抑制をめぐる再発見(1)

　では、検討してきた「パイノメナ→アポリア→解決」という手順は、これでもって完結するのか。しかし、解決による「再発見」のためにはまだ先がある。それは、**図**が示すように、未着手の「無知→知」の局面（無抑制状態以後）である。だが、この状態変化についてアリストテレスはこう語る。

> 無知はどのようにして解消され、抑制のない人はふたたび知るようになるのか、という問題の説明（ロゴス）は、酒に酔っている人や眠っている人についてと同じであって、無抑制の状態に固有の説明があるわけではなく、自然学者たちから聞かなくてはならない。（1147b6-9）

　酒に酔っている人が素面に戻るのは、酔いが醒めて、魂の当該機能が正常に復帰すればよいだけのことである。そうしたメカニズムの解明は、無抑制の場合も含めて自然学者に委ねられるべきだ、とアリストテレスは語る。
　それでは、**図**右欄は何についての記載なのか。この疑問への回答は、「無知→知」の説明が自然学者の仕事ならば「知→無知」も同じとすべ

きではないのか、という反問から見てとれる。「知→無知」の考察には、欲望が魂や身体に及ぼす変化についての自然学的説明を踏まえつつ、その説明枠を越えた諸概念がすでに投入されていた。とすれば、「知→無知」と同様に、「無知→知」についても自然学的説明には収まりきらない理論的枠組みがなければならない。まさにこの課題が、「ピュシコース」な解明の対象となる。そのための手がかりは、「無知→知」の変化に「非所有→所有」という視点を読み込むならば、それはたんなる復帰ではなく、ある面で知識の獲得（学習）とみなしうる、という事態にある。これは、上掲引用文の趣旨を否定するようにみえるが、そうではない。アリストテレスは、Ｃでの自然学的説明に続けて、以下のように語っていたからだ。

> しかし、抑制のない人が知識に由来する言葉（ロゴス）を語ることは、知識を所有していることの徴(しるし)にはならない。というのは、このような状態［睡眠・狂気・酒酔い］にある人々もまた、論証やエンペドクレスの詩句を語るからであり、また、初学者たちもそうした言葉をつなぎ合わせはするが、その内容をまだ理解してはいないからである。なぜなら、理解していると言えるためには、その知識が学習者にしっかりと根ざして身につかなければならないのだが、そのためには〈時間〉を要するのである。したがって、無抑制な行為をする人々もまた、ちょうど役者たちのような仕方で語っているとみなさなければならない。（1147a18-24）

先の類比的事例に加えて「初学者」がここで登場する。初学者は、まさに知の非所有から所有への途上にある。そこで、それが徳の初学者すなわち無抑制な行為をしてしまう人であれば、どうなるだろうか。たとえば、（食べてはいけないと知っていたはずの）ケーキを（目の前にして）食べてしまったとき、食べたことによるケーキの消費と欲望の充足とによって、個別的状況としては、無抑制状態以前の段階に回帰する

（②）。だが、その知識は以前の大前提そのままではない。なぜなら、抑制のない人であれば、通常、食べたことへの後悔の念が無抑制状態以後の大前提に結びつくからだ。抑制のない人は、放埒な人とはちがって、後悔する人なのである（1150b29-31）。この小さなしかし決定的な差異によって、右欄が示すように（③）、徳の初学者であれば、破線枠内から実線枠内への発展的展開による規範的な実践的推論の可能性、言い換えれば、「抑制のない人」から「抑制のある人」へ移行する可能性が開かれることになる（それが何度目のことかは別にして）[27]。

「非所有→所有」の変化をたんなる復帰ではなく学習過程とみなすことは、その前段である「知→無知」とのつながりを悪くするように思われる。しかし、「知→無知→知」の「知（知識）」が、たとえばすでに「節度ある人」の知識であるならば、図はまったく的外れになる。なぜなら、アリストテレスの了解では、節度ある人は低劣な欲望をもたないとされ（1146a9-16）、図での悪い大前提（低劣にして強い欲望）が介在する可能性はないからだ。

「知識に由来する言葉」は、まさに無抑制な行為をしている状況において語られる。具体的には、図が示すように、大前提に照応する「甘いものを食べない」という語りである。「ある意味において所有しかつ所有していない」という両義性に即するならば、しかも、この両義性が「知識の所有」のあり方として取り出されたことを踏まえるならば、ここでの「知識に由来する言葉を語る」ことは「非所有」である。それゆえ、その知識が不十分なものではあっても、そのレベルでの知識をすでにそれ以前の段階で所有していなければならない[28]。そして、一時的な無抑制状態から復帰するとき、その知識は再所有されるわけだが、この再所有には、後悔の念とともに、右欄における発展的展開の可能性が組み込まれる。このような状態変化の連鎖は、単発の直線的進行ではなく、まさに「時間を要する」習慣化も含めた教育という螺旋的発展として理解されなければならない。A→Dという時間的推移の最終段階Dで、後悔と三段論法（実践的推論）との融合によって〈知〉の深化の可能性が

示唆される点は、実践的推論の機能・役割を見定めるうえで重要な視点になると考えられる[29]。

8 無抑制をめぐる再発見(2)

　アリストテレスが、アポリアに対処すべく提案した解決指針に即せば、H巻第3章の骨格的構図は、以上の通りである。ところが、無抑制の構図がこのようなかたちで完了するまさにそのとき、図は反転する。
　解決編［A〜D］の各段階は無抑制を対象とする説明のはずであった。ところが、これまでの理論装置を見るかぎり、解決指針に即したCによっても、またA〜Cを実践的推論として統合したDによっても、抑制のない人が「なぜ欲望に負けるのか」についての肝心の論拠は与えられていないのである[30]。提示されたのは、欲望対象の現前と欲望の顕在化によって「善き大前提」が所有から非所有に転化することの記述的な説明にすぎない。欲望に勝つのか負けるのか、その説明は、図から欠落している。これは、無抑制の説明として致命的欠陥ではないのか[31]。
　だが、「所有→非所有→所有」が無抑制と抑制に共通する枠組みを「地」とするまさに「図」であるという構図にこそ、アリストテレスの眼目があったと言わなければならない。アリストテレスによれば、抑制のある人もない人も、低劣で強い欲望をもっている。したがって、それぞれの人は、節度ある人ましてや思慮ある人とはちがって、状況次第では、あるときには抑制のある行為を、あるときには抑制のない行為をなす、という意味で不安定な状態にある。さらに付言すれば、同じ人が甘いものには抑制があっても酒には抑制がない、ということもまったく自然である。その意味において、抑制も無抑制も、固定的な性格ではない。抑制のある人であっても、欲望に負けることがあるとすれば、「地」としての構図は、図右欄の展開を含めても、抑制のある人の説明として通用しうるのである。構図が描出するのは、そのような反転可能な両義的

存在様態にあるまさに徳の初心者の姿にほかならない[32]。

　それでは、低劣な強い欲望と善き大前提の知識を併せもつ人にとって、ある個別的状況において行為の選択を決定づける要因あるいは契機はどこに見出されるのか。その有力候補のひとつとなるのが、これまでの議論から推せば、欲望の強度の低減化や欲望の先延ばしを可能ならしめる対処法にほかならない（具体的には『倫理学』B巻第9章を参照）。徳の初学者は、そうした対処法も含めた習慣化や教育によって徳を獲得しつつ、自己改善的な発達のルート（④）に与ることになる。

　最後にアリストテレスは、無抑制の構図を踏まえて、ソクラテスのアポリアへの示唆的応答を補遺として以下のように追記する。

> そして、[1] 最終の項［個物］は普遍でもなければ普遍と同じ仕方で知識の対象になりうるものでもないと思われるので、[2] ソクラテスが探究していた事柄が帰結するように見える。なぜなら、無抑制の状態（パトス）が生じるのは、[3] 本来の意味で知識であると思われるものが行為者のそばにあるときではなく ── このような知識は情念（パトス）によって引き摺り回されることはない ── [4] 感覚的な知識がそばにあるときなのだから。（1147b13-17）

　本稿では、解釈上難解をもって知られるこの箇所についても、これまでと同様に、図に準拠した形式的な説明にとどまる。すなわち、小前提が表示する個別的命題は、ソクラテスの見解によれば、知識の対象ではない（[1]）。また、小前提だけでは行為は結果せず、大前提も必要とされるが、無抑制状態の場合、その大前提は非所有の状態に陥り、正常に機能しない。この状態を表示するのが、中央欄の破線枠内であった。アリストテレスはこれを「感覚的な知識」と呼ぶ（[4]）。この知識は、その名称の由来とねらいが何であるにせよ、無抑制状態にあるとき、欲望によって（ソクラテス流の言い方を用いれば）引き摺り回されることに

なる。

　他方、「感覚的な知識」と対置され、引き摺り回されることのない知識が、右欄下の実践枠内に表示される「規範的推論」としての知識にほかならない（[3]）。むろん、図に書き込まれた知識は、徳の初学者がその途上の段階で所有するレベルのものである。しかし、その端緒的知識は、アリストテレスの枠組みでは、「抑制のない（ある）人」から「節度ある人」さらには「思慮ある人」へと発達する可能性をもった知識のトルソーにほかならない。そして、思慮のある人の知識であれば（その実現の可能性は問わない）、もはや欲望に引き摺り回されることはないので、ソクラテスが主張する見解も帰結しうる（[2]）[33]。とはいえ、その堅固な知識の内実が、たんに個物と対比される普遍を対象とする知識という理解だけで十分なのか、言い換えれば、引き摺り回されない思慮ある人が備えもつ知識がどのようなものなのか、それはなお課題として残る。そのためアリストテレスは、ソクラテス（やプラトン）そして自説の「エピステーメー」理解との異同をも考慮しつつ、「本来の意味で知識であると思われるもの」と慎重に表現するのである[34]。

9　前途瞥見 ── 無抑制論の射程

　以上でもって、「無抑制な行為をすることの可能性」ἐνδέχεται ἀκρατεύεσθαι（1147b18）を論拠づけるためのミニマムな構図の記述は完了する[35]。このように見てくるならば、H巻第3章の無抑制論は、ソクラテスのアポリアへの応答をいわばジグソーパズル風に寄せ集めたものである。四つの視点（A〜D）のそれぞれは、単独でも大なり小なりの仕方で「無抑制の可能性」を説明しうるものであった。アリストテレスは、核になるピースをCと見定めたうえで、その他のピースを巧みに再構成（再配置）することによって、結果的には、無抑制状態が時間的に推移する構図を描き出したといえる。

　しかし同時にまた、このジグソーパズルにはまだ肝心の（しかも巨大

な）ピースが欠けていることもわかる。それはとりわけ、無抑制状態からその後の段階にかかわるDにおいて顕著である。われわれは、Dの段階に「後悔」という心理的状態を適用したうえで、それを規範的な実践的推論に連動させるかたちで、さらなる展開の可能性には言及した。だが、この構図そのものは限定的な越え出るものではない。アリストテレスの構想に準拠すれば、図の周縁には少なくとも「節度」さらには「思慮」が配置されるはずだからである。そして、その方向性をさらに拡張すれば、徳の初学者が対処法の獲得のために必要となるはずの（広義の）教育内容も、さらには、その制度と密接不離の関係にあると思われるポリス（国家）という組織構造体のあり方も、図の外部に置かれたままなのである。

　構図のミニマム性は否めない。しかし、無抑制論以降のテーマとなる「快楽」「友愛」そして「観想」をめぐる考察がその欠落したピースを補完すると期待される。そしてそれを示唆するようにアリストテレスは、無抑制論の掉尾（H巻第10章）において、「抑制のない人」は「しかるべき法案をすべて議決し、優れた法を所有していながら、それらを使用しない国家」に似ていると語るのである（1152a20-21）。この区別が解決編Aのレベルにとどまるのであれば、類比的把握としては不十分である。なぜなら、日常的了解の一角にある無抑制については、その原因についての一定程度の「ピュシコース」な解明の方向性もまた類比的に了解されうるからだ。抑制のない人をめぐって為政と飲酒その他との質的懸隔は大きく、同断に論じることはできないように思われるかもしれない。だがアリストテレスにとって、「自然本性的にポリス的動物」である「人間」には、その原因についてのいわば直覚的把握とその涵養の可能性が欠かせないのである。

　それでは、ときに現出する尋常ならざる政治的状況を鑑みるとき、法を所有しながら使用しないことの原因はどのようなものなのか、また、それはいかにして改善されうるのか、そして、問題の重要性を心底から自覚するためには幾度の「（国家的規模の）後悔」を経験しなければな

らないのか —— マシュマロから国家の命運にまでいたる選択と意思決定の「根本的な難題」を再確認しつつ、われわれはあらためて「抑制のない人とは誰のことか」と自問しなければならない。

ただし、「アリストテレスの時間論」を主題とする本書では、無抑制論で析出された二つの時間相、すなわち、無抑制な行為の説明図式として切り取られたミニマムでいわばミクロのレベルでの時間的移行と無抑制から節度そして思慮への道徳的発達として想定されるマクロなレベルでの時間的移行とがひとまず確認されたことを踏まえて、最後のテーマである「『詩学』の時間」に移ることにしたい。「人間の行為」の模倣を主題とする『詩学』は〈行為〉と〈時間〉との関係をどのように描出しようとしているのか、それを追尾し解明したいと考える。

---

1 断片 B33 ἡ φύσις καὶ ἡ διδαχὴ παραπλήσιόν ἐστι. καὶ γὰρ ἡ διδαχὴ μεταρυσμοῖ τὸν ἄνθρωπον, μεταρυσμοῦσα δὲ φυσιοποιεῖ.（訳文は『ソクラテス以前哲学者断片集 IV』に依る。）
2 Mischel [2014] 6（ミシェル [2015] 11-12）.
3 Lorenz [2014] 242.
4 Hughes [2001] 174.
5 本稿での「マクロ」「メソ」「ミクロ」という区別は、Burnyeat [1980] の構想を希釈かつ改変したものにとどまる。しかし、この作業によって『倫理学』H 巻第 3 章の無抑制論をめぐる解釈上の争点について整合的な見通しを提示できる、という点に本章のねらいはある。
6 無抑制を論じるうえで、『エウデモス倫理学』との「共通巻問題」は避けて通れないが（cf. Kenny [2016]）、本稿では『ニコマコス倫理学』のなかの無抑制論として検討する。
7 「抑制のない人」と「ポリス」との類比の示唆については、あらためて言及する。
8 無抑制論を脇道とみなす解釈については、以下を参照。Pakaluk [2005] 3. なお、倫理学的考察のテーマが立法家にとっても有益であるという 'characteristic touch'（Burnet [A 1900] 111）については、1109b34 を参照。
9 参考までに邦訳での「パトス」と「ロゴス」の訳語を挙げておく。高田訳では「情念」と「ことわり」、加藤訳では「情念」と「分別」、朴訳では「情念」と「理性」、神崎訳では「感情」と「理り（ことわり）」、渡辺・立花訳では「感情」と「分別」である。

10 パイノメナの提示と探究方法論との関係については、神崎［2013］380-390 がひとつの全体像を描出している。ただし、方法論についての公認の解釈はまだないともいえる。cf. Frede［2012］188-9, Cambiano［2012］2-3.
11 パイノメナ相互の関係は詳細に検討されなければならないが、本稿では以上のみとする。
12 この論点にかんしては、少なくとも、「快楽に負ける」(1145b35) を含む一節、および、「無限定で抑制のない人」についての記述での快苦への言及（1147b21-23）を検討しなければならないが、前注の論点と合わせて、パイノメナ相互の連関も含めた考察が必要となる。いずれにせよ、無抑制論における快楽・苦痛にたいするアリストテレスの慎重な接近には留意すべきであると考えられる。その検討が、無抑制論に続く快楽論の問題にもつながっていくと予想される。むろん、快苦は暗黙裡に言及されているという見方もある。以下を参照。Cooper［2009］38.
13 Cf. Cooper［2009］36.
14 解釈の全般的な傾向としては、1147b13-17 の記述を踏まえて、ソクラテスの見方との理論的な調停案を提示するのがアリストテレスの方針だとされる。cf. Robinson［1969］. しかし、そこにはなお慎重な配慮が必要であるように思われる。
15 この点については、『倫理学』H 巻第 10 章の記述も参照。
16 Cf. Burnyeat［1980］69-92.「善き人になる」は『倫理学』を貫通する鍵概念であるが、それが最終巻最終章でも確認されている (1179b4, 20, 80a15)。
17 Cf. Conly［2013］69-73, Lebar［2013］.
18 マルクス『資本論』第 1 巻第 24 章「原初的（本源的）蓄積」第 3 節（Marx［1962］765）の一節が、ここでの本歌である。なお、「教育」については、『政治学』E 巻第 9 章 1310a12-38 を参照。また、このような本歌取りを可能とする解釈については、以下を参照。Bodéüs［1993］1-VI, 5-V.
19 『倫理学』H 巻第 4 章において「無条件的に抑制のない人」として考察される。
20 解決指針に「無知→知」への言及はないが、本文次段の具体例から容易に想定可能であり、また解決編では明示されているので (1147b6-7)、組み入れておく。
21 アリストテレスは、眠っている人や気が狂っている人なども事例として挙げているが、これらの事例の異同に対応させて、無抑制のタイプ（性急なタイプと弱いタイプ cf. 1150b19-28）を区別する解釈がある（Charles［2009］）。しかし、解決編にその明示的な形跡はない。ただし、解決編の外部でその区別を援用することは別の問題である。以下を参照。Pickavé & Whiting［2008］359.
22 類比的事例の原因とされる飲酒、怒り、性的欲望と無抑制の原因との連関には注意しなければならない。この点は、後出の「初学者」でも同様である。
23 図は「「抑制のない人」の状態変化」として巻末に掲載する。
24 「さらに」を「漸進的」に解釈する必要はない。図に示したように、本考察では

「時間的推移（位相）」として解釈することになる。このような視点の導入によって、A～Dにはひとつの整合的な読み方が見出される。なお、ここでの「時間的推移」とは、Burnyeat [1980] が提案した（子供から大人への道徳的発達の地平をなすような）temporal perspective ではなく、個々の無抑制的（あるいは抑制的）な行為において現出する時間軸上での微分的な状態変位である。

25 原文での「プロタシス」πρότασις を「命題」あるいは「前提」のいずれで訳出すべきかが、われわれには問題となりうる。本考察の見立てが正しいとすれば、A～Cでは「命題」、Dでは「前提」と訳出することになる。本文では、Dの視点を先取りして「前提」で統一している。ただし、この点にかんするかぎり、アリストテレスにとってそれは問題にならない。「プロタシス」が「前提」であるか「命題」であるかは、文脈に即して確定するといえる。

26 テクストには、「すべての甘いものは快い」(1147a32-33) という普遍的命題が割り込んでいるために紛らわしくなっているが、先行する例文 (a29-30) から判断して、それは不要である。したがって、「他方」(ἡ δέ [a32]) の実質的部分は、その普遍的命題を除いた「これは甘い」という小前提だけとなる。そして結論は、「（欲望がその行為へ）導く」ἄγει (a34) から明らかなのでテクストでは省略されている。なお、τουτί (a29, a33) と τοῦτο (a31, a34) の対比を重視するならば、τουτί は、実践的推論における個物（「これ」）を指すが、a34 の τοῦτο は、行為内容（「甘いものを食べること」）を指し、この行為を禁止する（ただし無抑制状態では使用されずに語られるだけの）善い大前提「甘いものを食べるな」に対置される。以下を参照。Pickavé & Whiting [2008] 359-360.）。この点を踏まえて、図では「結論としての行為」（中央欄の最下段）を「甘いものを食べる」と記載する。

27 「初学者」を類比的事例とみなすことに反対する解釈がある（Pickavé & Whiting [2008] 344.）。しかし、「言葉を語ること」が「知の所有」のある種の欺瞞的表明として重要な徴であること、また、〈非所有→所有〉の変化は初学者にふさわしいことから、本稿ではこの解釈を採らない。なお、初学者とともに言及される「役者（俳優）」が無抑制の類比的事例かどうかの判断は留保する。ひとつの見方としては、『新版全集』の神崎繁訳注（275）を参照されたい。ミシェル [2015] 29-30 には「ロベルト君」の名演技が紹介されているが、「役者」は政治的なレベルにまで拡張可能な事例だといえる。ヴィンター [2017] 32-3 も参照。

28 先に述べたように、解決編では「エピステーメー（知識）」と「ドクサ（思いなし）」の区別は不問とされていた。

29 実践的推論の視点も含めた行き届いた眺望については、中畑 [2010] [2012] を参照。

30 以下を参照。Burnyeat [1980] 85-6. ただし、注 24 も参照。

31 アリストテレスは、この欠落が欠陥でないことを認識しており、運動（および行為）の原因をめぐる考察のなかに組み入れている。『魂について』Γ 巻第 9 章

（433a1-8）における「抑制のない人」と「抑制のある人」の対比を参照。cf. Shields［B 2016］354-355.
32 アポリアとその解決編では、性格記述的な「抑制のない人」ではなく、「無抑制な行為をする」に相当する動詞やその分詞形が多用されている（1145b21-22, b30, 6b25, 7a24, b1, b18）。ちなみに、性格特性を題材とする『イソップ寓話集』に「無抑制な動物」がほとんど登場しないことは、アリストテレスが動物には無抑制を認めていないこと（1147b4）と併せて、興味深い。
33 **図**に即して二つの「知識」を対比すれば、ともに大前提と小前提とを取り込んだ知識であるが、「感覚的な知識」の場合、大前提の非所有化のゆえに結論は帰結しない。
34 Cf. Pickavé & Whiting［2008］365-368.
35 再度確認すれば、**図**の構成は、ミニマムなセットである「大前提・小前提・欲望・結論」のそれぞれが時間的に変化するかたちになっている。なお、本文の視点を踏まえれば、右欄の結論に対応する箇所には徳の発達の可能的方向性を予示する「知」が実践的推論として配置される。

第6章　ミーメーシスの物語的時間 ——『詩学』の時間

> 彼は「作ル」ことを極度に警戒した。
> ——中島敦『李陵』
> 悲劇はできるだけ太陽がひとまわりする時間内に収まるように努める。
> ——『詩学』第 5 章 [1]

はじめに

　「すでに素朴な明るさを失」い、「溢れ出る自我を抑えきれずに、暗い反抗の青春のうち」にあって、「悲劇とは人間の本質に根差す出来事であること、したがって、人間には救いがないこと、救いがありうるとすれば、それはただ諦念でしかありえないことを語ろうとした」のが、「悲劇的人間の原型」と「宿命論的絶望の心境」との「反応の産物」と回顧されている、岩田靖夫の論文「自由と運命 —— ソフォクレスの悲劇的人間像」である。

　本章の課題は岩田論文を手がかりとしながら、アリストテレスが『詩学』において提示した悲劇論の一端を解明するところにある。『詩学』を論じるにあたって「自由と運命」を取り上げるのは、この論文が『詩学』とはある意味において対照的な悲劇解釈を展開しているように思われるからにほかならない。「自由と運命」によって『詩学』を何らかのかたちで逆照射できれば、アリストテレスの悲劇論の企図と射程を幾分なりとも鮮明に画定できるのではないか —— これが本章のねらいとなる[2]。と同時に、『詩学』は「アリストテレスの時間」を考えるうえでも貴重な視点を提示する。しかもそれは、『形而上学』での方法論でもあった「帰納的・類比的」な視点にも通底する着想を内包している。そうした論点も織り込みながら、『詩学』が志向する人間的時間を検討したい。

1 運命と技法——ギリシャ悲劇解釈の二つの視点

『哲学と悲劇』の著者 Kaufmann は、ギリシャ悲劇とりわけソポクレスの『オイディプス王』への古典的（伝統的）解釈として、以下の三つの傾向を挙げている[3]。

(1)劇構成上のプロット plot を重視する解釈
(2)人間の運命もしくは宿命に主眼をおいた解釈
(3)フロイト流の精神分析学的な手法からの解釈

解釈(1)はアリストテレスが採用したものとされ、ここで「プロット」と言われているのは、『詩学』での「ミュートス」（物語）に当てられた訳語である。悲劇の本質を分析するにあたって、『詩学』のアリストテレスが運命や神的な力といった要素を排除していることは大方の解釈が共通に認めるところでもある[4]。

もとより上掲の分類は大まかなものにすぎないし、Kaufmann 自身のねらいも、それらのいずれの解釈にも問題があるとして批判するところにあった。しかしひとまず、全般的な傾向として Kaufmann による分類を前提してみるならば、岩田論文が解釈(2)に大きく傾斜していることは、その「自由と運命」という表題や「あとがき」からも容易に予想されるところであろう。そこで、もし解釈(3)はいわばアナクロニズムとして除外できるとすれば[5]、『詩学』の立場(1)と「自由と運命」論文に見られるような立場(2)とをギリシャ悲劇を読解するうえでの二大傾向とみなしうる。けれども、それぞれの立場を十全なかたちで語りきるのは困難をきわめる。『オイディプス王』の邦訳者の言葉を借りよう。

数多くのギリシャ悲劇作品のなかでも、古来傑作の誉れたかいこの『オイディプス王』について、ここで何が言えるであろうか。人間存在を包み支配する、不気味で非情な運命のことか。最高度に発揮

された、作者の技法のことか。［中略］しかしながら、作品の思想や手法に関するどれほど的確な説明といえども、この比類のない悲劇作品そのものを前にしては、なお一種の事後論理めいたそらぞらしさを帯びてくるのを避けがたい[6]。（下線強調引用者）

　ここでもまた、〈運命〉と〈技法〉（プロットはそのひとつである）とが並置され、いまみたギリシャ悲劇解釈の基本的な傾向が確認されているが、訳者は、『オイディプス王』のもつ圧倒的な迫真性を前にしては言葉少なにならざるをえないと告げる。同時にしかし、そうした控え目な姿勢にもかかわらず、こと〈技法〉にかんしては「周辺的な事柄の紹介にとどまる」と断りながらも解説を施している。そして、それを可能ならしめているのがアリストテレスの『詩学』にほかならない。『詩学』の悲劇論が、たとえ「事後論理」にすぎず、しかも〈技法〉主体の論考だとしても、おそらくそれは歴史上最初の事後論理なのである。してみれば逆に、「自由と運命」は事後論理に陥る危険に曝されながらも、人間存在における運命（宿命）の実相を抉り出すべく、それを真正面から取り扱った論文だといえよう。それゆえ、運命と技法との関係を手がかりとする少考にとって、「自由と運命」を運命主題型のひとつの典拠とすることは十分に有効だと思われる。以下、「自由と運命」にみられる見解を「運命型解釈」と呼ぶことにする[7]。
　ここで素朴な疑問が生じるかもしれない。Kaufmannの分類に従い、これまでは〈運命〉と〈技法〉をことさらに対置させてきた。しかし、そもそも両者は互いに背反するものなのか。むしろ、それら二つの型が解釈のいわば両輪となることによって、ギリシャ悲劇の本質と全体像をより豊かに、精妙に描き出しうるとみるのが自然だとも考えられる。この当然とも思われる疑問にもかかわらず、Kaufmannが指摘したような傾向と分類がしばしば語られるのはなぜなのか、それが問われなくてはならない。もし〈運命〉と〈技法〉を同じひとつの車軸の両輪としたとき、歯車の噛み合わせに歪みと軋みが生じることになるのはなぜか、

それが明確にされなくてはならないのだ。『詩学』のアリストテレスは、この問題をどのように考えていたのであろうか。

2　運命型解釈の視点とその検討——ミーメーシスとしての悲劇

　まず、運命型解釈の要衝を確認しておきたい。論文「自由と運命」の末尾に見られる「存在への聴従」といった言葉や行間に影を落とす叙述の色調からも窺い知ることができるように、運命型解釈は実存主義的な気配をたっぷりと吸い込んだ文彩によって解釈者の見解を吐露する。しかし、本稿ではその検討は割愛し、意識的に、〈運命主題〉対〈技法重視〉を際立たせることに議論を集中する。そして、その角度からみると、運命型解釈はそれを支える論理的もしくは哲学的な基盤に着目するかぎり、ある鮮明で明解な前提に基づくように思われる。小論が注目し検討したいのも、そうした指針的前提にほかならない。
　では、それはどのようなものか。運命型解釈における『詩学』への言及を確認しておこう。それは、つぎに引用する二箇所である（そしてそれがすべてである）。

> 　一群の文献学者たちは、アリストテレスの悲劇論に曳きずられて、このような場面［ライオスの殺害犯人を探索詮議する経緯］のうちにオイディプスの**性格的欠陥**を求め、これを敷衍して全編を一種の『罪と罰』の物語と解するが、この試みはソフォクレスの意図に充分には添わない。(20、下線強調と［　］の補足は引用者）

そして、この引用文に付された注においてアリストテレスの悲劇論は、

> 　ごく簡単にいえば、悲劇とは、卓越した人が悪徳によってではなく、なんらかの弱点（欠陥、ハマルティアー）によって没落するとき、

第6章

　　もっとも本来的に成立する、という理論（202 注 90）

　と定式化される。『詩学』の悲劇論は、諸解釈者がソポクレス悲劇（ここでは『オイディプス王』）の核心を見誤る一因として指弾されるのである。さきに引用した Kaufmann も、「プロット説」における「ハマルティアー」をアリストテレス自身が十分に説明していないために「性格説」に解釈が流れてしまうと推測している[8]。その性格説への異論を提起することによって、運命型解釈はアリストテレスの悲劇論の視点つまり〈技法〉を離れて〈運命〉へと重心を移動させるのである。

　では、性格説を否定する運命型解釈がそれに代わるべく提示する視点は何か。それは、論文の末尾で結論づけられているところの、「人間ではなく神が万物の尺度である」（51）とするプラトン哲学にほかならない。つまり、『オイディプス王』の思想はプラトンの思想圏内へと収束していくというのが、運命型解釈の基本的な見解にほかならない。

　オイディプスにたいする運命型解釈の語調は、全般的にいって、苛烈である。オイディプスは「ヨーロッパにおける近代的人間像の原型」（12）として押さえられたうえで、現象的には、「不屈の独立心と鋭利な知力を兼備」（10）し、「一介の旅人から王位へ駆け登った天の寵児」（18）にして「苦境を乗りこえて成功の絶頂に立った努力の人」（同）であるが、真実には、「盲目の流人」（6）「罪業の化身」（同）「汚れた盲目の乞食」（7）「幻想を食む存在」（21）「錯誤の生涯」（21-22）にすぎないと断罪される。

　こうしてみれば、運命型解釈の基盤にあるのは、現象と実在、臆見と真実とを峻別するプラトンの「二世界論」なのである（22-23, 26-27）。「自己意識が客体により絶え間なく粉砕されてゆく姿」（7）や「臆見に溺れている人間に逆の真実が襲う姿」（同）を鮮烈に描き出すのに、たしかにプラトンの二世界論はひとつの強力な構図を提供するように思われる。こうして、技法重視型がアリストテレスの『詩学』に結びつくのにたいして、運命主題型はプラトン哲学を志向することになる。

さて、もし以上のとおりだとすれば、本章第１節で述べたところの、なぜ〈運命〉と〈技法〉とのあいだで軋みが生じるのか、という疑問にもひとつの見通しが得られたことになる。運命と技法をギリシャ悲劇解釈の両輪として組み込めないのは、その背景に、プラトンとアリストテレスを思想的に調停することの困難さが伏在しているからである。では、一方がアリストテレスであれば他方が誰になるかはなかば自明であるという意味で、予想通りといえなくもない運命主題型と技法重視型との対立は、『詩学』の悲劇論を解明しようとする本考察にとってどのような手がかりを与えることになるのか。運命型解釈をさらに引用しながら、運命主題型を検討することにしたい。

　[1] 運命型解釈はプラトンの二世界論を拠り所とするのであるが、そこに見出された世界像はさらに、ヘラクレイトス、パルメニデス、ホメロス、テオグニス、ピンダロスといったギリシャの思想・文学全般に適用されていく。二世界論は「哲学者の単なる極論」（25）ではなく、哲学と文学はいわば混然一体となって「ギリシャ人の伝統的な人間観」（22）を語るものとみなされる。こうした理解は、ギリシャ悲劇の中から運命や神を積極的に読み取ろうとする運命型解釈にとって、きわめて自然な道筋だといえるかもしれない。
　しかし、悲劇を含む〈文学〉と二世界論のプラトン〈哲学〉とを無条件に一元化することはプラトンのあの「詩人追放論」に抵触するのではないのか。たしかに、ホメロスの叙事詩にも、ピンダロスの詩にも、パルメニデスの思索にも、プラトンの神観念の先行的な把握や類似性を指摘できるかもしれない。しかし、もし神（運命）を文学という形態で表現することが、つまり、プラトンの規定によれば、「ミーメーシス」（模倣）という媒介を用いて描くことが、そのまま哲学的思索の営みと同質のものだとしたならば、哲学は文学の二番煎じに甘んじることになろう。文学の営みに「哲学的昇華」（26-27）を賦与することは最終的には拒否されねばならないというのが、詩人追放論の眼目であると考えらえるか

らだ[9]。

　[2] また、運命型解釈にみられる、神や運命を「抽象化」(48)した捉え方にも疑問が生じるかもしれない。先ほども引用したオイディプスへの手厳しい発言は、運命型解釈によれば、劇中のオイディプス一個人、さらにはオイディプス的性格の人間に限定されるものではなく、人間の本質的な存在様式として普遍化される。「オイディプスの悲劇は罪に対する罰ではない」(42)。「オイディプスはまた、状況判断の甘さ、常識的な意味での無知、蒙昧なる過誤によって没落したのでもない」(43)。「オイディプスには、倫理的にも、知性的にも、性格的にも、没落すべき理由がない」(同)。「オイディプスに「咎め」ありとすれば、それはかれが人間であったということになる」(44)。

　こうして、オイディプスの断罪とはすなわち人間の断罪にほかならない。悲劇的なあり方は、人間存在の本質そのものと同化されるのである。ここには、アリストテレスの悲劇論に曳ずられてオイディプスに性格的欠陥を求める「一群の文献学者」とは基本的に異なった、すなわち、キリスト教的な原罪思想とでもいうべき人間観が強く滲み出ているように思われる。そこで、もしアリストテレスの悲劇論の立場からの異論を簡潔に代弁するならば、つぎのようになるだろうか —— The tragic aspect of life is only one aspect. [10]

3　『詩学』の創作論 —— ミュートス(物語)としての悲劇

　前節でふれたように、「ミーメーシス」という観点は運命型解釈の「自由と運命」では問題となっていない。『詩学』では、「まじめで厳粛な行為の、そして一定の大きさをもって完結している行為の、ミーメーシス」[11]が「悲劇」の定義とされているにもかかわらず、アリストテレスの悲劇論を批判的に要約した箇所でもそれは同じである。運命型解釈

がミーメーシス概念を考察に組み込まなかった理由は、その主題があくまでも悲劇作品において暗示された運命や神を探り出すところにあるからであろう。そして、ミーメーシスそのものは基本的には、悲劇の形式的構造ないしは技法にかかわる概念であって、悲劇の思想的側面（運命・神など）に直接関与するものではないという暗黙の了解がはたらいていたのかもしれない。だが、悲劇（を含めた芸術全般）の本質的な構成要件とされるミーメーシス概念を無視することには危険が伴うというのが、プラトンの哲学的判断であった。

　こうしてみると、悲劇解釈の基本的な傾向が運命主題型と技法重視型とに分裂し、そこに軋轢が生じる素地をつくったのは、じつは、運命型解釈が依拠したプラトン哲学だということになる。悲劇（の主題）＝運命（神）＝哲学という運命型解釈の等値関係は、悲劇＝ミーメーシスと哲学＝イデア認識という次元の異相を前提とする詩人追放論によって破綻するか、少なくとも再考を余儀なくされる。逆に言えば、悲劇解釈が悲劇の主題（運命・神）を語ることに専心するためには、可能なかぎり、技法への言及を控えるのが得策なのである。

　同時にまた、運命（神）という主題は本来、悲劇と哲学のいずれに帰属する（のがふさわしい）事柄なのかが不明瞭となる。というのは、詩人追放論という哲学的な議論もまた、運命の問題を等閑視しているわけではないからである。というよりもむしろ、『国家』でのプラトンの言い方を用いれば、議論の背景には「運命に対する最も正しい対処の仕方」[12]（藤澤訳）をどのように捉えるかという大切なモチーフが控えており、そのための詩人追放論でもあったのである。哲学もまた、運命そして神を論じうるし、また論じなければならない。運命（神）という主題を、ある人は文学的に、ある人は哲学的に表現するという可能性を、すなわち、それはたんに表現方法・表現手段つまりは技法の違いでしかなく思想内容では同等同質であるという見解を、プラトンは原理的に認めない。技法の差異は主題のあり方そのものをも本質的に変質させてしまうのである。技法を軽視する（とされる）運命型解釈はこの見解にどう

対処するのか。

　この問題状況に直面したとき、それを問い直すための手がかりをアリストテレスの『詩学』に求めてみることはあながち見当違いではないと思われる。なぜなら、アリストテレスこそはプラトンのミーメーシス概念を継承しながらも、その詩人追放論への批判を提示することによって、創作芸術（ここでは悲劇）独自の固有性を確立しようとするからである。ごく限定された範囲だけにならざるをえないけれども、詩人追放論にたいするアリストテレスの応答を検討することにしたい[13]。

　ところが、アリストテレスが文芸（創作）を救済しようとした論理は、周知のように、いささか奇妙なものである。

> 〈実際に起こった出来事〉ではなく〈起こる可能性のある出来事〉つまり〈蓋然的あるいは必然的に可能な出来事〉を語ることが詩人［作家］の仕事であることは、明らかである。なぜなら、歴史家と詩人との違いは、韻律を語るか散文を語るかにあるのではなく、［中略］歴史家は〈実際に起こった出来事〉を語るが、詩人は〈起こる可能性のある出来事〉を語る、という点にあるのだから。このゆえに、詩作［創作］は歴史と比較してより哲学的であり、より崇高なのである。というのも、詩作が語るのは〈普遍的な事柄〉であり、歴史が語るのは〈個別的な事柄〉なのであるから。
> （1451a36-b7）

　一般に、詩人追放論は〈芸術〉にたいするプラトンの認識不足を露呈したものと受けとられるが、それと同様に、アリストテレスによる創作擁護論は〈歴史〉を不当なまでに過小評価していると批判される[14]。しかし、創作を救済するという当面の目的のためには好意的に受けとめる視点がないわけではない。歴史と作家との関係について、つぎのような補足説明が述べられているからだ。

かりに歴史的な出来事［実際に生じた出来事］を作品化する［作る］ということがあったとしても、そのために作家たる資格が減少するというわけではない。というのは、実際に起こった歴史上の出来事であっても、そのなかには、〈もっともな成り行き〉だと思わせるようなものも充分ありうるのであって、作家がそこさえ捕まえるならば、彼はそれらの出来事のまさに作家であるといえるのであるから。(1451b29-32)

　ここでは、歴史における物語性もしくは創作としての歴史の可能性が認められている。伝統的な逸話や神話（ミュートス）を題材にして悲劇作品が創作されるように、歴史的な出来事はそこから「もっともな成り行き」としての物語が抽出されるならば、たんなる羅列的な記述を越えて、ひとつの物語構造（ミュートス）をもった歴史記述に編成されうるのである。こうした発言を踏まえて『詩学』の基本的な立場を検討してみれば、アリストテレスの主張も不当とは言えないのではなかろうか。以下、その筋目を辿ってみることにしたい。
　すでに述べたように、アリストテレスは「悲劇」の核となる部分を「行為のミーメーシス」として把握する（1449b24, 36, 50a16-17 et al.）。そして、「行為のミーメーシス」は「物語」（ミュートス）と言い換えられ（1450a3-4）、後者はさらに「出来事の構成（組立て）」と説明される（1450a4-5）。悲劇とは、かくして、（悲劇固有のよろこびをもたらすように[15]）出来事の構成を創作すること［出来事を組み立てること］にほかならない。
　創作をミーメーシスと規定することはプラトンからの継承であったが、そのミーメーシスをミュートスと置換したのもプラトンを意識してのことである。プラトンによれば、すぐれた哲学者はすぐれたミュートスの書き手でもなければならなかったからである[16]。アリストテレスもこう語る。「作家はミーメーシスという観点に即して作家であり、そして行為を描写する（ミーメイスタイ）というそのかぎりにおいて、作家

は［中略］ミュートスの作り手でなければならない」（1451b27-29）。アリストテレスの着眼はそのミュートスを、「出来事の諸部分を組み立てるにあたっては、そのどれひとつを他の場所に移したり取り去ったりしても、たちまち全体が動かされてばらばらに解体してしまうような」（1451a33-34）、必然性もしくは高い蓋然性をともなった構造体として捉えたところにある（1451a37-38）。

こうしてアリストテレスにあっては、物語的な構造を作る（もしくは語る）ことができるかどうかが「哲学的」か否かの基軸的な判定基準となる。プラトンでは、創作はミーメーシスであることによって哲学から峻別されたが、アリストテレスは物語の構造性に着目することによって、文芸全般はもとより、歴史の一部にも「哲学的であること」（哲学性）を —— もちろん程度の差はあるけれども —— 認めるのである。

4　物語と哲学 —— アリストテレスの場合

だが、物語の構造性はなぜ「哲学的」だと言えるのか。その論拠は生物の有機的構造との類似関係に見出される。

> 物語は悲劇の原理（アルケー）であり、いわば悲劇の魂（プシュケー）のようなものである。（1450a38-39）

> 物語は、ちょうど生物（動物）のように、ひとつのまとまった全体となって、それ自身に固有のよろこびをあたえる。（1459a20-21）

創作は、それが生物的つまり有機的な構造を有するかぎりにおいて、アリストテレスの基準に照らせば、哲学性を確保しうる。なぜなら、生物学を基軸とする「自然学」の延長線上には —— プラトン的な断絶を伴うことなく ——「哲学」としての「形而上学」が位置するはずだからであ

る。生物学的考察から析出された「形相」や「目的」といった原理的要素は、そのまま（類比的に）歴史記述や文芸作品の内部構造にも賦与されることによって、それを創作する行為自体がひとつの哲学的営為として位置づけられる。その意味も込めて、「技術は自然を模倣する」[17]。

　ある注釈者は詩人追放論へのアリストテレスの対応をつぎのように理解する。すなわち、創作は哲学（形而上学）ではないという詩人追放論にたいして、アリストテレスは「創作にはそもそも形而上学的な次元はないのだ」という論点先取的な、開き直った反論をしたのだ、と[18]。しかし、そうではない。「物語」の射程は深く、そして広いのだ。とはいえ、こうしたかたちで顔をのぞかせるアリストテレスの、いわば生物主義とでもいうべき立場が創作（模倣）の哲学性を保証するにしても、われわれの課題であった〈運命〉と〈技法〉との関係を見定めるうえで、どのような意味をもつのか。

　前節の考察から〈神〉にかんしてはひとつの手がかりを得る。有機的構造性（物語性）を類比的媒介項とした、歴史－文芸－自然学という階層性は、最終的には、「形而上学」の神観念へと連接していく。とすれば、物語性に着眼するかぎりにおいて、悲劇にも神観念が投影され、そこから形而上学の神を遠望することができる。しかし、この神観念はあくまで形而上学的な神（にすぎないの）であって、悲劇（ことにギリシャ悲劇）で語られるところの、人間の行為と生に関わる意味での神（運命）ではないと反論されよう。

　留意すべきは、われわれはいま二つの神観念に出会っているという点である。すなわち、「形而上学の神」と「悲劇の神（運命）」である。『詩学』の立場において前者を消去することはできない。その神観念は、作品（創作）が作品として存立するために、物語（生物的有機的構造）という哲学性を保証する根拠であり、創作と哲学を分断する詩人追放論に抵抗するための防衛線だからである。悲劇作品は、それがすぐれた物語構成をもつ作品であるほど、「機械仕掛けの神」も不合理・不条理な出来事も必要としない。物語における「逆転」（ペリペテイア）と「認

知」(アナグノーリシス) という劇的な契機 (『詩学』第 11 章) にしても、それはどこまでも物語全体としての一貫性と整合性に即したものでなければならない。

> もしどうしてもやむを得ぬ場合には、不合理なものは劇の外に ［物語の外部に］置かれなくてはならない。(1454b7)

それゆえ、この神観念には基本的に、いかなる意味での不条理性・不合理性もありえないし、またあってはならない。しからば、後者の神観念つまり悲劇の主題としての神はどうなるのか。主題としての神とは、運命型解釈の表現を借りて言えば、「人間にとり憑いてその行路に致命的影響を与える「なにものか」」(48) であり、「人生の成否は人間の性格や判断ではなく、その人間のダイモン(運命)にかかる」(同)「性格こそ人間のダイモンである」(同) と語られる意味での神である。つまりそれは、ギリシャ人がホメロス以来伝統的に継承してきた神観念もしくはその変容である。それゆえ、この神観念は人間にとって不条理なものでもあって構わないし、むしろその方が効果的でさえある。

それでは、アリストテレスは二つの神観念に照応するかたちで、どのような区分を設定するのか。『詩学』において、その区別はある決定的な仕方で提示される。すなわち、悲劇の構成要素（部分）としての、〈物語〉（ミュートス）と〈性格〉（エートス）との対比関係（優先順位）が、それである。そして、運命型解釈にも見られ、また『詩学』の解釈としても引用参照されることのある[19]、「エートスは人間にとってダイモーンである」という箴言的な命題が示唆するように、もし悲劇の主題としての運命（神）を語ろうとするならば、それは〈性格〉においてであるというのが、『詩学』の立場となる。だが、先にも述べたように、ギリシャ悲劇解釈としての『詩学』への不満は強い。たとえば――

> 彼［アリストテレス］の考察は、悲劇の構造的・機能的な側面に焦

点が当てられ、神、運命などの不合理な要素はほとんど無視されている。『詩学』は神、運命などのギリシャ文学の伝統的要素を考察の対象から省いたために普遍的な文学理論となりえたが、神と人間との関係は、ギリシャ悲劇の本質ともいうべきものであり、これらを考慮にいれずして悲劇を論じることは本来できないはずである[20]。
（下線強調と［　］の補足は引用者）

　しかし見てきたように、アリストテレスは不合理な神・運命を黙殺しているのではなく、その位置づけを変更しただけである。〈物語の統一性〉という最大要件を損なっては、悲劇をどのように論じるにしても作品としての価値は激減するということは、否定できない事実であろう。そのかぎりにおいて、ギリシャ的な神や運命は第二番目（「性格」の項目）に置かれなくてはならないということは、冷静な、そして健全な判断だと言わざるをえない。
　こうして、形而上学の神は〈物語〉に、悲劇の主題としての神は〈性格〉に振り分けられたことになる。たしかに、物語と性格との関係をどのように捉えるかという問題が『詩学』解釈において錯綜していることは事実である。しかしその叙述に即するかぎり、すなわち、物語（出来事の構成）が悲劇においては「最大の事柄」であって（1450a15）、性格は第二位にランクされること（1450a39）、また「諸々の出来事と物語は悲劇のテロス（目的）である」（1450a22-23）、「［物語の本質的構成要件である］行為なしに悲劇は成り立ちえないが、性格を抜きにしても悲劇は成り立つ」（1450a23-25）という発言を見るかぎり、物語と性格との相補性を過度に強調する見方は逆に、アリストテレスの意図を見失うことになる[21]。
　アリストテレスのこうした立場は、詩人追放論への対応としてみると両面作戦だったと言えよう。すなわち、〈物語〉という側面から創作と哲学とに類比的な共通性を見出すことによって創作の哲学性を擁護するという点では、反プラトン的である。しかし、そうして取り出された物

語性に込められる神観念は、ギリシャの伝統的な神観念からは峻別され、後者の神観念（悲劇をはじめとする文芸が主題とする神）は第二義的な位置を占める〈性格〉の中に置かれるべきであるという点では、プラトン的なのである[22]。

　さてしかし、もし以上の見方が妥当だしても、なお問題は残る。すなわち、それのゆえに（悲劇の主人公が）幸福から不幸へと転落するところの「ハマルティアー」をどのように位置づけるかという問題である。

　すでに述べたように、このハマルティアーをアリストテレスは明確に説明していない。このため、たとえば『ニコマコス倫理学』E巻第8章の記述などとの連関が解釈者のあいだでは種々論議されることになった。しかし、ハマルティアーが語られるのは明らかに、〈性格〉ではなく〈物語〉が論じられる文脈（『詩学』第13章）においてである[23]。したがって、ここでのハマルティアーを問題とするかぎり、たしかに運命型解釈が指摘したように「性格説」は成り立たない。しかし他方、運命型解釈のように、ホメロス以来のギリシャの神々に言及しつつ、それを人間的悲劇の契機としてハマルティアーに接合することもできない。なぜなら、『詩学』の枠組みでは、そうした不条理な神観念が機能しうるのは〈性格〉をおいてほかにはないからである。

　ハマルティアーは〈物語〉のなかに組み込まれざるをえない。だが、必然性もしくは高い蓋然性が要請され、整合性と一貫性が支配するとされる〈物語〉の内部に、ハマルティアーという偶然性・逸脱性を含意する要素が介在することは、それこそまさに不条理・不合理なのではないのか。けれども、われわれはここでアリストテレスが〈物語〉に込めたその原基的な視点を想起すべきであろう。すなわち『詩学』の物語は、形而上学的な領域にも通底する生物学的な有機的構造をモデルとして語られたものであったとすれば、アリストテレスも認めるように、その構造にはある種の誤差・逸脱というものが、ある許容範囲において存在しうることなのだ。『形而上学』の事例に即して言えば、「人間は人間を生み、馬は馬を生む」というのが自然本性的であるのにたいして、「馬が

ラバを生む」という反自然的 παρὰ φύσιν な出来事がそうした逸脱に相当する[24]。

したがって、生物的有機体がその内部にもつ逸脱形態を類比的に投影したものが、悲劇の物語構造の内部に存在するハマルティアーにほかならない。このような反自然的なハマルティアーの存在は、自然の偶然性あるいは不条理性を証拠立てるためのものではなく、むしろその背景にいわば岩盤のごとく存在する合目的的な必然的自然を指し示すものである。アリストテレスは、悲劇『オイディプス王』においてソポクレスが物語ろうとした「人間のあるべき姿」(1460b33-34) —— それは悲劇的であるはずはない —— を、そうした逆説的な構図の中に読みとるのである。その意味において、ハマルティアーとはまさに「神の痕跡」だと言えるかもしれない。

しかしながら、ハマルティアーはあくまでも〈存在〉における負の側面であり背面である。それゆえ、アリストテレスにとって、悲劇がまさに悲劇であるかぎりにおいて、「存在への聴従」を全面的に「作ル」(創作する・作品化する) ことはありえない。その課題に応えうるのは、アリストテレスの思惟においては、言うまでもなく「存在(ある)としての存在(ある)」を探究する「形而上学」となろう。われわれはこうして最終的には、『詩学』という「物語の哲学」から『形而上学』という「哲学の物語」へ —— アリストテレスの区別で言えば、「作ル」から「観ル」へ —— その探究場面を移し変えなくてはならないのである。もとより、その「哲学の物語」そのものにもハマルティアーはあるのか。もしあるとすれば、いかなるハマルティアーなのか —— その考察は稿を改めるほかはない。哲学の〈運命〉も〈技法〉も、第一義的には、そうした場面で語られることになる。

5 「詩人追放論」再考──歴史と物語との区別

　前節末尾の問いを脳裏にとどめながら、〈物語の統一性〉がどのような〈時間〉につながっていくのかを追尾することにしたい。あらためて詩人追放論批判の論理を確認するところから始めよう。

　その論理は、ミーメーシス［模倣］としてのポイエーシス［詩作・創作］がもつ欠陥としてプラトンが指摘した、［1］真実から遠ざかること三番目に位置する、［2］情操教育上好ましからざる影響を及ぼす、という「詩人追放論」の論点のうち、前者への批判を企図したものと考えられる。そして、『詩学』の論述に即するかぎり、詩人追放論への対処としてアリストテレスは、歴史－物語的歴史－詩作［物語］－生物学－哲学、という位階的秩序を想定し、それを反駁の梃子にしているとみてよい[25]。これら諸学の関係は、有機的構造をもった物語性という基準に照らしてみれば、プラトンが主張するような意味での二世界論的な隔絶としてではなく、程度の差はあるものの、ゆるやかな連接体を形成しているというのが、その眼目となる。その位階関係において、生物学と物語的歴史はそれぞれ、哲学と詩作との、および詩作と歴史との結びつきをより円滑にするために組み込まれたものである。

　とはいえ、アリストテレスの提案がそれなりに独特の着想と説得力をもつとしても、詩人追放論への批判としては的をはずしているようにも思われる。詩人追放論によって断罪される詩作は、歴史という、さらに下位のものがもちこまれることによって相対的な昇格（「より哲学的」「より崇高」）が見込まれるかもしれない。しかし、「真実から遠ざかること三番目」という実質的な落差は依然として変わらないからだ。こうした厳然たる程度の差は、アリストテレスにおいてもやはり動かない。

　くわえてアリストテレスの論述は、別の論争の火種をもかかえこむことになる。それは、すでに述べたように、歴史へのあまりにも偏狭な理解である。アリストテレスは、歴史を偶然的な事実の雑多な寄せ集めとしてしか見ていないように思われる。だが、歴史（ヒストリアー）が詩

作（ポイエーシス）よりもその哲学性・崇高性において劣っているという査定は、歴史（学）の側からすれば屈辱であり、承服しがたいであろう。もっとも、その哲学性・崇高性の内容如何によっては、歴史学はその称号の授与をよろこんで辞退するかもしれない。

とまれ、このように一見して杜撰で難点のある批判的論拠をアリストテレスが提示したねらいは、どこにあるのか。それを見定めることが本章後半の課題となる。欠陥が歴然としているだけに、われわれとしては彼の意図を速断することは控えるべきかもしれない。アリストテレスの立論は、詩人追放論を正攻法で攻略しようとするものではない。ミーメーシスをめぐる争点は、哲学とミーメーシスとの「古来からの反目」[26]からミーメーシスと歴史との対比へと移しかえられている。プラトンにあっては直接論議の対象にならなかったと思われる「歴史」を『詩学』で引き合いに出したアリストテレスの企図が解明されなくてはならない。

歴史（家）と詩作（家）との区別をアリストテレスに即して大摑みに述べれば、過去に起こった出来事を個別的に年代史的に記述する（語ること）が歴史家の仕事であり[27]、他方、詩作家の仕事は、起こりうる（もしくは起こりえた）出来事を蓋然的あるいは必然的な因果関係に基づいて物語ることとなろう。前者はたんに「甲のあとに乙が起こる」というなかば羅列的な体裁をとるが、後者は「甲のゆえに乙が起こる」という形式で語る。両者ともに、出来事の「変化」の記述である。アリストテレスの言い方を用いれば、それぞれの記述は〈始め〉と〈中間〉と〈終わり〉という変化の相に関わっている。しかし、前者はたんに「変化の過程の記述」にとどまるのにたいして、後者は「変化の原因の記述」であって、いわば起承転結の因果的展開を捉えている。だが、もし歴史と詩作とをこのように区別しようとすれば、当然のように、歴史の課題は個別的な事実の蒐集に尽きるものではなく、それらの事実を貫通する因果関係の究明にこそあると反論されるであろう[28]。

われわれはアリストテレスの歴史理解の狭隘さを難じる。しかしながら、翻ってそもそも「歴史とは何か」とあらためて問うならば、そ

の議論がときに政治的なレベルでの泥沼の様相を呈していることも事実である。歴史が扱う対象をアリストテレスの構図に当てはめて、〈個別〉から〈普遍〉へ転換しようとすると、ふたたび抜き差しならぬ論争が巻き起こるわけである。それは、周知のように、「歴史」概念のもつ Geschichte と Historie という両義性 —— アリストテレスの表記で言い換えれば、「実際に起こった出来事」τὰ γενόμενα と「歴史（探究）」ἱστορία との関係 —— に起因する。単純に二極化していえば、論争は、個別的な客観的事実の記述を重視するランケ的歴史観と歴史法則の構築を職分とするヘーゲル的歴史観とのせめぎ合いとなるであろうか。

　そしてその対立は、一方での、歴史を事実の客観的編纂と考え、解釈にたいする事実の無条件的な優越性を説く立場と、他方での、歴史とは、歴史上の事実を明らかにし、これを解釈の過程を通して征服する歴史家の心の主観的産物であると考える立場とのあいだで、その種々のヴァリエーションを巻き込んで、「人間の本性のひとつの反映」[29] と形容されるほどまでに変容していく。さらに昨今にあっては、このような論争の構図そのものを「時代遅れ」out of date の 19 世紀的な歴史学の遺物と断じて、新たな見取り図を提案する流派も誕生している[30]。

　「歴史とは何か」をめぐる振幅の大きい対立の渦中にあって、われわれはアリストテレスの示した歴史理解を検討し直さなくてはならない。そこでまず、アリストテレスが設定した、歴史 – 物語的創作 – 哲学、という序列に照応させるかたちで、いま試みに、指標的な歴史叙述の形態を簡略化して示せば、編年史的記述 – 物語的歴史 – 歴史哲学、といったかたちになるかと思われる。つまり一方には、具体的、個別的な、しかしそのかぎりにおいて客観的でもある事実を網羅的、羅列的に記述する歴史、言うなれば、小文字の真理の探索を主眼とする立場があり、他方には、世界史全体における理性の自己展開的な顕現といった、大文字の真理の追求を標榜する立場がある。そして両者の中間域には、「現実をめぐって歴史学がもたらす真なる知識は、小説がもたらすもの以上でも、以下でもない」とし、歴史学を「フィクション作成作業」とみなす立場

が位置することになろう[31]。もとよりこの図式化そのものは大雑把で単純に過ぎるが、アリストテレスの企図するところを見定めるための手がかりにはなると思われる[32]。

『詩学』のアリストテレスは、歴史を編年史的記述に限定するかのごとき見方をとっている。だが、自説の正当性を根拠づけるために先達の諸見解を一幅の哲学史に仕立て上げることは、アリストテレスの方法論ないし常套手段としてよく知られたところである。ある種の哲学史的考察は、アリストテレスにおいて確固たる地歩を占めている。この『詩学』にあっても、アリストテレスはギリシャ文芸の発生と展開を辿りながら、ギリシャ悲劇がその最高形態に達した経緯を歴史的に証拠立てている（『詩学』第3・4章）。他方また、物語的歴史すなわち歴史の文学化・物語化についても、『詩学』でははっきりとその可能性が認められていたのであった。

> というのも、実際に起こった歴史上の出来事であっても、そのなかには、〈もっともな成り行き〉だと思わせるようなものも充分ありうるのであって、詩人がそこさえ捕まえるならば、彼はそれらの出来事のまさに詩人であるといえるのであるから。（1451b30-32）

アリストテレスにとって、「歴史学の内容は、発見されたものよりはむしろ創作されたものであり、またその形式は、科学よりは文学作品により多くの共通点を有している」[33]といったような見解も、けっして全面的に排除されるものではない。アリストテレスは先の引用箇所（本章第3節）で「歴史」と「創作」（物語）を比較するさいに、「模倣（描写）する」とか「作る」ではなく、ことさらに「語る」λέγειν という表現を用いていた。これは、実際に起こった出来事であれば、それをミーメイスタイ［模倣・再現］することは可能であるが、「起こる可能性のある出来事」を模倣・再現することは、「模倣・再現」を字義通りに理解するかぎり論理的に不可能であると考えられるからである。

第 6 章

　他方でアリストテレスは、創作の信憑性・説得力を高めるためには、過去の出来事や伝承を素材とするのが得策である、という創作上の実際的な心得を指摘することも怠らない（1451b15-23）。当時のギリシャ人にとって、神話やホメロスの叙事詩は歴史に近い位置を占めていたからである[34]。このため彼らにとっては、「歴史上の出来事が［歴史家による呼称よりも］文学作品の名で呼ばれるという倒錯」[35]が生じる度合いは大きかった。歴史的事件は、文学化されて受容されていたと言えるかもしれない。

　こうして結局のところ、歴史記述の三つのどの形式にもアリストテレスは、何らかのかたちでコミットしていると言ってよい。彼は「歴史」が「創作」（物語）や「哲学」に融合することを奇異なものとは考えていない。だとすれば、いよいよもって冒頭で見た歴史への偏向した態度は奇妙な印象を与えることになる。

6　歴史性と事実性

　前節に見たような、歴史概念についてのアリストテレスの理論と実践との懸隔、すなわち、一方には歴史を編年史的記述に限定しようとする論述があり、他方には哲学的考察を展開するために歴史的叙述を手がかりにしようとする立場があるとき、両者のギャップが告げる事態をわれわれは明らかにしなくてはならない。この問題に迫るひとつの指針は、歴史認識のあり方をめぐる論争の基本的な枠組み、および、詩人追放論批判という『詩学』での文脈から窺い知ることができるように思われる。

　まず、個別・普遍の視点からの論争、つまり、歴史記述は個別的な事実の記述収集に尽きるものであるとか、あるいは、それらの記述を素材としてそこから歴史法則とでも言えるものを帰納的に見つけだすことが歴史の課題であるとかいった、個別を基礎においた歴史理解と、これとは逆に、歴史記述とは文学のひとつであり、そこに物語性・虚構性が

273

入り込むことは歴史を歪曲するものではなく、真の歴史認識とは思弁的、抽象的な歴史法則の視点から歴史を総観するものであるといった、普遍重視の立場とを比較考量した場合、もっとも穏当でしかも的を射ていると思われるのは、個別と普遍との相互的、補完的な関係に歴史記述本来のあり方を定位させることであろう。いずれか一方に偏ることも、また、一方から他方への一方通行的な移行で事足れりとすることも、歴史記述としては不十分となる。むろん、この真っ当な方法論を精密に理論化したうえで、実際に的確に過不足なく遂行し、歴史記述の客観性を確立することは、たやすいことでない。現実の歴史記述は、ともすればその平衡を失い、個別的記述、物語的記述、思弁的（哲学的）記述のいずれかに傾斜してしまうのは、われわれがしばしば見聞するところである。しかしその困難さにもかかわらず、ありうべき歴史記述は、個別と普遍とのいわば往還的交差のなかから紡ぎ出されるほかはない。手近なロングセラーの著者による評言を一例として引用しておきたい。

> 組織専攻論の者は理論化・一般化を強く志向し、これに対して歴史専攻の者は「理論」というものに本能的な警戒心あるいは懐疑心を持ち、個々の事象の特殊性・個別性・独自性を強調して理論化に抵抗し続けた。しかし皮肉なことに、理論化を志向した組織論専攻者はいつの間にか歴史における偶然の要素を指摘するようになり、理論化に抵抗した歴史専攻者は理論的用語を用いて分析を試みるようになった[36]。

こうした歴史記述への理解は、詩人追放論の観点から見ると、つぎのように言い換えることができる。詩人追放論批判としての『詩学』の戦略は、叙事詩や悲劇そしてさらには（物語的）歴史にも哲学性（「より哲学的」という性格づけ）を賦与すべく、歴史−創作−哲学という位階に準拠しつつ、哲学をいわば下方へ拡大適用しようとするものであった。では、もしこの戦略が有効だとすれば、それを裏返したかたちで、こん

どは歴史の側を創作や哲学の領域に浸潤させること、つまり、歴史を上方へ引き上げる可能性も配慮されてしかるべきであろう。一方通行的な拡大適用は歴史記述の正しいあり方を損なうというのが、われわれの中庸的な理解だったのである。諸学の底辺部に貶められた感のある歴史は、その形式を変えながらも「歴史」という呼称を保ったまま、哲学や創作を（そのある側面にかんして）歴史化していくことになる。だとすれば、哲学が下方に適用されるとき、まさにそれが哲学であるかぎり保持すべき特性があったはずであるが —— それは『詩学』では生物の有機的構造がその基準値として設定されていた —— 、それと同様に、歴史が昇格するにあたって携えもつべき歴史としての特性がなくてはならない。それは何か。言うまでもなく、編年史的記述としての歴史の基本特性として指定されていたところの、事実性・客観性への要請とその充足である。

　こうした見方は、これまでの議論を元の木阿弥にすると懸念されるかもしれない。「事実」（出来事）と「（言語的）記述」との関係という根本的な問題が、再燃するからである。たしかに、「何かが実際に起きた、とわれわれが言うとき、それは何を言い表し得るのか。この問題は、歴史記述が歴史の思考にたいして提起する問題のなかでも、もっとも厄介なものである」[37]。けれども、歴史が歴史として語られるためには、「まず何よりも記述が、率直な観察が、綿密な調査が、過大な先入観の入らない分類が大切」であって、「見ること、見させること、それが歴史家の仕事の半分を占める」[38]という歴史家の発言は、歴史叙述の原点としてその意味を失うことはないであろう。そして、物語的もしくは虚構的な歴史記述がどれほど積極的、肯定的に受容されようとも、「もし歴史学的言説が、他に呼びようもないので「現実」とでも呼ぶあるものに結びつくのでなかったら、我々は確かに言説のなかにいるとはいえ、その言説は歴史ではなくなってしまう」[39]という指摘は、「歴史とは何か」をめぐる論争以前の、あるいは論争を越えた「歴史感覚」として欠くことはできないであろう。

こうした意味を込めたうえであれば、歴史が編年史的記述として位置づけられることも、けっして不当ではない。むしろ、諸学の総体を事実的客観性といういわば大地に根づかせるために、歴史学は諸学の「基礎科学」[40]として必要不可欠の役割を担うのだ。それは、「歴史家の仕事の半分」ではあっても、歴史－創作－哲学という位階的連続性を無効としないための「必要条件」である。『詩学』では、こうした歴史理解にあえて固執することによって、事実・現実から乖離したプラトン的な学の形態を批判していると考えられる。個別と普遍との相克は、たんに歴史学の方法論にかんする問題でもなければ、哲学固有のテーマでもなく、諸学の体系性全体の帰趨にかかわる問題だといえる。

　ただし、誤解のないように注記しておかなくてならないのは、ここでの「事実的客観性」を「生のままの事実」とみなしてはならない、という点である。歴史－物語－哲学という学的連関は、歴史が発見しうる「事実」というものをすでに制約している。いかなる「第一級資料」といえども、その作成者の視点（つまり物語・哲学の影響）を免れることはできない。その端緒においてすでに、われわれの「知」は歴史－物語－哲学という重層性を帯びているのである。また逆に、歴史から切断された物語と哲学だけでは、「人間の過去の出来事」を探究する学もまた成り立ちえない。歴史という、（過去の）事実性を要請する健全な学の機能も不可欠なのである。

　われわれ人間の「事実」への探究は、こうしてその端緒から終極にいたるまで、歴史－物語－哲学という三者の相互媒介的関係によって営まれている。したがって、「事実」は両義的である。記述的歴史の対象とされる意味での「事実」と、歴史－物語－哲学の相補性によって、その途上もしくは終極において確立されると考えられる意味での「事実」である。ただし、いまも指摘したように、端緒的には前者の「事実」にも物語－哲学は関与している。二つの「事実」はレベルを異にしている。しかしそれにもかかわらず、後者の「事実」——アリストテレスであれば「本質」や「原因」と呼ぶであろうけれども——への学的探究をたんな

る空中楼閣に終わらせないためにも、歴史のレベルでの「事実」への接触というものが欠くことのできない意味をもつのである。こうした「事実」の両義性の観点からすれば、探究とは終始一貫「事実＝プラーグマ」の探究であり、「事実」から「事実」への探究的移行にほかならないといえる。

7　時間の統一性と行為の統一性

　前節までの議論から見て、詩人追放論批判の論拠とした、歴史‐物語‐哲学という位階性には、単純な構成のものではあるけれども、アリストテレスが諸学のあり方をどのように捉えているかということの原基的な洞察が取り込まれていた。最後に、その論点を補強するために、歴史と物語との区別をめぐってアリストテレスが『詩学』で提示したもうひとつの基準を検討することにしたい。アリストテレスは、これまで見てきたような、個別・普遍という二項関係の問題のほかに、〈時間の統一性〉と〈行為の統一性〉という区別にも論及している。「悲劇」つまり「物語」の定義の核となる部分は「行為の模倣」である。とすれば、時間との対比で行為が語られることは、『詩学』全体の主導的な視点である〈物語の統一性〉に通底するように思われる。

> ［叙事詩の］物語は、悲劇の場合とまったく同様に、劇的原理にかなった物語として構成されなければならない、つまり、「〈始め〉と〈中間〉と〈終わり〉を備えたひとつの全体的にして完結的な行為」[41]というものを、物語の主題に据えなければならない。けだし、そのようにしてはじめて、それはちょうど生物のように、ひとつのまとまった全体となって、それ自身に固有のよろこびをあたえることができるであろう。(1459a18-21)

叙事詩の物語を構成するということは、歴史を書くのとは違った種類の仕事でなければならない。歴史においては、説明の対象となる事柄にかんして必然的に要求されるのは、〈行為の統一性〉ではなくて、〈時間の統一性〉である。そこでは、同じ時間の範囲内に起こった出来事であるかぎり、ひとりの人間の身の上のことにせよ多数の人間のことにせよ、すべて無差別に記述され、それらの出来事のひとつひとつのあいだには偶然的な関係しか存在しない。
　（1459a21-24）

　最初の引用では、『詩学』における歴史－創作－哲学という位階性の根拠となった生物主義的な視点が再確認される。そして、それに続く引用において、歴史と叙事詩・悲劇とがあらためて比較対照される。ここでも歴史への冷遇的な評価は歴然としている。歴史の記述は〈時間の統一性〉をもつとアリストテレスは語るが、しょせんそれは編年史的な、つまりは、ひとつの時間軸に沿って作成された年表上の統一性（まとまり）を意味するにすぎない。

　しかし、個別と普遍との問題を踏まえるならば、アリストテレスは〈行為の統一性〉と対をなす〈時間の統一性〉に歴史を封じ込めようとしているのではない。両者の関係を切断するのではなく、両者の対立的関係の相補性によって照明される全体論的な構図を捉え直すことが、その眼目なのである。しかも今度の場合、〈時間〉と〈行為〉という対比は、個別と普遍との場合とは違って（常識的な意味で）自明であるとは言いがたい点を斟酌すべきである。〈時間〉と〈行為〉とがいかなる意味で対置されるのか、をわれわれは問わなくてはならないからだ。くわえて、〈時間の統一性〉は出来事の記述が書き込まれる時間軸（ひとつの年表）によってひとまず説明がつけられるかもしれないが、〈行為の統一性〉については、悲劇にせよ叙事詩にせよ、その作品のなかで語られる（演じられる）行為はなかば無際限にある以上、そこに統一性を見出そうとすることがそもそも無理のようにも思われるのである。

さてこうした問題点を注視しながら、『詩学』の基本的な解釈の方向性を踏まえて、〈時間の統一性〉と〈行為の統一性〉との対比を考えてみたい。ここでの基本的な解釈というのは、アリストテレス哲学の収束点として着目される「自己認識（自己知）」(self-understanding, self-knowledge)[42] という視点にほかならない。もとより「自己認識」は、ヘラクレイトスの断片 116 である「自己自身を識ること、思慮深く考えることは、すべての人間に分け与えられている」(ἀνθρώποισι πᾶσι μέτεστι γινώσκειν ἑωυτοὺς καὶ σωφρονεῖν.) などにも見られるように、ギリシャ思想史における人間観の底流をなすわけだが、この視点を敷衍することによって、われわれがこれまで『詩学』から引用してきた箇所に込められた意味を取り出せるように思われる。そのさいわれわれはさらに、『物語と時間』の著者のつぎの的確な指摘もまた想起しなければならない。

> 現代の物語理論の主要な傾向は —— 歴史記述においても、物語論においても —— 物語を「脱年代順化」することであるというのがほんとうであるなら、時間の直線的表象にたいするたたかいは必ずしも物語を「論理化」することだけを結果としてめざすのではなく、むしろ、物語の時間性を深めることを目指すのである。年代順または年代記録は、その唯一の対立者として、法則またはモデルの無時間性をもつのではない。それの真の対立者は時間性（temporalité）そのものである[43]。

悲劇は —— 悲劇だけにかぎらないけれども —— 言うまでもなく、舞台上の空間芸術であると同時に時間芸術である。悲劇は、それが演じられる（読まれる）ためには時間を要する。にもかかわらずアリストテレスは、歴史の時間と悲劇（物語）の時間とをことさらに対比させることによって、日常的な時間とは異なった時間概念を悲劇に割り当てようとする。悲劇が演じられるのにちょうどよいとされる「太陽がひとまわりするあいだ」ὑπὸ μίαν περίοδον ἡλίου（1449b13）という象徴的な時間

279

はむろん、ある意味ではわれわれがまさしく日頃体験している時間である。しかし、それは悲劇が演じられる劇的時間へと昇華することによって、日常的な時間とは異質な相を帯びる。アリストテレスが歴史の時間と物語の時間とを〈時間の統一性〉と〈行為の統一性〉として言い換えたことの真意は、ここに隠されているのかもしれない。

そこで、〈時間の統一性〉と〈行為の統一性〉との異質性を鮮明なものとすべく、その異質性と、さきに見たところの、個別・普遍の視点からの歴史−物語−哲学という位階性とを交錯させてみるならば、以下に示したような構図が予想される。

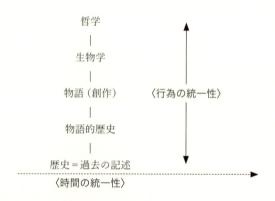

この構図は、歴史にかかわる意味での時間を横軸にとり、それに対置する行為の統一性として語られる劇的（物語的）時間を、前者との異質性を鮮明にするために縦軸に配したものである。そしてこの構図に、解釈の基本的な趨勢として語られた「自己知」という契機を重ね合わせるならば、そこに浮かび上がってくるのは、歴史という時間の大地に直立し歩行する知的探究者としての「人間」の姿にほかならない。縦軸において諸学が占めるその高さと密度は、自己知としての精神の高さであり密度だと言える。その高さと密度がそれに見合う形で「未来」の眺望を可能なものとする。興味深いのは、たとえば『形而上学』E巻に見られ

るような、アリストテレスによるいわば哲学史で常識化した学問分類と比較するとき、上掲の構図はそれとは異なった視点からの、言ってみれば、前学問（前理論）的な、そしてその意味において、より基底的な志向が示唆されている点である。

　もとよりこうした構図は、どこまでも「帰納的・類比的」なものであって[44]、大まかなデッサンの域を出るものではない。けれども、「人間とは何か」「自己とは何か」というテーマをもつ『オイディプス王』を範型とすることによって、悲劇をはじめとする物語の構造分析に着手した『詩学』にあってみれば、この荒削りのレリーフには、アリストテレスが洞察した「学」についての「人間の本性のひとつの反映」が確実に投射されていると思われる。

　こうして見てくるならば、「物語」や「哲学」とともに学の位階性を構成するものとしてその基底部に選択されたのが「歴史」であったことも、そして、それと直接対比されるのが「物語」であったことも、首肯しうる。人間の自己知という重い課題を照射し、しかもそれを時間の視点から語るための学的装置としては、歴史と物語をおいてほかにないと思われる。「歴史」とは基本的に「人間の歴史」であり、「物語」とはまずもって「人間の行為の模倣」である。歴史と物語との臨界面——それが「自己知」への端緒となる。

前途瞥見

　以上で、『アリストテレス著作集』を点描しながらの「アリストテレスの時間」は終えることにしたい。

　本書によって取り出された時間把握は、「詩学の時間」が端的に示すように、ある意味ではきわめて常識的で素朴でそして（おそらくは）穏当な「人間的時間」に回帰するものであった。それは振り返ってみれば、『命題論』の「海戦問題」を起点とした〈ロギコース〉な考察からのな

かば予想された到達点であったのかもしれない。「自然学の時間」のように、エネルゲイア概念の一端に迫ると思われる検討もあったとはいえ、やはり「形(型)」に「実(身)」を入れる〈ピュシコース〉な探究がなお欠落していることは否めない。そのためには、「詩学の時間」でも語られているところの、「生命の原理」としての〈プシューケー〉の探究に着手しなければならない。このことは、〈プシューケー〉の概論的定義のひとつとして、「可能的に生命をもつ自然的物体の第一の現実態」が挙げられていることからも明らかである[45]。つまり、本書が探究の端緒とした『命題論』では、〈プラーグマ〉を語る〈ロゴス〉は可能様相と現実様相とからなる構文をもつものであったが、その重層的構成を具現する〈プラーグマ〉がまさに〈プシューケー〉にほかならないのである。

したがって、前節で見届けたような「自己知」を探究しようとすれば、その課題がつぎのように浮かび上がることも明らかである。

> このささやかな Selbstdenken [自分自身からの思考] を実際に具体的にしていくためには、…一方で現前するものの知覚的に豊穣な実質現象 (光・影・色・形・物…) とそこに貫通する次元現象 (世界性・意味性・空間性・時間性…) について、他方では、世界に内属しつつ世界を現象化する器官の機能現象 (身体・気分・知覚・想像・言語・思考…) について、それらの具体的な記述的追究にたずさわらなければならない[46]。

それにしても、「生きている」とは何か——

紅紫色の花をあざやかに咲かせる百日紅や、その花蜜を求めて飛び交う黒揚羽は、生きている。庭を遊びまわっている子供らも、まさに生きいきと生きているし、それを眺めている私も、(生きいきとはいえないにしても) 生きている (ことを感じている)。しかし、黒揚羽を採ろうとして子供が延ばした捕虫網に、生命はなく、採りそこねた子供が悔

しさのあまり蹴りあげた砂利石も、生きてはいない。そんな情景のなか、灼けつくような陽射しをほんのひととき遮る綿雲も、たとえそれがセミ鯨に似ていようと、ただ一塊の水蒸気でしかない。このように（あるいはこれとは違った仕方で）われわれは、意識するとしないとにかかわらず、われわれの風景に現われるものやそこで出会うものを、生きているもの（生命をもつもの）と生きていないもの（生命をもたないもの）とに区別しながら、まさに生きている（生活している）。

　——こうした判別に、もとよりしっかりとした論拠や確証があるわけではない。それは、なかば感性的、感覚的あるいは（より手軽には）本能的とさえいえるような見分けであり、漠としたものである。生物と無生物とのあいだに、明瞭でしかも万人が認める境界線を引くことは、不可能なのかもしれない。人体内に存在する大腸菌は生きものとみなしうるが、さまざまのかたちで寄生増殖するウイルスとなると、その見解は分かれるようだ。デカルトにとって黒揚羽の飛翔は精巧な自動機械の運動でしかないが、ある理論物理学者にとってはコンピュータ・ウイルスですられっきとした生命体である[47]。タレスは鉄を引き寄せる磁石にプシューケー（生命）を認めていたといわれる[48]。また、ミドリムシのように植物にも動物にも分類されるような生物もある。さらには、ある対象が生命をもつかもたないか（生きているかいないか）の判別は、同じ人であっても、ときにより、状況により、また気分次第で変わりうる。「利己的な遺伝子」や自己と他者とを決定する「免疫機構」が語られる昨今、そのゆらぎは増幅される。ましてや、脳死は人の死か（脳死体は生体か死体か）といった話題となれば、なおさらであろうか。

　子供に蹴られた砂利石も、もとをたどれば、急峻な渓谷を源流とする河を流れ下りながら、いまある形になったものであろうが、それを生み出した時間的にも空間的にも広大無辺な水系・大気系の動きは、有機的な生命システムに擬することができるかもしれない。「生きている」地球である。その中には、さきの綿雲も組み込まれている。一個の砂利石にとって、（子供に蹴り飛ばされての運動はさておき）水流に押し流さ

れて河床を移動することは、血管内を運ばれる赤血球のように、大規模な循環系のなかで刻まれる生命的な振舞いだといえなくもない。また、くだんの百日紅の花一枝を差し活けただけで、（生命はないはずの）陶製花瓶は思わぬ生彩を放つかもしれない。

百日紅も黒揚羽も、そして庭で遊ぶ子供らも、そのように語られたかぎりでは、前掲の定義が示すように、『命題論』の枠組みに即して微修正したものであり、いまだに常識的了解の捉え方にとどまる。それは、アリストテレス哲学の観点から言い換えれば、いま現に目にしている個物を、そのまま現実の結合体として摑み、そこに安定した地平を見ている状態、つまり、結合体を現実態とみなしている段階である。捕虫網でもって百日紅のまわりを飛び交う黒揚羽を採ろうとする子供——この光景は、まさに、物−植物−動物−人間［人物］という「物」の系列そのものにほかならない。

生きていること、生命的な諸活動、感覚・思考その他の心的過程といった現象について、『魂について』 *De Anima* という伝統的な表題をもつアリストテレスの論考はどのように接近しようとしているのか。その解明が「アリストテレスの時間」のさらなる課題となる。そして、この課題そのものは、振り返ってみれば、本書が起点とした『命題論』の冒頭によってすでに予示されていることでもあった。

> 声に出して話される言葉は、魂において受動的に起こっているものの符号であり、書かれている言葉は、声に出して話される言葉の符号である。そして、文字がすべての人にとって同じものではないように、音声もすべての人にとって同じではない。これにたいして、音声は第一に、魂がもつ受動的なものの符号であるが、この受動的なものはすべての人にとって同じものである。また、魂がもつ受動的なものは〈プラーグマ〉［事物・事態］の類似物であるが、〈プラーグマ〉はもとよりすべての人にとって同じものである。このことについては『魂について』のなかで論じられた。それは現在の探

究対象ではなく、別の探究の対象である[49]。(16a3-9)

「別の探究」、すなわち、『命題論』冒頭の道標においてすでに分岐している別ルートへの挑戦とは、「現在の探究対象」のルート上を歩んできた本書に即せば、『魂について』を含めた〈魂〉関連の論考群を「時間論」として読み直すという課題となる。それはとりもなおさず、『自然学』の時間論におけるアリストテレスが、「数(えること)」と「魂」との本性的関係を踏まえながら、「〈魂〉が存在しなければ〈時間〉は存在しない」(223a25-26)と指示していた問題圏に向かう探究にほかならない[50]。

〈魂〉へのルートを選択して、概略的には、感覚→記憶→知性という道程を登攀していくとき、そこに期待されるのは、「日月を切り落とし、天地を粉韲(ふんせい)して不可思議の太平に入る」まえにであれ、あるいは、そのためにであれ、行為と時間の統一性を可能的にもつ人間として、この世界において現実に活動しつつ〈ある〉ことの理論的かつ実践的な探究が立ち現われることである。こうした探究の遂行によって、本書の主題であった「アリストテレスの時間論」は、まさに「太陽がひとまわりする時間内に収まる」というかたちでその円環を閉じることになる。

---

1 *Poetica* 1449b12-13. ἡ μὲν ὅτι μάλιστα πειρᾶται ὑπὸ μίαν περίοδον ἡλίου εἶναι.
2 「自由と運命」の初出は岩田[1961]であるが、本章での引用と頁は岩田[1990]に依る。本文で引用したやや懐古的な要約も、その「あとがき」からの抜粋である。以下、「自由と運命」からの引用頁は本文中に( )で示す。なお、引用文と地の文とで表記上の異同があることをお断りする。
3 Kaufmann[1968] 102-108.
4 たとえば、Else[1953] 306, Rorty[1992] 3, 岡[1990] 342 などを参照。岡からの引用については、のちに本文であらためて言及する。
5 Cf. Dupont-Roc & Lallot[1980] 10.
6 藤澤[1967] 113。
7 本稿が念頭におく対立の構図は、あくまでも「運命」対「技法」であって、論文

「自由と運命」対『詩学』ではない。論述の都合上、「自由と運命」に見出される記述をそのまま運命型解釈とみなして検討の対象とするが、それは「自由と運命」への内在的な批判を意味するものではない。運命主題型の岩田論文をどう評価するかという課題をまともに受けとめ、それに応接する余裕は筆者にはない。

8 Cf. Sherman [1992].また、フライ [1980] 56-57 を参照。
9 詩人追放論の基本的な理解については、藤澤 [1956] を参照。
10 Bradley [1974] 1.
11 1449b24-25.
12 プラトン『国家』604D3-4. Ὀρθότατα γοῦν ἄν τις, ἔφη, πρὸς τὰς τύχας οὕτω προσφέροιτο.
13 ほとんどの解釈者は『詩学』が反プラトン的であるという点で一致している。cf. Halliwell [1986] 19-20 n. 32, Woodruff [1992].
14 Cf. Croix [1992].この議論も含めた『詩学』全体にたいする否定的ないし懐疑的な評価については、以下を参照。Barnes [1995] 272-285.
15 1453b10-14.
16 この観点も含めたギリシャ文芸史の簡明な解説については、藤澤 [1980] を参照。
17 *Physica* 194a21-22.
18 Else [1963] 306.
19 Rorty [1992] 9, Vernant [1992] 28.
20 岡 [1990] 342。
21 Cf. Jones [1962] 29-36, Lucas [1968] 139-140. むろん、両者をいかなる意味でも切断すべきだと主張するわけではない。「物語」は、「性格」も含めたその他の構成要件とともに、悲劇の部分を構成するのである。
22 詩人追放論にたいするアリストテレスの二面的もしくは両義的な対応を見落とすと、Gallop [1990] 171 のように、哲学と悲劇(文学)との境界がぼかされて、その固有性が雲散してしまうか、逆に、Belfiore [1992] 83 のように、プラトンとアリストテレスそれぞれのエートス概念の詮索にこだわることになる(それが無意味だというわけではないけれども)。
23 Lucas [A 1968] 143-144.
24 *Metaphysica* 1033b32-4a2.
25 これまでと同様に、「物語」(ミュートス)をミーメーシスとしての悲劇の本質的部分を指すものとみなし(cf. 1450a4-5)、物語と創作とを同義的に扱うことにする。
26 プラトン『国家』607b5.
27 『詩学』では、こうした歴史家としてヘロドトスが名指しされ(1451b2)、その用例と考えられるものが挙げられている(1459a25-26)。また歴史記述の具体例としては、ツキディデスの歴史書を念頭においたと思われる文例も付されている(1451b10-11)。ちなみにヘーゲルも、実質的にはアリストテレスの見解を支持す

第 6 章

るかのように、「事実そのままの歴史」を書いた歴史家としてヘロドトスとツキディデスの名を挙げている（ヘーゲル［1994］11）。ヘロドトスおよびツキディデスのこうした理解が正鵠を射たものかは疑問であるが（cf. Scholes & Kellogg［1966］59-62）、ここではそうしたタイプの歴史家（歴史記述）が存在すると想定したうえで考察を進める。

28 歴史家からの一例を挙げれば、「歴史の研究はつねに多数の事実を一度に説明しうるような少数の因果関係の究明を、そのひとつの重要な認識目標にしている」（堀米［1961］111）ということになる。
29 カー［1962］39（ただし表記を一部改変）。
30 Jenkins［1995］62. 歴史認識のあり方を考察するとき、個別と普遍という二項関係をもちだすことは、あまりに旧態然とした見方かもしれない。しかし、歴史研究の現場での分析的記述としてその有効性は依然として失われていないように思われる。たとえば、渓内［1995］を参照。
31 シャルチェ［1994］16。
32 なお、編年史的記述の立場からすれば、こうした序列化そのものが否定されることになるかもしれないが、いまは無視する。
33 White［1985］82. 訳出は、シャルチェ［1994］16 に依っている。White の視点をアリストテレスの文脈に流用することには問題があるかもしれないが、ここでは、物語的歴史論のひとつの典型的な定式として理解するにとどめる。
34 Cf. Butcher［A 1907］402-7.
35 野口［1994］10-11。野口が挙げる事例は、いわゆる「赤穂事件」が「忠臣蔵」として流布することになった歴史的経緯である。
36 戸部他［1991］13-4。
37 Ricœur［1985］203（リクール［1990］III 253）。
38 ブローデル［1995］37。
39 シャルチェ［1994］17。
40 宮崎［1993］28。
41 1459a19-20. περὶ μίαν πρᾶξιν ὅλην καὶ τελείαν ἔχουσαν ἀρχὴν καὶ μέσα καὶ τέλος.
42 ここでは以下を参照。Gallop［1990］171, Belfiore［1992］69-70, 野家［2016］20。なお、Belfiore の解釈は Code［1985］1-2 のそれをそのまま援用したものである。
43 Ricœur［1983］53（リクール［1990］I 45 – 46［ただし表記を一部改変］）。
44 幕間 1 第 3 節で述べたように、アリストテレスの形而上学的探究の方法論が投影されている。
45 De Anima 412a27-28. ἐντελέχεια ἡ πρώτη σώματος φυσικοῦ δυνάμει ζωὴν ἔχοντος. ただし、この定義そのものはまだ一般的・総論的なレベルにとどまる。この箇所で概論的定義は三つ挙げられているが、それらの関係も含めて本稿では立ち入らない。

46 篠［1996］214-5。
47 ホーキング［1993］18-19。
48 *De Anima* 405a19-21.
49 訳文は『新版全集』（早瀬訳）に準拠。
50 Cf. Roark［2011］Introduction.

梗概 —— 結語に代えて

> 論理に弱い詩人が「月が赤い円かな姿を現わす」と言うとき、彼は単一不可分の視覚イメージを主語、目的語、動詞の三者で置き換えている（目的語は見え透いた偽装をほどこした主語にすぎないのに）。
>
> —— ボルヘス『続審問』[1]

> ひとは普遍というと、何かすぐに空間的なものを考え、甚だしい場合には歴史地理的な空間だけを考えたりするのであるが、それはむしろ時間的なものなのである。少なくとも帰納法の基礎に考えられる普遍は多分に時間的なのである。
>
> —— 田中美知太郎『ロゴスとイデア』

　第1章をのぞく本書の論旨を「梗概」として以下に記載する。

　第2章では、〈ロゴス＝論理〉のレベルにおいて〈時間〉がどのように取り扱われているのかを検討した。オルガノンにおける〈時間〉は、『トポス論』でのカテゴリー概念（「何か（実体）」「どれだけ（量）」「どんな（性質）」「どこ（場所）」そして「いつ（時間）」など）に見られるように、日常的概念が基礎となる。この点を踏まえて本章では、時間概念の事例的分析として、『命題論』第9章の「海戦問題」（以下「海戦」）に着目した。海戦では「未来単称命題」をめぐる考察が展開されるが、日常言語学派のRyleが指摘するように、われわれは日常生活において「昨日」「今日」「明日」の使い方に違和感を覚えたり間違えたりすることはまずない。しかし、これらの日常語が「過去」「現在」「未来」というやや抽象的な概念となり、さらには、そうした時制命題の「真理値」をどのように確定するかといった問題になると、視界が効かなくなる。そして、真理値（真か偽か）の確定が出来事・事象の必然性を、その不

確定さが偶然性に通じるとすれば、決定論や宿命論といった問題が呼び起こされる。こうして、海戦は哲学的（ときに神学的）な論争の舞台へと変貌する。

本章では、こうした状況にある海戦にかんしてひとつの明快な解決指針を提案したとみなされる Whitaker の解釈を批判的に検討することを試みた。この作業によって、未来時制命題という〈ロゴス〉に照応する〈プラーグマ＝事態［存在］〉について、アリストテレスの基本的洞察の解明を目指した。解釈上の特色となるのは、以下の諸点である（ここでは、Whitaker 解釈との異同を中心に述べる）。

(1)未来単称命題は RCP（Whitaker 解釈による定式で、矛盾対立する肯定と否定命題の「一方が真、他方が偽」という規則）の「例外」ではない可能性を『命題論』の文脈に即して論証した。

(2) Whitaker 解釈では、アリストテレスの曖昧な定式がすべて RCP とみなされている。この仮定によって、海戦の混乱はたしかに沈静化される。しかし本考察の見方では、そうした解消策は海戦の漸進的構成を見失わせる結果になることを論じた。

(3)その漸進的構成の照準は、戦端で導入された未来単称命題ではなく、（「多くの場合」も包含する）「どちらでもある」という意味での偶然性に置かれている。しかも、海戦での「どちらでもある」は、「でたらめ（ランダム）」という存在様態ではなく「人間の選択的行為」に基づいて析出された様相である。

(4)最終的にアリストテレスが海戦から浮かび上がらせるのは、〈プラーグマ〉としての「存在（ある）」を現実様相と可能様相とによる重層的構成として、すなわち、〈あらぬ［ある］がしかしあることあるいはあらぬことが可能なもの〉として捉えることの重要性である。この根本的了解が、アリストテレス形而上学における可能態・現実態という基幹的概念の探究に向けた端緒となる。

以上が、『命題論』で勃発した海戦の基本動向である。重層的構成とはいえ、ここでの〈プラーグマ〉の捉え方はわれわれにとって平凡な事

柄のように思われるが、アリストテレスの論述は、その漸進的構成が示すように、きわめて慎重な運びとなっている。このことは、アリストテレスにとって警戒を要する〈存在（ある）〉の問題が伏在することを予示している。それはやがて、後述するように、〈キーネーシス〉と〈エネルゲイア〉の問題となって表面化してくるのであった。

　第3章では、第2章での様相概念の基底的重要性を踏まえて、『前書』の様相論理を検討した。すなわち、個別諸科学を理論化する道具（オルガノン）となる様相論理をアリストテレスがどのように体系化しようとしたのかを追尾した。『前書』は、様相の付かない定言三段論法についてはほぼ完璧な論理体系の構築に成功した。ところが、様相三段論法の体系では、ケアレスミスと思われる誤記はもとより曖昧さや不整合な記述が頻出する。では、(1)その錯綜の原因は何か。そして、(2)そうした混乱にもかかわらず、『前書』の様相論理体系はどこに向かおうとしているのか。(1)が本章前半の、(2)が後半の課題となるが、その概要は以下の通りである。

　(1)錯綜の主因は様相概念の多義性にあると考えられる。『前書』が対象とする様相概念は、「必然性」「偶然性」「可能性」そして「現実性」（記述上は「無様相」）である。『命題論』の成果として、アリストテレスはすでに明快な「様相概念区分図」を持ち合わせていた。それにもかかわらず、『前書』の論理体系では過誤や不整合が再燃する。理由として考えられるのは、『命題論』で言及された「条件的必然性」や、「どちらでもある」という意味での「偶然性」に分類された「多くの場合」、そして、様相概念区分図における「可能性」と「偶然性」との区別の曖昧さ、である。もし『前書』のアリストテレスが様相概念区分図に忠実に従った体系化を企図していたならば、平凡平板にはなるかもしれないが、混乱ははるかに少なかったと推測される。しかし、アリストテレスが様相概念に着目し、その解明を重要視したのは、自然的世界としての〈プラーグマ〉への問題関心からであった。そのため、「条件的必然性」あるいは「多くの場合」としての必然性、また、たんなる可能性と偶然

性との異同などをどのように体系化して組み込むかという難題にアリストテレスは直面することになった。本章前半では、『前書』での全推論式の検証によって、アリストテレスに固有の存在論的志向の特性を浮かび上がらせることを試みた。

(2)本章後半では、(1)の成果を踏まえて、『前書』の様相論理体系をひとつの理論的体系として俯瞰したときに、どのような図柄が浮かび上がるのかを考察した。(1)でのように個々の推論式の分析は必要最小限にとどめて、全体の構図を析出するための視点と方法に力点を置いた。そこから見えてきたアリストテレスの様相論理体系の特色としては、以下の諸点を挙げることができる。これらはいずれも、従来の解釈では見逃されてきたと思われる論点である。

(i)偶然様相命題（「AはBが偶然的にBである」）を分析するさいにアリストテレスは両義的解釈を導入するが、それは偶然様相のみに適用されるものであって、必然様相命題に拡大適用してはならない。言い換えれば、必然様相命題は、偶然様相とは異なる視点から解析されなければならないのだ。

(ii)偶然様相命題を（第一格での）大前提とする推論式が『前書』では軽視される傾向にある。

(iii)上記二項が連動して、様相論理における「完全推論」は偶然様相がベースとなる。それ以外の必然様相をベースとした推論はむしろ、「不完全」もしくは「無規定」に分類される。この点を勘案して、『後書』における科学的論証の観点からすれば、「完全推論」は「不完全推論」よりもむしろ価値が低いことになる。

(iv)前項を踏まえて、「様相階梯図」と呼ぶ図を試論的に作成した。それに準拠すれば、『前書』の様相論理体系は大略、偶然様相→無様相→必然様相、と段階的に推移するかたちで再構成されるのであった。結果として、「完全」でも「不完全」でもないとされる必然様相の推論は、『後書』の「論証」「論証的知識」として考察されるという展開になるという筋目が浮かび上がることを確認した。

以上が、『前書』の様相論理体系にかんする本考察の解釈上の特色である。アリストテレスは、こうした推論の階層性を念頭に置きつつ、様相概念と時間との関係、とりわけ、必然様相全称命題と全時間命題（<u>つねに成り立つとされる命題</u>）との関係の解明に腐心する。同時に、『後書』最終章で言及され、『形而上学』冒頭で提示される階層性、すなわち、個別的偶然性から普遍的必然性への認識的深化に通じるところの、感覚→記憶→経験→技術→学知という階層性もまた様相階梯図と共鳴しながら重なり合うことになる。こうして、可能態・現実態の起点となる様相概念を系統的に解明する『前書』の様相論理は、『後書』を経由して『形而上学』に流れ込むのである。

　幕間1では、『命題論』『前書』での「様相」と形而上学＝存在論的考察における「アスペクト」との連関を検討した。前章までの考察で、『命題論』『前書』が様相概念を中心にした探究であることが判明し、その方向性も確認できた。しかし、そこにアスペクトがどのように関係するのかはまだ見通せなかった。その検討が幕間1の課題である。ここでのアスペクト問題とは、〈キーネーシス〉と〈エネルゲイア〉との指標的区別として導入される「未完了」と「完了」をめぐる解釈上の問題である。アスペクトは、言語学上の興味深くかつ難題となるテーマであるが、どのような意味においてアリストテレスの形而上学的探究の対象になるのか。幕間1では、アリストテレス哲学の対概念である可能態・現実態およびキーネーシス・エネルゲイアとアスペクトとの連関について、ひとつの論争を手がかりとしながら、問題点の整理と課題を確認した。その検討から見出された方向性は、論争当事者のそれぞれの着眼を統合する視点が問題解決への糸口になること、そして、アリストテレスが提案する「帰納的・類比的」把握という方法論をより具体的な事象に即して展開することが何よりも求められることであった。そこで次章以下では、〈時間〉をめぐる帰納的・類比的な把握の具体的な解明を試みることにした。

第4章では、「アリストテレスの時間論」の本丸である『自然学』の時間論の検討に着手した。これが本章前半の考察となる。後半では、時間了解にも密接に連動すると思われる「(運動にかんする) ゼノンのパラドクス」を取りあげた。それぞれの考察では、幕間1での示唆を踏まえて、従来の解釈の傾向とは異なる観点と着想から再検討することを試みた。アリストテレスによれば、キーネーシスと対置されるエネルゲイアには〈今〉において完結・完了するという特異なアスペクト性が賦与され、これがエネルゲイア概念をめぐる解釈上の難題となってきた。本章では、『自然学』の時間論で提示される〈今〉のアポリアの解消というステップを介在させることによって、逆に、エネルゲイアが完結・完了しうる「〈今〉とは何か」という問いを立て、アリストテレスの時間論を読み解く新たな視点を導入した。従来指摘されてこなかった解釈上の主要な論点は、以下のものである。

　〈今〉のアポリアは〈点〉とのアナロジーによって生み出されるが、アポリアの記述に基づけば、原子論的つまり延長的かつ分割不可能な〈今〉の導入によってアポリア自体は解消される構成になっている。このような〈今〉の捉え方は、「いま彼は来たところだ」「いま彼は出るところだ」といった日常的用法（それぞれ過去と未来の時点を指す〈今〉）を別にすれば、アリストテレスの見解には合致しないとして顧みられることがなかった。それゆえ逆に、アポリアの困難さは残ったままとなる。しかし、アリストテレスが〈時間〉の定義（「前後にかんする運動の数」）を導出する過程では、とりわけ、時間知覚の分析的記述においては、延長的な〈今〉そのものが〈時間〉としても捉えられている。つまり、アポリアを解消する〈今〉がそのまま定義の〈時間〉に転用されるのである。

　このような〈今＝時間〉概念への着目によって、従来の解釈では説明の困難であった問題にも解決の糸口が与えられる。まず、アリストテレスの時間論では、〈時間〉のアポリア［過去も未来も存在しないといった周知の問題］が解決されず、〈時間〉の存在が論拠づけられていない、

という解釈上の問題があったが、それは〈今＝時間〉によって解決される。また、〈今＝時間〉をあえて図化すれば、○─── ○のようになるが、このようなかたちで空間化された時間表象では、二つの〈今〉が同時に存在するという矛盾した事態が生じる。だが、アリストテレスによれば、両端の二つの〈今〉は「時間の限界」としての〈今〉ではなく、時間知覚の「基体」となっている運動の局相として析出される限界にほかならない。さらには、〈今〉が「時間の単位」であるというわれわれの常識に反するように思われる見解も、原子論的な〈今〉を認めるならば、不自然ではなくなる。

　このようにして、〈今＝時間〉はむしろアリストテレスによる記述に即した概念であることが確認できる。とはいえ、この時間了解が十全に機能するためには、形而上学的な飛躍ともいうべき自然観・宇宙観が要請される。すなわち、天体の運行（アリストテレスにとっては「日（太陽）」や「月」）が顕示する秩序的自然観とそれに照応する人間の認識（観想）への確信がなければ、「時間の単位」の原基としての「日」や「月」もまた崩れ去るほかはないからだ。翻っていえば、もし〈今＝時間〉を析出する場となった運動の「感覚」（見る）が天体の円環的運動の「観想」（観る）にまで昇華しうるのであれば、このような「観想的活動」こそが〈今〉において完結（完了）する〈エネルゲイア〉の範型になる。

　以上の時間論を踏まえれば、難問（あるいは奇問）とされる「ゼノンのパラドクス」についても、『自然学』のアリストテレスは「〈今〉における運動」の可能性という視点から解決を試みていることが、テクスト解釈の面でも事柄そのものとしても、論拠づけられる。この点を鮮明にするのが第4章後半の考察である。パラドクスの解決を文脈に即して漸進的に再構成する視点が、従来の解釈では軽視もしくは見逃されてきたといえる。とりわけ、「二分割」を後退型、「アキレウス」を前進型として区別する解釈はパラドクスにたいするアリストテレス自身の応答に即するという点、そして、最終巻の修正案は自然学的・宇宙論的な文脈に置かれ

ているという点が重要であった。これらの視点からは、本章前半で解明された時間了解にも通底する存在論的な地平が拓かれるのであった。

　幕間2では、「時間のアポリア」に通底する「ゼノンのパラドクス」を解決した直後においても、アリストテレスは「アスペクト問題」にはなお慎重な態度を保持している、という点に着目した。このことは、本考察の起点であった〈ロゴス＝言語＝論理〉と〈ピュシス＝自然＝世界〉との端緒的かつ基底的な関係を照射するためには、さらなる探究の要請を示唆する。本幕間では、「著作集」「自然学」「パラドクス」という三つの文脈を再確認しながら、「アスペクト論」の眼目が「アスペクト」に過度に傾斜した「世界の眺め方」をいま一度「テンス」の視点から補正あるいは冷却するところにある、という解毒剤的な視点を明らかにした。それをうけて、つぎの第5章では「倫理学の時間」、第6章では「詩学の時間」を追究することにした。

　第5章は、天空の運動に飛翔した感のある〈行為＝観想〉と〈時間〉をめぐる高みから反転して、地上の行為に目を向ける考察である。第3章で言及した、（『形而上学』冒頭での）感覚→記憶→経験→技術→学知という階層的深化は、アリストテレスの哲学的志向が経験論と合理論との統合にあることを告げる。本章では、地上的な行為、しかも、観想のような範型的行為からみれば、逸脱的で価値の低い行為とみなされる「無抑制」（意志の弱さ）を題材とする。

　『倫理学』の無抑制論は、アリストテレスの哲学的探究の方法論、すなわち、パイノメナの列挙→アポリアの提示→その解決（＝事柄の発見）、というステップにほぼ忠実に従って展開される。このことは、アリストテレスにとって無抑制が無視できない枢要なテーマであり、その考察にはしかるべき周到さが求められることを意味する。

　本章前半では、アリストテレスの倫理学・政治学全体のなかで無抑制問題が占める位置と役割を見定めた。そこに浮かび上がるのは、ギ

リシャ思想史では中心的な対概念のひとつとみなされるピュシス（自然）とノモス（法・慣習）である。無抑制者には「教育」が必要になる。アリストテレスは「人生の全体にかんしてわれわれは〈法〉を必要とする」と語るが、それでは、教育はどこまでがピュシスであり、どこからがノモスなのか。無抑制論に向けた予備的かつ試論的な考察として、ピュシスとノモスが交差する一断面を取り出すことを前半の課題とした。

　ピュシス・ノモスの交差を確認したうえで、本章後半では、解釈上の難題となっている無抑制論（『ニコマコス倫理学』H巻第3章）を考察した。ここでの難題とは、無抑制の存在を否定するいわゆる「ソクラテスのパラドクス」をアリストテレスはどのようにして解決（解消）したのか、という問題である。その論述は五つの部分から構成されているが（本考察でのA・B（1・2）・C・D）、記述の内的連関も含めて説得的な解釈はまだ見出されていない。本考察の着眼は、教育が時間的プロセスであるというある意味では自明とも思われる視点から読み直すところにあった。ただし、無抑制にかかわる教育は、大工仕事を習得するときの、親方と徒弟とのあいだに想定されるような（幕間1で検討された）関係とは趣を異にする。本章では、この点を考慮しながらアリストテレスの論述を再構成して、従来の解釈が陥っていた盲点を剔出し、解釈上の争点を沈静化する方向性を提案した。要衝となるのは、以下の諸点である。

　(1)ソクラテスのパラドクスにたいするアリストテレスの了解と対処法に即せば、パラドクス解決の核となるのはCである。その要点は、「知をある仕方では所有しているが、ある仕方では所有していない（したがって適切には使用できない）状態」の存在が可能というものである。アリストテレスは、このような状態を酩酊その他の事例によって類比的に説明する。それが、酩酊前の状態→酩酊時の状態→酩酊後の状態、という時間的推移とのアナロジーである。

　(2)解決の核がCであることと前項の類比的関係とを踏まえて解決編全体を見直すならば、A・Bは無抑制に陥る前の状態、Cは無抑制時の状態、Dは無抑制後の状態、に対応するとみなしうる。この時間的推移を考慮

しながら、さらに大前提・小前提・結論（行為）・欲望という概念装置を組み込めば、無抑制は本考察が提示した図として描出される。A・B(1・2)・C・Dは、ひとつも欠くことのできないジグソーパズルのピースであると同時に、漸進的解釈ではなく時間的推移に合致するのである。この視点を軽視あるいは見落としてきたことが、従来の解釈の盲点であったように思われる。

(3)そのうえで注意しなければならないのは、アリストテレスがすべてのピースを提示しているわけではない（それはおそらく不可能）、という点である。無抑制後の状態のピースは不完全、より適切には、オープンになっているからだ。この周到な配慮には、「後悔」後の状態で自覚される実践的推論への取り組みよって行為者の性格が発展的に（無抑制→節度→思慮というルートが予想されるが確定的ではない）形成されていくことが含意されている。このことは、「ソクラテスのパラドクス」にたいする応答があくまで「無抑制な行為をすることの可能性」にとどまる、というアリストテレス自身の結論によって裏付けられる。

(4)前項に連動する重要な論点となるのが、「欲望」という要因は導入されているものの、アリストテレスの無抑制論は無抑制な行為の原因について一意的かつ明示的な特定を目指していないことである。その理由は少なくとも二点ある。ひとつは、アリストテレスが提示した図は抑制的な行為にも適用可能という点である（本考察ではこの特異な事態を反転図形になぞらえた）。ただし、ある状況において抑制的に振る舞うことができれば、その行為後には（後悔ではなく）ある種の悦びが伴う点では異なる（むろん、抑制的な行為であっても、ある種の後悔が随伴して構わない）。もうひとつは、欲望の内実に深く関与すると思われる「快楽」および「善」の問題については、さらなる考察が不可欠である、という点である。これらは、無抑制論以降の『倫理学』で主題化される課題にほかならない。

(5)最後に、アスペクトの観点からいえば、無抑制な行為は「未完了」の典型的事例である。しかし、その未完了性の自覚は完了的行為に向

けた端緒となりうる。したがって、この場合の「未完了」「完了」には、性格の発展的形成についてのメタレベルからの価値が投射されている。この論点によって、行為における「未完了」「完了」がもつ意味の重要性が喚起され、『自然学』の時間で検討したようなレベルとは質を異にする、『倫理学』の時間的地平もまた要請されるのである。

　第6章では、文芸創作論に相当する『詩学』の記述を題材とした（本考察での文芸作品は「ギリシャ悲劇」とりわけ『オイディプス王』に限定される）。『詩学』の鍵概念は、「人間の行為」の「模倣」（ミーメーシス）と「物語」（ミュートス）である。アリストテレス哲学の視点からみた〈行為〉と〈時間〉との関係はすでに論じてきたが、『詩学』の鍵概念は、「アリストテレスの時間論」にどのような着想と展望をもたらすのか。文芸創作論にすぎないようにも思われる『詩学』は、『著作集』のなかにあって意想外の眺望を秘める論考であることの再検討を試みた。
　まず、『詩学』の基本構図を取り出すために、悲劇作品の「解釈」という観点から考察した。手がかりとしたのは、古典的解釈の二大傾向とみなされる、(1)劇構成上の〈技法〉としての「プロット」（＝「物語」）を重視する解釈と、(2)人間の〈運命〉（宿命）に主眼を置いた解釈、であった。『詩学』の創作理論は通常(1)に分類されるが、文学作品（ギリシャ悲劇）が人間存在の運命的性格や神観念に投げかける問いを重視する(2)の側からは否定的評価を下される。
　その背景には、〈技法〉と〈運命〉とのあいだの確執がある。この確執は、ある意味では奇妙であるとともに、歴史的な根深さをもっている。奇妙さとは、『オイディプス王』のような作品分析にかんして、二つの観点を分断してその優劣を競うのは不自然あるいは無用ではないのか、と思われる点である。そして確執の根深さは、もし「人間の生き方」を考えるうえで最も重視すべきは（神観念も含めた）「運命」であり、かつそれを的確に捉えうる最有力候補が文学作品だとすれば、それは「詩人追放論」というプラトンの哲学と鋭く対立する、という点にある。詩

人（文学作品）が追放されなければならないのは、文学が具体的な人間の行為を模倣する製作的活動にとどまり、真理の把握には原理的に到達しえないからである。真理の把握を可能とするのは哲学（プラトンであればイデアの認識）にほかならない。こうして、〈運命〉の側には「文学」が、〈技法〉の側には「哲学」が配置される、という捻れた軋轢関係が生じるのであった。

『詩学』のアリストテレスは、この問題にどのように応答したのか。本章の検討から明らかになったのは、以下のように、アリストテレスが詩人追放論にたいして「模倣」と「物語」という二つの視点から両面作戦を遂行した、という点である。

(1)文学作品における模倣は、「人間のあるべき姿」を描写するという活動のゆえに、歴史記述よりは（相対的に）高い普遍性をもちうる。この場合の普遍性とは、文学作品に賦与される物語性、すなわち、作品全体としての一貫性と整合性を具現する有機的構造に基づく。ここには、アリストテレスの（物理主義ならぬ）生物主義的な世象像が色濃く投射されている。

(2)文学の側が重視する（ときに不条理でもあるギリシャ的な）〈運命〉（および神観念）は、『詩学』では、作品の構成要件としては第2番目にランクされる「性格」に組み込まれる。構成要件の第1位は、〈技法〉としての物語性（有機的構造）である。

(3)神観念は完全に放棄されるのではなく、むしろ、学的階層性の延長線上に（アリストテレスの場合であれば）「不動の動者」として位置づけられる。つまり、有機的構造（物語性）を類比的媒介項とした、歴史－文芸－自然学という階層性、『詩学』の記述に即して階梯をさらに補えば、歴史－物語的歴史－文学（物語的模倣）－生物学－哲学という諸学の位階的秩序は、最終的には「形而上学」の神観念へと昇華していくことになる。

(4)そのうえで、歴史から哲学への学的階層性、（アリストテレス的概念で言えば）「個」から「普遍」への人間的知の深化からは、〈時間〉お

および〈行為〉の統一性という重要なモチーフが浮かび上がる。ここでの「時間および行為の統一性」とは、水平軸に時間、垂直軸に学的階層性をとり、『詩学』が物語の根幹とみなす「始→中→終」という三部構成に準拠するものである。この三部構成は、微視的レベルでは、第5章で分析した「無抑制」（無抑制前→無抑制時→無抑制後）にも照応する「人間の行為」の基本的構図にほかならないのであった。

　以上の第2章から第6章によって、「アリストテレスの時間論」と題した本考察は、〈論理〉〈時間〉〈倫理〉〈物語〉を点描的に俯瞰するかたちで、換言すれば、テンス（時制）・モダリティ（様相）・アスペクト（相）の統合的把握に着目するかたちで、ひとつの焦点を結ぶ「人間」の〈存在（ある）〉＝「生き方」の探究を終えることになる。第6章末尾には、前途瞥見として、本書が起点とした『命題論』冒頭において予示されていた魂（プシューケー）関係の論考群について「時間論」の視点から再構築する意義と可能性を確認した。それが今後への残された課題となる。

　本書において『著作集』から析出した「アリストテレスの時間論」の基線は、以上のようなものである。本梗概が蛇足ではないことを願いつつ、読者諸賢からの忌憚のないご批判を請う次第である。

1　中村健二訳（岩波文庫）。

あとがき

　本書は、『アリストテレス著作集』の『命題論』『分析論前書』『自然学』『ニコマコス倫理学』および『詩学』を主たる題材としながら、〈時間〉の観点から「アリストテレス哲学」の基本的な視座の解明を試みたものである。『著作集』の論稿群から取り出される基幹的な諸概念、おおかまには、〈論理〉〈時間〉〈倫理〉〈物語〉といった概念群がアリストテレスの志向する「人間」の〈存在（ある）〉＝「生き方」にとってどのような焦点を結ぶのか、それを探索するのがねらいであった。

　『著作集』を「時間論」として読み直すという着想は、だいぶ以前から筆者にはあったが、『著作集』を渉猟する作業は筆者の怠慢のゆえに遅々として進まなかった。しかし今回、諸般の事情が重なって、その構想を精査するには至らない段階で、ひとまず「アリストテレスの時間論」として刊行することになった。検討できたテクストは分量的にも極小極微にとどまる。画竜点睛を欠く以前の準備作業であることを自覚しつつ、本書の試みの成否は読者諸賢にゆだねたい。

　第1章と幕間をのぞく五つの章で取り上げた『著作集』の各論稿について、着想の起点となった論文の初出は、以下の通りである。ただし、いずれについても、本書としてまとめるにさいして、加筆修正を施していることをお断りする。

　　第2章『命題論』
　　・「海戦問題」再考 ── アリストテレス『命題論』における文脈の検討
　　　『山形大学紀要（人文科学）』第16巻第2号・2001年

第3章『分析論前書』
・アリストテレスの様相論理体系はどこに向かうのか
『ギリシャ哲学セミナー論集』Vol. X・2013年
第4章『自然学』
・アリストテレスの時間論 ── エネルゲイア論への一序説として
『倫理学年報』(日本倫理学会編) 第41集・1992年
・「ゼノンの逆理」とアリストテレス
『哲学』(日本哲学会編) 第44号・1994年
第5章『ニコマコス倫理学』
・『ニコマコス倫理学』におけるノモスとピュシス
『ヨーロッパ研究』(東北大学大学院国際文化研究科ヨーロッパ文化論講座編) 第10号・2015年
・「抑制のない人」とは誰のことか ── アリストテレスの無抑制論の構図
『理想』第696号・2016年
第6章『詩学』
・『詩学』における「物語」論の一視点
『思索』(東北大学哲学研究会編) 第28号・1995年

つぎに、この「あとがき」の場をお借りして謝辞を述べたい。
「アリストテレスを読む」という作業を、中断と再開を繰り返しながらも、どうにかやってこられたのは、「ギリシア哲学研究会」の会員諸氏との出会いがとても大きい。いま、一人ひとりのお名前を挙げることは控えたいが、昨年（2016年）亡くなられた神崎繁さんについては一言述べておきたい。筆者にとっては東北大学での先輩である神崎さんがこの研究会の中心メンバーでなかったら、当時年3回ほど東京で開催されていた研究会に参加する勇気はもてなかったと思う。第4章「アリストテレスの時間論」は、この研究会での発表がもとになっている。これまでの拙論にたいして神崎さんからは、いつも、あのおだやかな微笑み

あとがき

とともに「ユルイね」という評をいただいてきたけれども、それをもうお聞きすることも叶わない。神崎さん不在の寂寥感が胸を塞ぐ。

　筆者にとってギリシャ哲学の研究を何とか継続していく源のお一人が神崎さんだったとすれば、この道に踏み出す端緒となった恩師は、浅野楢英先生と岩田靖夫先生である。お二人もまた、すでに鬼籍に入られている。ご恩に報いる仕事の遅さを悔いるほかはない。

　浅野先生からは、当時の教養部で古代ギリシャ語入門の手ほどきをうけたあとは、定番ともいえるプラトン『ソクラテスの弁明』を読んでいただいた。そしてさらには、『ソピステース』が差し向かいでのテクストになったわけだが、筆者には五里霧中の、しかしほんとうに貴重な時間であった。大学院になると、岩田先生のご発案による『分析論』の読書会が始まったが、浅野先生はそれにも参加されて、あの関西弁でいつも議論を牽引されていたことが懐かしく思い出される。本書第3章の下地は、この頃につくられたといえる。

　そして、時間は前後するが、学部3年からは岩田先生の膝下となる。学部では主に『自然学』、院生のときは『ニコマコス倫理学』とプラトンの初期対話篇が、代わる代わる演習のテクストとして選択された。いま振り返ってみると、学部生のときに岩田先生から文字通り手取り足取り読み方を教えていただいた『自然学』の「時間論」が、本書まで尾を引いているということになる。また、『詩学』をテーマとした第6章の前半部は、岩田先生の最初期のご論攷について検討する機会を得たときの拙論がもとになっている。酒杯を傾けながら哲学の議論をすることをこよなく愛された岩田先生からの質問は、例のあの口調で、「結局、君は何を言いたいの？」となるはずだが、今回は、「梗概」と「あとがき」でお許しを請うほかはない。淋しさはひとしおである。

　拙論を一書にまとめるようなことは、同僚である森一郎さんからの慫慂がなければ、到底実現しなかった。そのうえで、出版の具体化に向けては、大学の先輩でもある座小田豊さん（東北大学教養教育院教授）に

305

ご尽力いただけたことは、とても幸運であった。そして、出版のやっかいな実務作業の面では、筆者の身勝手な要望も含めて、東北大学出版会事務局の小林直之さんにひとかたならずお世話になった。

　森さん、座小田さん、小林さんには、この場をお借りしてあらためて厚く感謝を申し上げたい。

　そして最後に、これまで拙論の最初の読者になるというまさに苦役難行を強いられてきた妻知子には、心から「ありがとう」の言葉を添えて本書を献呈したい。

　　　2017年6月　名越の日に梅雨晴間の青葉山の深緑を眺めながら

　　　　　　　　　　　　　　　　　　　　　　　　　　　篠澤　和久

参照資料（図・表）

『アリストテレス著作集』の学問分類

表1　藤澤［1980］

思考の働き				
プロネーシス（思慮、実践知）テクネー（技術）	ソピアー（知恵）エピステーメー（学問的知識）ヌゥス（知性・思惟）			
製作的	行為的	観想的		
各種製作学	倫理学・政治学等	自然学	数学	神学
		「独立に存在」するが、「不動」でない	「不動」であるが、「独立に存在」しない	「独立に存在」し、かつ「不動」
非必然的	必然的			（対象の性格）

表2　中畑［2008］

テクネー（技術）	プロネーシス（思慮、実践知）	エピステーメー（学問的知識）	ヌース（知性、思惟）	ソピアー（知恵）	知の機能
製作的	行為的	観想的			知の性格
各種製作学	倫理学・政治学等	自然学	数学	神学	知の区分
ほかの仕方でありうる		ほかの仕方ではありえない			対象の性格

表3　神崎［2013］

（注）ロゴス：事柄を分節化して推理する働き

テクネー（技術）	プロネーシス（思慮）	エピステーメー（学問知）	ソピアー（知恵）	ヌース（知性）	知る者の能力
伴う				抜き	ロゴス
制作的	行為的	観想（理論）的			知の性格
弁論術　詩学	倫理学　政治学	自然学	数学	神学	学の区分
他の仕方でありうる		他の仕方でありえない			存在様相

（引用者注）紙幅の事情で、神崎による表は横書きに組み直している。

『アリストテレス著作集』の概略図

図A

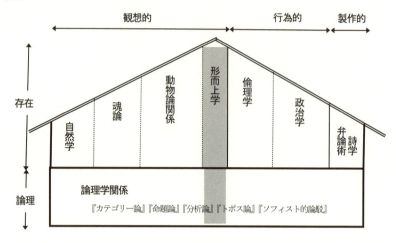

図B

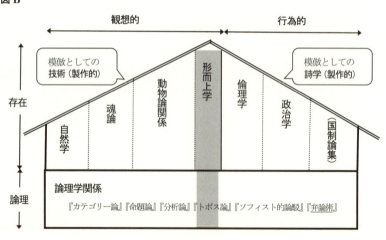

参照資料（図・表）

図 C

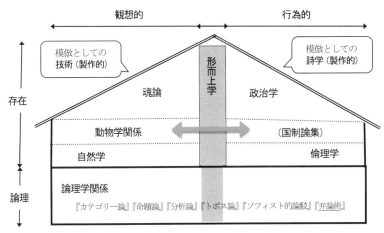

図 D ── アリストテレスの意味論的世界（Thom［1996］329 に準拠）

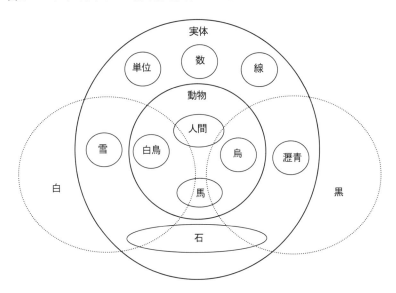

推論式一覧

(配列は Ross [A 1949] に準拠)

			XX型	LL型	LX型	XL型	KK型	KX型	XK型	KL型	LK型
第一格		Barbara	XXX	LLL	LXL	XLX	KKK	KXK	XKM®	KLK	LKM®
		Celarent	XXX	LLL	LXL	XLX	KKK	KXK	XKM®	KLK	LKM/X®
		Darii	XXX	LLL	LXL	XLX	KKK	KXK	XKM®	KLK	LKM®
		Ferio	XXX	LLL	LXL	XLX@	KKK	KXK	XKM®	KLK	LKX®
第二格		Cesare	XXX	LLL	LXL	XLX			XKM	KLMX®	LKM/X®
		Camestres	XXX	LLL	LXX	XLL		KXM			
		Festino	XXX	LLL	LXL	XLX			XKM		LKX
		Baroco	XXX®	LLL*	LXX@	XLX@					
第三格		Darapti	XXX	LLL	LXL	XLL	KKK	KXK	XKM	KLK	LKM
		Felapton	XXX	LLL	LXX	XLX	KKK	KXX	XKM	KLM	LKX
		Disamis	XXX	LLL	LXL	XLL	KKK	KXM	XKK	KLM	LKK
		Datisi	XXX	LLL	LXX	XLX	KKK	KXX	XKM	KLX	LKM
		Bocardo	XXX®	LLL*	LXX@	XLX@	KKK	KXM®		KLM®	LKX®
		Ferison	XXX	LLL	LXL	XLX@	KKK	KXK	XKM	KLK	LKX

(注) 様相記号の表記：網掛 ⇒「完全推論」、イタリック体 ⇒「不完全推論」、レギュラー体 ⇒ Ross は「完全推論」とみなすが原文では明記されていない
® : 「背理法」による証明　　 * : 「取り出し」による証明　　 @ : (必然様相でないことの) 例示

参照資料（図・表）

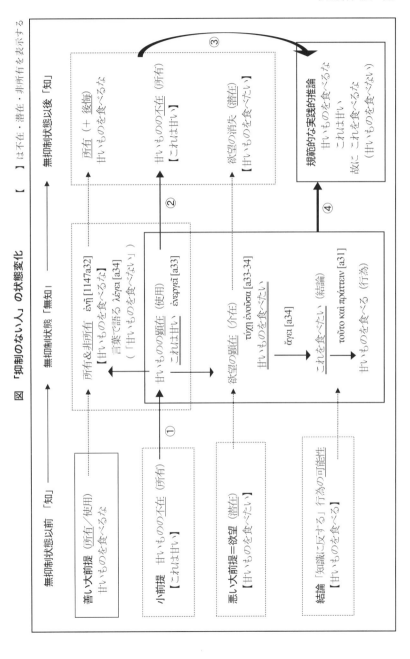

図 「抑制のない人」の状態変化　　[　] は不在・潜在・非所有を表示する

文献表

A 原典（注解付書を含む）

Bekker, I. [1831] *Aristotelis Opera 2 Bde*, Berlin.
Boniz, H. [1870] *Index Aristotelicus*, Berlin.

Bodéüs, R. [2001] *Aristote, Catégories*, Paris.
Burnet, J. [1900] *The Ethics of Aristotle*, London.
Butcher, S. H. [1907] *Theory of Poetry and Fine Art*, 4th ed., Dover.
Bywater, I. [1894] *Aristotelis Ethica Nicomachea*, Oxford U. P.
Diels, K. & W, Kranz [1974] *Die Fragmente der Vorsokratiker* (17 Aufl.), Weidmann.
Hicks, R. D. [1907] *Aristoteles De anima*, Cambridge U. P.
Jaeger, W. [1957] *Aristotelis Metaphysica*, Oxford U. P.
Kassel, R. [1965] *Aristotelis De arte poetica liber*, Oxford U. P.
Lucas, D. W. [1968] *Aristotle : Poetics*, Oxford U. P.
Minio-Paluello, L. [1956] *Aristotelis Categoriae et liber De Interpretatione*, Oxford U. P.
Nussbaum, M. C. [1978] *Aristotle's De Motu Animalium*, Princeton U. P.
Ross, G. R. T. [1906] *Aristotle, De Sensu and De Memoria*, Cambridge U. P.
Ross, W. D. [1924] *Aristotle's Metaphysics 2 vols*, Oxford U. P.
—— [1936] *Aristotle's Physics*, Oxford U. P.
—— [1949] *Aristotle's Prior and Posterior Analytics*, Oxford U. P.
—— [1955] *Aristotle, Parva Naturalia*, Oxford U. P.
—— [1961] *Aristotle, De anima*, Oxford U. P.
Simplicius [1885] *In Aristotelis Physicorum Libros Quattuor Posteriores Commentaria*.

B 原典欧文訳書（注解付書を含む）

Ackrill, J. [1963] *Aristotle's Categories and De Interpretatione*, Oxford U. P.
Ammonius & Boethius [1998] *On Aristotle's On Interpretation 9* (trans. by Blank & Kretzmann), Ithaca.
Barnes, J. [1975] *Aristotle Posterior Analytics 1st. ed.*, Oxford U. P.

―― [1984] *The Complete Works of Aristotle 2 vols*, Princeton U. P.
―― [1994] *Aristotle Posterior Analytics 2nd. ed.*, Oxford U. P.
Charlton, W. [1970] *Aristotle Physics Book I, II*, Oxford U. P.
Gauthier, R. A. & J. Y. Jolif [1970] *Aristote : L'Éthique à Nicomaque 4 vols, 2nd éd.*, Paris and Louvain
Graham, D. [1999] *Aristotle Physics Book VIII*, Oxford U. P.
Hussey, E. [1983] *Aristotle's Physics Books III and IV*, Oxford U. P.
King, R. A. H. [2004] *Aristoteles, De Memoria et Reminiscentia*, Berlin.
Makin, S. [2006] *Aristotle Metaphysics Book Θ*, Oxford U. P.
Shields, C. [2016] *Aristotle De Anima*, Oxford U. P.
Sorabji, R. [2004 (2nd ed.)] *Aristotle on Memory*, London.
Striker, G. [2009] *Aristotle Prior Analytics Book 1*, Oxford U. P.
Waterfield, R. [1996] *Aristotle Physics*, Oxford U. P.
Weidemann, H. [1994/2002(2. Aufl.)/2014(3. Aufl.)] *Aristoteles Peri Hermeneias*, Berlin.

C　原典邦訳書

アリストテレス『旧版アリストテレス全集』（岩波書店）［『旧版全集』］
アリストテレス『新版アリストテレス全集』（岩波書店）［『新版全集』］
アリストテレス『天について』池田康男訳（京都大学学術出版会）
アリストテレス『弁論術』（岩波書店）
アリストテレス『動物部分論・動物運動論・動物進行論』坂下浩司訳（京都大学学術出版会）
アリストテレス『ニコマコス倫理学』高田三郎訳（岩波文庫）
アリストテレス『ニコマコス倫理学』朴一功訳（京都大学学術出版会）
アリストテレス『ニコマコス倫理学』渡辺邦夫・立花幸司訳（光文社古典新訳文庫）
アリストテレス『詩学』藤澤令夫訳［『世界の名著　アリストテレス』（中央公論社）］
アリストテレス『詩学』松本仁助・岡道男訳（岩波文庫）
内山勝利編［1997/8］『ソクラテス以前哲学者断片集（5分冊＋別冊）』（岩波書店）

田中美知太郎編［1966］『アリストテレス』（筑摩書房）
ディオゲネス・ラエルティオス『ギリシャ哲学者列伝』加来彰俊訳（岩波文庫）
トゥキュディデス『歴史』藤縄謙三訳（京都大学学術出版会）

D　欧文著書・論文

Ackrill, J. L. [1965] Aristotle's Distinction between *Energeia* and *Kinesis*, in Bambrough [1965] 121-41.

―― [1979] Aristotle's Definitions of *psuchē*, in Barnes, Schofield & Sorabji [1979b] 65-75.

Allen, R. E. & D. J. Furley (ed.) [1975] *Studies in Presocratic Philosophy vol. II*, London.

Anscombe, G. E. M. [1956] Aristotle and the Sea Battle, *Mind* 65, 1-15.

Bambrough, R. (ed.) [1965] *New Essays on Plato and Aristotle*, London.

Barnes, J. [1975] Aristotle's Theory of Demonstration, in Barnes, Schofield & Sorabji [1975] 65-87.

―― [1982] *The Presocratic Philosophers* (revised ed.), Routledge & Kegan Paul.

―― (ed.) [1995] *The Cambridge Companion to Aristotle*, Cambridge U. P.

―― [1996] Grammar on Aristotle's Terms, in Frede & Striker [1996] 175-202.

―― [2007] *Truth, etc.*, Oxford U. P.

Barnes, J., M. Schofield, & R. Sorabji (eds.) [1975] *Articles on Aristotle vol.1*, Duckworth.

Barnes, J., M. Schofield, & R. Sorabji (eds.) [1979a] *Articles on Aristotle vol.3*, Duckworth.

Barnes, J., M. Schofield, & R. Sorabji (eds.) [1979b] *Articles on Aristotle vol.4*, Duckworth.

Becker, A. [1933] *Die Aristotelische Theorie der Möglichkeitsschlüsse*, Junker und Dünnhaupt Verlag.

Belfiore, E. S. [1992] *Tragic Pleasure*, Princeton U. P.

Binnick, R. [1991] *Time and the Verb*, Oxford U. P.

Black, M. [1954] *Problems of Analysis*, Praeger Pub.

Bocheński, I. M. [1956] *Formale Logik*, München.

Bodéüs, R. [1993] *The Political Dimensions of Aristotle's* Ethics, trans. by J. E.

Garrett, State University of New York Press.

Boger, G. [2004] Aristotle's Underlying Logic, in Gabbay & Woods [2004] 101-246.

Bolton, R. [1991] Aristotle' Method in Natural Science, in Judson (ed.) [1991] 1-29.

Bostock, D. [1980] Aristotle's Account of Time, *Phronesis* 25, 148-69.

Bradley, A. C. [1972] *Shakespearean Tragedy*, Macmillan.

Burnyeat, M. [1980] Aristotle on Learning to Be Good, in Rorty [1980] 69-101.

—— [1992] Is An Aristotelian Philosophy of Mind still credible? (A Draft), in Nussbaum & Rorty [1992] 15-26.

—— [2001] *A Map of Metaphysics Zeta*, Pittsburgh.

—— [2008] KINESIS vs. ENERGEIA : A Much-Read Passage in (but not of) Aristotle's Metaphysics, *Oxford Studies in Ancient Philosophy* vol. IIIVI, 219-91.

Cahn, S. M. [1967] *Fate, Logic, and Time*, California.

Cambiano, G. [2012] The Desire to Know, in Steel [2012] 1-42.

Charles, D. [2009] *Nicomachean Ethics* VII.3: Varieties of akrasia, in Natali [2009] 41-71.

Chomsky, N. [2015] *Aspects of the Theory of Syntax 50th Anniversary Edition Chapter 1*, MIT Press.

Code, A. [1985] The Aporematic Approach to Primary Being in *Metaphysics Z*, *Classical Journal of Philosophy suppl.* vol. 10, 1-20.

Conen, P. [1964] *Die Zeittheorie des Aristoteles*, München.

Conly, S. [2013] *Against Autonomy: Justifying Coercive Paternalism*, Cambridge U. P.

Coope, U. [2005] *Time for Aristotle*, Oxford U. P.

Cooper, J. M. [2009] Nicomachean Ethics VII. 1-2: Introduction, Method, Puzzles, in Natali [2009] 9-39.

Corcoran, J. (ed.) [1974] *Ancient Logic and Its Modern Interpretations*, D. Reidel.

Crivelli, P. [2012] Aristotle's Logic, in *Schields* [2012] 113-49.

Culler, J. [2008/(1st ed.)1983] *On Deconstruction : Theory and Criticism after Structuralism*, Routledge.

Croix, G. E. M. [1992] Aristotle on History and Poetry, in Rorty (ed.) [1992b] 23-32.

Davidson, D. [1970] How is Weakness of the Will Possible?, in Davidson

[1980] 21-42.
—— [1980] *Essays on Actions and Events*, Oxford U. P.
Detel, W. [2006] Aristotle's Logic and Theory of Science, in Gill & Pellegrin [2006] 245-69.
Dupont-Roc, R. & J. Lallot [1980] *Aristote; La Poétique*, Paris.
Ebert, T. & U. Nortmann [2007] *Aristoteles Analytica Priora Buch 1*, Akademie Verlag.
Else, G. F. [1963] *Aristotle's Poetics: The Argument*, Harvard U. P.
Ferejohn, M. T. [1982] Definition and the Two Stages of Aristotelian Demonstration, *Review of Metaphysics* 36, 375-95.
Frede, D. [1985] The Sea-battle Reconsidered: A Defense of the Traditional Interpretation, *Oxford Studies in Ancient Philosophy* vol. III, 31-87.
—— [2012] "The *Endoxon* Mystique: What Endoxa are and What They are or not", *Oxford Studies in Ancient Philosophy*, vol. XLIII, 185-215.
Frede, M. [1987] *Essays in Ancient Philosophy*, University of Minnesota Press.
—— [1978] Principles of Stoic Grammar, in Frede, M. [1987] 301-37.
—— [1994] Aristotle's Notions of Potentiality in Metaphysics Θ, in Scaltsas, Charles & Gill [1994] 173-93.
Frede, M. & G. Striker (eds.) [1996] *Rationality in Greek Thought*, Oxford U. P.
Furley, D. J. & A. Nehamas [1994] *Aristotle's Rhetoric : Philosophical Essays*, Oxford U. P.
Gabbay, Dov M. & J. Woods (eds.) [2004] *Handbook of the History of Logic vol.1 : Greek, Indian and Arabic Logic*, Elsevier.
Gallop, D. [1990] Animals in the Poetics, *Oxford Studies in Ancient Philosophy*, vol. VIII, 149-71.
Geach, P. [1980] *Logic Matters*, California.
Gill, M. L. [1991] Aristotle on Self-Motion, in Judson (ed.) [1991] 243-65.
Gill, M. L. & P. Pellegrin (eds.) [2006] *A Companion to Ancient Philosophy*, Wiley-Blackwell.
Graham, D. [1980] States and Performances: Aristotle's Test, *Philosophical Quarterly* vol. 30, 117-30.
—— [1987] *Aristotle's Two Systems*, Oxford U. P.
Halliwell, S. [1986] *Aristotle's Poetics*, Chapel Hill.

Hintikka, J. [1973] *Time and Modality*, Oxford U. P.
—— [1981] Necessity, University, and Time in Aristotle, in Barnes, Schofield & Sorabji [1979] 108-24.
Honderich, T. [1988] *Mind and Brain vol. 1 and 2*, Oxford U. P.
Hughes, G. E. & M. J. Cresswell [1972] *An Introduction to Modal Logic*, Methuen.
—— [1996] A *New Introduction to Modal Logic*, Routledge.
Hughes, G. H. [2001] *The Routledge Guidebook to Aristotle's Nicomachean Ethics*, Routledge.
Jenkins, K. [1995] On *"What is History?"*, Routledge.
Jones, J. [1962] *On Aristotle and Greek Tragedy*, Stanford U. P.
Judson, L. (ed.) [1991] *Aristotle's Physics: A Collection of Essays*, Oxford U. P.
Kaufmann, W. A. [1968] *Tragedy and Philosophy*, Princeton U. P.
Kenny, A. [2016] *The Aristotelian Ethics*, 2nd ed., Oxford U. P.
Kirk, G. & J. Raven [1957] *The Presocratic Philosophers*, 1st. ed., Cambridge U. P.
Kneal, W. & M. Kneal [1978] *The Development of Logic*, Oxford U. P.
Kosman, L. A. [1969] Aristotle's Definition of Motion, *Phronesis* vol. xiv, 40-62.
—— [1984] Substance, Being, and Energeia, *Oxford Studies in Ancient Philosophy*, vol. II, 121-49.
Kretzmann, N. [1998] Boethius and the truth about tomorrow's sea battle, in Ammonius & Boethius [1998] 24-52.
Lear, J. [1981] A Note on Zeno's Arrow, *Phronesis* 26, 91-104.
Lebar, M. [2013] Virtue and Politics, in Russell [2013] 265-89.
Lennox, L. G. [2015] How to study natural bodies: Aristotle's μέθοδος, in Leunissen (ed.) [2015] 10-30.
Leunissen, M. (ed.) [2015] *Aristotle's* Physics A *Critical Guide*, Cambridge.
Lorenz, H. [2014] Aristotle's Analysis of Akratic Action, in Polansky (ed.) [2014] 242-62.
Łukasiewicz, J. [1951] *Aristotle's Syllogistic*, Oxford U. P.
—— [1957] *Aristotle's Logic from the Standpoint of Modern Formal Logic*, 2nd ed., Oxford U. P.
Malink, M. [2006] A Reconstruction of Aristotle's Modal Syllogistic, *History and Philosophy of Logic* 27, 95-141.
Marx [1962] *Das Kapital. Bd.1*, Dietz.

Matthews, G. [1992] De Anima 2. 2-4 and the Meaning of Life, in Nussbaum & Rorty [1992] 185-93.
McCall, S. [1963] *Aristotle's Modal Syllogisms*, Amsterdam.
McTaggart, J. [1968] *The Nature of Existence vol. II*, Cambridge U. P.
Mignuicci, M. [1996] Ammonius, Future Contingent Propositons, in Frede & Striker [1996] 279-310.
Mischel, W. [2014] *The Marshmallow Test*, Little, Brown and Company.
Most, G. W. [1988] Ein Problem in der aristotelischen Zeitabhandlung, in Rudolph [1988] 11-25.
Natali, C. (ed) [2009] *Aristotle's Nicomachean Ethics, Book VII*, Oxford U. P.
Nortmann, U. [1996] *Modale Syllogismen, mögliche Welten, Essentialismus*, Walter de Gruyter.
Nussbaum, M. (ed.) [1986] *Logic, Science, and Dialectic*, Cornell U. P.
Nussbaum, M. & A. Rorty (eds.) [1992] *Essays on Aristotle's De Anima*, Oxford U. P.
Nussbaum, M. & H. Putnam [1992] Changing Aristotle's Mind, in Nussbaum & Rorty [1992] 27-56.
O' Shaughnessy, B. [1980] *The Will vol.1 and 2*, Cambridge U. P.
Owen, G. E. L. [1971/2] Aristotelian Pleasures, *Proceedings of the Aristotelian Society* vol. LXXII, 135-52, in Nussbaum [1986] 334-46.
―― [1975] Zeno and the Mathematician, in Allen & Furley [1975] 143-65 (in Nussbaum [1986] 45-61).
―― [1979] Particular and General, *Proceedings of the Aristotelian Society* vol. LXXIX, 1-21, in Nussbaum [1986] 279-94).
―― [1986] Aristotle on Time, in Nussbaum [1986] 295-314.
Pakaluk, M. [2005] *Aristotle's Nicomachean Ethics: An Introduction*, Cambridge U. P.
Patterson, R. [1995] *Aristotle's Modal Logic*, Cambridge U. P.
Patzig, G. [1968] *Aristotle's Theory of the Syllogism*, trans. by J. Barnes, D. Reidel.
Penner, T. [1971] Verbs and the Identity of Actions: A Philosophical Exercise in the Interpretation of Aristotle, in Wood & Pitcher [1971] 393-460.
Picht, G. [1987] *Aristoteles' De Anima*, Klett-Cotta.
Pickavé, M. & J. Whiting [2008] Nicomachean Ethics 7.3 on Akratic Ignorance, *Oxford Studies in Ancient Philosophy*, vol. XXXIV, 323-71.
Polansky, R. (ed.) [2014] *The Cambridge Companion to Aristotle's Nicomachean Ethics*,

Cambridge U. P.
Quine, W. v. O. [1980] *Elementary Logic* (revised. ed.), Harvard U. P.
Ricœur , P. [1983] Temps et récit Tome I, Seuil.
―― [1984] Temps et récit Tome II, Seuil.
―― [1985] Temps et récit Tome III, Seuil.
Rini, A. [2011] *Aristotle's Modal Proofs: Prior Analytics A8-22 in Predicate Logic*, Springer.
Roark, T. [2011] *Aristotle on Time*, Cambridge U. P.
Robinson, R. [1969] Aristotle on Akrasia, in Barnes, Schofield & Sorabji (eds.) [1977] 79-91.
Rorty, A. O. [1980] *Essays on Aristotle's Ethics*, Princeton U. P.
―― (ed.) [1992a] *Essays on Aristotle's Poetics*, Princeton U. P.
―― [1992b] The Psychology of Aristotelian Tragedy, in Rorty (ed.) [1992a] 1-22.
Rudolph, E. (hrsg.) [1988] *Zeit, Bewegung, Handlung*, Stuttgart.
Russell D. C. [2013] *The Cambridge Companion to Virtue Ethics*, Cambridge U. P.
Ryle, G. [1932] Systematically Misleading Expressions, *Proceedings of the Aristotelian Society*, XXXII, in Ryle [1971] 39-62.
―― [1954] *Dilemmas*, Cambridge U. P.
―― [1971] *Gilbert Ryle Collected Papers vol. 2*, Hutchinson.
Scaltsas, T., D. Charles & M. L. Gill (eds.) [1994] *Unity, Identity, and Explanation in Aristotle's Metaphysics*, Oxford U. P.
Schmidt, K. J. [2000] *Die Modale Syllogistik des Aristoteles*, Paderborn.
Scholes, R. & R. Kellogg [1966] *The Nature of Narrative*, Oxford U. P.
Sherman, N. [1992] Hamartia and Virtue, in Rorty (ed.) [1992a] 177-96.
Shields, C. (ed.) [2012] *The Oxford Handbook of Aristotle*, Oxford U. P.
Smith, R. [1986] Immediate Propositions and Aristotle's Proof Theory, *Ancient Philosophy* 6, 47-68.
―― [1989] *Aristotle Prior Analytics*, Hackett Publishing Company.
Sorabji, R. [1983] *Time, Creation, and the Continuum*, New York.
Steel, C. (ed.) [2012] *Aristotle's* Metaphysics *Alpha*, Oxford U. P.
Striker, G. [1985] Notwendigkeit mit Lücken, *neue hefte für philosophie* 24/25, 146-64.

Taylor, R. [1957] The Problem of Future Contingency, *Philosophical Review* 66, 1-28.

Thom, P. [1993] *The Logic of Essentialism: an Interpretation of Aristotle's Modal Syllogistic*, Kluwer.

Vernant, J.-P. [1992] Myth and Tragedy, in Rorty (ed.) [1992a] 33-50.

Vlastos, G. [1975a] A Note on Zeno's Arrow, in Allen & Furley [1975] 184-200

―― [1975b] Zeno's Race Course, in Allen & Furley [1975] 201-20

Waterlow, S. [1982] *Passage and Possibility*, Oxford U. P.

―― [1983] Instants of Motion in Aristotle's Physics VI, *Archiv für Geschichte der Philosophie* 65 (2), 128-46.

Weidemann, H. [2012] *De Interpretatione*, in Shields (ed.) [2012] 81-112.

Whitaker, C. W. A. [1996] *Aristotle's De Interpretatione*, Oxford U. P.

White, H. [1985] *Tropics of Discourse : Essays in Cultural Criticism*, Johns Hopkins U. P.

Wittgenstein, L. [1921/2001(Kritische Edition)] *Tractatus logico-philosophicus*, Suhrkamp.

Wood, O. P. & G. Pitcher (eds.) [1971] *Ryle*, London.

Woodruff, P. [1992] Aristotle on Mimesis, in Rorty (ed.) [1992a] 73-95.

E　邦語著書・論文

青山拓央［2016］『時間と自由意志』（筑摩書房）

井上和子(編)［1989］『日本文法小事典』（大修館書店）

岩田靖夫［1961］「自由と運命 ―― ソフォクレスの悲劇的人間像」（岩田［1990］）

―― ［1990］『神の痕跡』（岩波書店）

植村恒一郎［2002］『時間の本性』（勁草書房）

牛田徳子［1991］『アリストテレス哲学の研究』（創文社）

内山勝利［1988］「ゼノンの飛矢静止論」（『古代哲学研究』XX、42-7）

内山勝利・中畑正志編［2005］『イリソスのほとり』（世界思想社）

大森荘蔵［1971］「決定論の論理と自由」（『言語・知覚・世界』岩波書店、121-55）

―― ［1992］『時間と自我』（青土社）

岡 道男 ［1990］『ギリシャ悲劇全集 3 』（岩波書店）
加藤信朗 ［1997］『哲学の道　初期哲学論集』（創文社）
河谷 淳 ［2016］「様相の哲学」としての『詩学』（『理想』第 696 号、15-25）
神崎 繁 ［1995］「「魂の部分」をめぐって —— アリストテレス『デ・アニマ』の構想」（『思索』第 28 号、35-66）
　　　—— ［2013］「アリストテレス哲学案内」（『新版全集』第 1 巻、369-406）
　　　—— ［2016］「アリストテレス的自然主義の新展開」（『理想』第 696 号、62-76）
菊池 誠 ［2014］『不完全性定理』（共立出版）
渓内 謙 ［1995］『現代史を学ぶ』（岩波新書）
篠 憲二 ［1996］『現象学の系譜』（世界書院）
杉原丈夫 ［1964］『様相論理学研究』（山喜房出版部）
田中美知太郎 ［1947］『ロゴスとイデア』（岩波書店）（＝［2014］文春学藝ライブラリー）
丹治信春 ［1976］「様相概念と存在の問題」（『理想』第 520 号、171-187）
千葉 恵 ［2002］『アリストテレスと形而上学の可能性』（勁草書房）
土屋賢二 ［1985］「時間概念の原型 —— プラトンとアリストテレスの時間概念 —— 」（『新・岩波講座哲学 7 』岩波書店、36-37）
戸部良一他 ［1991/［初版］1984］『失敗の本質　日本軍の組織論研究』（中公文庫）
永井龍男 ［2008］「ゼノンによる無限分割と時間における〈今〉」（『ギリシャ哲学セミナー論集』Vol. V、1-16）
中畑正志 ［2005］「ロゴス ——「理性」からの解放 —— 」（内山・中畑編［2005］407-28）
　　　—— ［2010］「アリストテレスの言い分 —— 倫理的な知のあり方をめぐって」（『古代哲学研究』XLII、1-30）
　　　—— ［2011］『魂の変容』（岩波書店）
　　　—— ［2012］「荻原の批判に答えて」（『古代哲学研究』XLII、60-5）
　　　—— ［2013］「歴史のなかのアリストテレス」（『新版全集』第 1 巻、407-42）
野家啓一 ［2016］『歴史を哲学する』（岩波書店）
野口武彦 ［1994］『忠臣蔵』（ちくま新書）
野矢茂樹 ［2004］「宿命論について」（『科学哲学』37-2、47-58）
朴 一功 ［2017］「『詩学』解説」（『新版全集』第 18 巻、637-71）
藤澤令夫 ［1956］「文芸の χάλις（歓び）、ὀρθότης（真実性・正確性）、ὠφελία

（有益性）――プラトンの文芸論についての若干の基礎的考察――」（『西洋古典学研究』IV、34-48）
―――（訳）［1967］『オイディプス王』（岩波文庫）
―――［1965］「運動と実在 ―― ゼノンの運動論駁をめぐって ――」（『哲学』第 15 号）（引用頁は藤澤［1969］による）
―――［1969］『実在と価値』（筑摩書房）
―――［1976］「プラトン的対話形式の意味と必然性」（藤澤［1980］65-94）
―――［1980a］「現実活動態」（藤澤［1980b］）
―――［1980b］『イデアと世界』（岩波書店）
堀尾耕一［2017］「『弁論術』解説」（『新版全集』第 18 巻、585-613）
堀米庸三［1961］『歴史をみる眼』（NHK ブックス）
三浦 洋［1998］「生命の定義と質料形相論」（『哲学』第 48 号、169-79）
宮崎市定［1993］『宮崎市定全集第 1 巻』（岩波書店）
山川偉也［1996］『ゼノン　4 つの逆理』（講談社）
山口義久［1979］「アリストテレスにおける ENERGEIA と KINESIS の区別 ―― Energeia の多様な意味の間におけるその位置づけ ――」（『古代哲学研究』XI、25-34）

F　邦訳文献（ギリシャ語原典文献を除く）

E・ヴィンター［2017］『愛と怒りの行動経済学』青木 創訳（早川書房）
G・E・L・オーエン［1986］「アリストテレスの快楽論」荻野弘之訳（井上・山本編訳『ギリシア哲学の最前線 II』東京大学出版会、133-63）
E・H・カー［1962］『歴史とは何か』清水幾太郎訳（岩波新書）
J・カラー［1985］『ディコンストラクション I』富山・折島訳（岩波書店）
R・シャルチェ［1994］「今日の歴史学」藤田朋久訳（『思想』No.843, 4-21）
N・チョムスキー［2017］『統辞理論の諸相』福井・辻子訳（岩波文庫）
M・バーニェト［1986］「アリストテレスと善き人への学び」神崎繁訳（井上・山本編訳『ギリシア哲学の最前線 II』東京大学出版会、86-132）
É・バンヴェニスト［1983］『一般言語学の諸問題』岸本通夫監訳（みすず書房）
N・フライ［1980］『批評の解剖』海老根他訳（法政大学出版会）
F・ブローデル［1995］『歴史入門』金塚貞文訳（太田出版）

G・W・F・ヘーゲル［1994］『歴史哲学講義（上）』長谷川宏訳（岩波文庫）
S・ホーキング［1993］『宇宙における生命』佐藤勝彦監訳・解説（NTT出版）
I・M・ボヘンスキー［1980］『古代形式論理学』岩野秀明訳（公論社）
W・ミシェル［2015］『マシュマロ・テスト』柴田裕之訳（早川書房）
P・リクール［1990］『物語と時間（Ⅰ）(Ⅱ)(Ⅲ)』久米博訳（新曜社）

事項索引

- 当該事項が主題的に論じられている箇所については、章・幕間（および節）のみを記載する。そのさい節番号は［　］で表示する。
- 『アリストテレス著作集（全集）』に所収されているもの以外の書名は「事項索引」に記載する。なお、「梗概」については書名と著者名のみを記載する。
- 「⇒」は別項目立て、「→」は参照項目を表示する。

あ行──

悪徳　　232, 256
アクラシアー　⇒　無抑制
アスペクト(相)　　56, 61, 63-4, 75, 124n.36, 129-31, 148n.2, 178-9, 184-6, 191n.33, 幕間2, 213n.3, n.5, 214n.10, n.13, n.20, n.21
アナリュティコース　　19
アナロジー（アナロジカル）　⇒類比
アポリア（難問）
　　時間(今)の──　第4章［1］［2］, 168-9, 172, 174, 188n.5, n.6, n.7, n.8, 190n.15, n.24
　　無抑制の──　　221, 224-5, 第5章［5］, 239-41, 244-6, 251n.32
ある　⇒存在
　　まさに──もの　⇒本質
歩く　　21n.37, 95, 132-3, 135, 138
アルケー（始源・原因）　　55, 71n.72, 263
RCP［一方が真、他方が偽］　　28-35, 38-40, 42-7, 49-53, 56-7, 60, 65n.14, 66n.21, 68n.34, 69n.46, n.50, n.54, 70n.67
　　→矛盾対立的
　　──の例外　27, 29, 32-5, 38-42, 47, 49-50, 52, 66n.21, n.27, 67n.28, n.32, 68n.34, 69n.54　→否定の規則
生きる　　129, 137-8
　　よく──　　137-8
医術　　5, 19n.19, 20n.22
『イソップ寓話集』　　251n.32

一（いち）　　63, 153, 167-8, 170-1　→単位
イデア（イデア界）　　141-3, 260
　　→二世界論
今（いま）　　130, 137-8, 151-2, 160, 163, 183, 185-7, 190n.19, 192n.38, 200, 203
　　→今日・瞬間
　　──の同一性・差異性　　153-8, 190n.19
　　エネルゲイアの──　第4章［5］
　　限界の──　第4章［3］
　　瞬間の──　第4章［8］
　　単位の──　第4章［4］　190n.22, n.24
意味論（モデル論）　　6, 17, 39, 42, 80, 94, 199-200
──的世界　8, 12, 15, 92, 101, 110
運動（キーネーシス）→生成消滅
　　──の数　　15, 158-9, 161-2, 166-70, 189n.12, n.13　→時間
　　──の遅速　　130, 138, 185, 190n.18
　　──の定義　　14-5, 184, 205
　　──の論理　　134
運命論　⇒宿命論
永遠　　96, 129, 133-4, 183　→瞬間
エネルゲイア（現実態・エンテレケイア）　　2, 11, 14-7, 18n.4, n.5, 63, 73, 101, 124n.32, 幕間1, 148n.2, 149n.5, n.14, 151-2, 155, 171-2, 175, 184-5, 188n.2, n.6, 190n.16, 193, 200, 205-6, 212-3, 282, 284

エピステーメー（［学問的］知識・知）　9,
　　141, 238, 246, 250n.28
　　論証的――　73, 76, 102, 120-1
エレア派　15, 207, 209-11, 213, 214n.20
　　――の論理　⇒論理
演繹　9, 29　→自然演繹系
エンテューメーマ（説得推論）　19n.13
エンテレケイア　⇒エネルゲイア
エンドクサ　⇒パイノメナ
『オイディプス王』（ソポクレス）
　　254-5, 257, 268, 281
多くの場合　55-7, 75, 95-7, 100, 122n.5,
　　124n.28　→自然本性
オノマ（名詞）　33, 36, 38, 60, 62, 66n.25,
　　68n.36, 204　→レーマ
思いなし（臆見）　⇒ドクサ
オルガノン（予備学）　3-4, 7, 10, 12, 14,
　　16, 20n.23, n.31, 21n.40, 29, 62, 66n.21, 101

か行――

蓋然性（蓋然的）　141-3, 261, 263, 267, 270
海戦問題（海戦）　16, 第2章, 73-4, 76,
　　101, 129, 131, 174, 205, 212, 214n.17, 281
快楽　224-5, 228-9, 231-2, 236, 247,
　　249n.12
格式覚え歌　76
学の位階性　269, 274, 276-8, 280-1
学問分類　第1章 [1]
過現未系列（A系列）　99, 154, 157, 163, 183
過去　15, 21n.43, 24, 30, 43-6, 49-50, 58-62,
　　97, 99, 155, 160, 163, 169, 181, 188n.7, n.8,
　　211-2, 270, 276, 280
　　――時制（形）　31, 72n.85, 193
　　非――形　72n.85
活動　⇒エネルゲイア
カテゴリー（述定）　7, 14-5, 129
　　――ミステイク　167

可能
　　――世界　96
　　――態（デュナミス）　1-2, 11, 14-5,
　　17, 18n.4, n.5, 21n.38, 73, 101, 131, 135,
　　139, 141, 143, 146-7, 149n.5, 172, 175,
　　200, 205
　　――様相　59-61, 81-3, 86, 100, 112,
　　117, 126n.49, n.56, 205, 282
神（神観念）　171, 233, 254, 257-60, 264-8
　　→不動の動者
換位（則）　74, 82-5, 90-1, 106-8, 111,
　　123n.21, n.22, 125n.41, n.48
感覚界　141, 143
還元［アリストテレス論理学の］　78, 86,
　　91, 106-8, 110-1, 114, 117, 119, 125n.48
完全　→不完全
　　――推論　⇒推論
　　――な徳　⇒徳
観想（観る）　→見る
　　3, 5, 9, 133, 137-8, 171, 200, 230, 247
　　――的生　148
完了（形）　63, 105-6, 114, 125n.42, 130,
　　138, 171, 184-5, 193, 200, 211　→未完了
キーネーシス　⇒運動
偽仮定証明　⇒証明
記号論理（形式論理）　⇒論理
『騎士団長殺し』（村上春樹）　73
技術（テクネー）　4, 19n.13, n.19, 62, 121, 142
　　――は自然を模倣する　5, 264
偽装単文　33, 38, 41-2, 44, 67n.28, 68n.38,
　　69n.46, 70n.57
帰納（的）　9, 139-40, 146-7, 149n.5, 253,
　　273, 281　→類比
逆転［『詩学』の用語としての］　264
客観性［歴史的事実・記述の］　271, 274-6
今日［時間の単位としての］　23, 154-6,
　　158, 171, 186　→今（いま）

虚構　273, 275　→物語
許容（許容様相）　⇒偶然
ギリシャ語　37, 63, 68n.39, n.40, 137, 228
『ギリシャ哲学者列伝』（ディオゲネス・ラエルティオス）　18n.7, 19n.17
ギリシャ悲劇　⇒悲劇
キリスト教　259
偶然　52, 54-7, 71n.70, 92, 95-6, 123n.16, 124n.37, 267-9, 274, 278
　　――様相　7, 第2章[4], 61, 63, 74-6, 79-85, 91, 95, 97, 100-1, 103-4, 107-9, 111-4, 116-21, 125n.41, 126n.51
　　――はさまざまな仕方で語られる　117
形式論理（記号論理）　1, 7-8, 10, 12, 68n.40, 92, 94, 101
経験　25, 27, 121, 209, 248
形式［内容に対する］　4, 7, 21n.34, 29, 37, 39-40, 94-5, 100, 106-7, 112, 125n.46, 260, 270, 272-3, 275
　　――論理（形式言語）　⇒論理
形而上学＝存在論　1-2, 12, 18n.2, 62, 73, 129, 131
形相　2, 11, 14, 16-7, 18n.5, 21n.40, 138, 142-4, 183, 264
月下の世界　⇒世界
結合体［質料と形相との複合体］　21n.40, 284
結合と分離［肯定と否定としての］　36-7, 39-41, 53, 60　→矛盾対立的命題
決定論　23-7, 30-1, 35, 49-50, 52-8, 65n.12, 66n.22, 68n.35, 69n.49, 70n.67, 71n.71, 101　→宿命論（運命論）
原因　8, 65n.12, 233, 237-8, 240, 247, 249n.22, 251n.31, 270, 276
言語　→論理（ロゴス）
　　――学　62

日常――　7, 20n.23, 76,
現在　→今（いま）
　　――完了（完了形）　194, 196-7
　　――時制（現在形）　31, 72n.85, 130, 138, 185, 193, 214n.14,
　　――進行（進行形）　130, 184, 187
原子‐時間論　153-4, 158, 188n.6, 196-8, 200, 206-8, 210
現実　2, 54, 57, 62, 72n.88, 130-1, 140, 142, 146-7, 174, 190n.24, 271, 274-6
　　――世界　96
　　――態　⇒エネルゲイア
　　――定位　97-9, 124n.31, n.36, n.37
　　――様相　⇒事実様相
現象　⇒パイノメナ
　　――の学　10
原子論（的）　156, 158, 168-9, 180, 188n.6, 191n.37, 197-8, 208-11, 213, 214n.19
建築する（家を建てる）［キーネーシスとしての］　138, 140, 145, 148, 151
言明　⇒命題
行為　3, 5, 9
　　――の選択　54, 245
　　――の統一性　277-80, 285
　　人間の――　4-5, 22n.48, 53-5, 57, 71n.70, n.73, 248, 264, 281
肯定（肯定命題）　⇒否定
幸福　137-8, 218-9, 229, 267
構文論（統語論）　6, 17, 20n.24, 37, 39, 41-2, 60, 62, 64, 79, 94, 107, 110, 119, 129, 205
公理　78, 82, 88
『国家』（プラトン）　260, 286n.12, n.26
個物（個体・個別）　4, 9, 24, 36, 38, 43, 46-8, 51-2, 54, 65n.8, 70n.60, 80, 86, 139, 170, 238-41, 243, 245-6, 250n.26, 261, 270-1, 273-4, 276-8, 280, 284, 287n.30

327

固有性（特有性）　75, 92-4, 96, 100, 110, 121, 122n.5, 261, 286n.22

さ行

三行原則　105-6, 114, 119, 126n.58
三段論法　6, 29, 77, 107, 120, 241, 244
　　　　実践的──（実践的推論）　22n.48, 243-4, 247, 250n.26, n.29, 251n.35
　　　　様相──　第3章
思案（熟慮）　53-5, 68n.35, 71n.71
思惟　→観想
　　　──の──　148
時間
　　　──性　133, 279, 282
　　　──的推移　17, 59, 239, 244, 250n.24
　　　──の基体　165, 190n.19
　　　──の定義　15-6, 157-8, 161, 169
　　　──の統一性　277-80, 285
　　　無──　72n.81, 129, 209, 279
自己認識（自己知）　279-82
詩作　⇒創作
事実　⇒プラーグマ
事実様相（無様相・現実様相）　59-60, 82, 99-100, 104, 112, 115, 117-20, 126n.58, 205, 282
詩人追放論　258, 260-1, 264, 266, 269-70, 273-4, 277, 286n.9, n.22
時制（テンス）　44-5, 47, 50, 63, 193, 205
　　　──論理　70n.64
　　　無──　64n.6, 72n.81
自然（ピュシス）　5, 8-9, 12, 15-6, 19n.19, 73, 97, 120, 139, 171, 183, 187, 217-8, 229, 232-4
　　　──学者　19n.19, 241
　　　──学の　5, 11, 22n.48, 55, 124n.32, 137, 173, 185, 188, 203, 210, 242
　　　──的世界　17, 94, 187, 212
　　　──の合目的必然性　268
　　　──法則　5, 235
　　　──本性　17, 55, 95-6, 217, 231, 234, 247, 267　→多くの場合
　　　反──（的）　268
自然演繹系　77, 105, 125n.43
自体的　14, 129　→付帯的
実在論　31, 39, 44
　　　反──　31
実践的推論　⇒三段論法
実存主義　256
実体（ウーシアー・まさにあるもの）
　　　⇒本質
質料　2, 11-7, 18n.5, 21n.37, n.40, 71n.72, 97, 139, 142-3, 147
『資本論』（マルクス）　249n.18
『じゃじゃ馬ならし』（シェイクスピア）　73
自由（自由意志）　23, 25, 230-2, 234, 253, 255
集合　86, 105
宿命論（運命論）　23, 53, 71n.71, 253
熟慮　⇒思案
主張文　36, 39　→命題
述語論理　⇒論理
瞬間　133, 138, 154-5, 182, 190n.24, 210　→いま（今）
常識　7, 24, 38, 66n.22, 140-2, 146, 278, 281, 284
　　　──的な時間了解　15-6, 151, 155-6, 160, 164, 170, 182, 184, 187, 190n.24
　　　パイノメナとしての──　221, 224, 227, 235-6
証明　6, 78, 83, 86, 92-4, 104-6, 108-9, 111-2, 114-8, 125n.45, n.48, 127n.62
　　　──論　104, 119-20
　　　偽仮定　115-6, 126n.59

思慮　20n.22, 62, 137-8, 221, 244, 246-8, 279

真理　62, 173-4, 186, 188, 199-201, 204, 212, 271
　　―― 値　16, 23-4, 28, 31, 34, 41, 43, 45, 48, 50, 58-9, 64n.6, 65n.17, 66n.22, n.23, 67n.29, 205
　　―― の対応説　26
　　―― 表（真理値表）　33-4, 46, 50

推移律（推移性）　105-6, 125n.44, 126n.58

推論　→三段論法・論証
　　―― 規則　105-6
　　　　完全 ――　105-6, 111, 113, 117, 119-20, 125n.42, 126n.58, 127n.63
　　　　不完全 ――　105-6, 110-1, 113-5, 117-20, 125n.42, 127n.62
　　　　論証的 ――　96, 126n.51

ストア派　68n.40

生活世界　⇒世界

製作（制作・ポイエーシス）　3-5, 11, 19n.19, 148

政治学　4-5, 19n.13, n.17, 220, 229-30, 232-5

性質（どんな）　6, 193

生成　⇒なる

生成消滅　14, 17, 21n.42, 75, 95, 97-100, 123n.19, 124n.25, 142

生物学　124n.30, 263-4, 267, 269, 280

生物主義　264, 278

世界　4, 6-9, 11, 17, 38-9, 47, 54, 60, 62, 80, 145, 203, 212
　　―― の眺め方　2, 6-7, 9, 17, 80, 92, 94, 100-1, 147, 211, 213, 282, 285
　　―― 史　271
　　　　月下・天上の ――　55, 187
　　　　日常（生活）――　7, 9, 12, 14-5, 17, 20n.22, 75, 121, 289

前後系列（B系列・時間的前後関係）　15, 72n.82, 99, 145, 163, 189n.9

全称　⇒命題

前提（大前提・小前提）　13, 21n.34, n.35, 72, 100, 103, 105, 107, 109, 111-2, 116-7, 120, 122n.7, 123n.22, 125n.44, 239-41, 243-5, 250n.25, n.26, 251n.33, n.35

創作（詩作・ポイエーシス）　1, 4, 261-6, 266, 268-9, 270-6, 278, 280, 286n.25
　　→物語

『続審問』（ボルヘス）　289

属性　79, 100, 122n.5, 159
　　実体 ―― 論　79
　　内 ――　123n.12
　　必然的 ――　92　→固有性（特有性）

『ソクラテス以前哲学者断片集』　248n.1

『ソピステース』（プラトン）　68n.36

存在（ある）
　　―― 仮定　124n.25
　　―― としての ――　18n.2, 268
　　―― はさまざまな仕方で語られる　129
　　―― への聴従　256, 268
　　―― 論　2, 7, 19n.19, 48, 80, 92, 96, 100-1, 121, 124n.27, 145, 163, 165, 170, 186, 202
　　時間（今）の ――　152-4, 157-60, 162-7, 169-71, 183, 188n.7, n.8, 190n.24, 208-10, 285
　　本質 ――　18n.1

た行

怠惰論法　71n.71

対当の正方形　38

魂（プシューケー）　21n.42, 62, 133, 139, 218-9, 241-2, 263, 282-5

単位　167-8, 171　→一（いち）

単称　⇒命題
知恵（ソピアー）　62
知識（知）　⇒エピステーメー
知性（ヌース）　62, 285
抽出法　⇒取り出し
超越性　133-4
直観　82, 110, 157
つねに　1, 24, 43, 45-6, 54, 56-8, 61, 70n.56, 96
ディアレクティケー　⇒問答法
訂正不可能性［過去の］　44, 49-50, 58-9, 61
でたらめ　55-6, 71n.70
　　→偶然・どちらでもある
哲学　19n.19, 23, 25, 30, 62-3, 130-1, 133, 141-2, 147, 148n.8, 172, 188, 204, 234, 258, 260-1, 263-4, 266, 268-76, 278, 281, 286n.22
　　――者　19n.19, 69n.43, 262
　　――的言説　141-3　→理論
　　――の物語　268
　　プラトン――　142-3, 257-8, 260
　　物語の――　268
天上の世界　⇒世界
テンス　⇒時制
天体（の円環的運動）　46, 170, 183, 186-7
同時（的）　39, 130, 138, 145, 153, 155, 157, 165, 167, 185, 188n.6, 189n.9, 190n.16, 194-6, 209, 214n14
『統辞理論の諸相』（チョムスキー）　193
道徳的発達　248, 250n.24, 251n.35
徳　218-9, 229-31, 245
　　――の初学者　242-3, 245-7
　　完全な――　219
　　性格の――　218, 224, 228
　　知性の――　218
ドクサ（思いなし・臆見）　141-2, 238, 250n.28, 257

特称　⇒命題
特定のある（もの）　4, 80, 123n.12
特有性　⇒固有性
どこからどこへ（或るものから或るものへ）　132, 184-5, 187　→運動
どちらでもある　50-8, 61
　　→偶然・でたらめ
とりかえしのつかなさ　61, 147
取り出し［抽出法］　86, 125n.45, 127n.62

な 行――

内容［形式の対概念としての］　93-4
なる（生成）　2, 15, 21n.38, 95-6, 135, 140-4, 146, 148, 195-7, 207-10, 213n.7, n.8, n.9
　　善き人に――　230, 232-3, 249n.16
二局面構造　133-4, 139-40, 144-5
二世界論　257-8, 269　→イデア
二段階構造　135-6, 139-41, 144-5
二値原理　28, 30, 35, 66n.21, n.22, n.23, 69n.54　→RCP
日常言語　⇒言語
日常世界（生活世界）　⇒世界
日常論理（非形式論理）　⇒論理
二分法　61, 100, 124n.37, 142
日本語　13, 37, 72n.85
『人間とは何か』（松沢哲郎）　129
人間の行為　⇒行為
認知［『詩学』の用語としての］　264-5
能力（デュナミス）　→可能
　　――の行使　133, 139-40

は 行――

パイノメナ（現象）　9, 220-7, 230-1, 235-6, 241, 249, 249n.10, n.11, n.12
背理法　86, 93, 106, 108-9, 111, 114-6, 125n.48, 126n.54, 198-9, 202

330

場所(空間)　　22n.45, 193, 212, 214n.14, 263
パターナリズム　　145, 234
発見(再発見)　　4, 9, 90
　　難問の解消による——　218, 235, 237-8, 241, 244
　　歴史における——　272, 276
ハマルティアー　　256-7, 267-8
パラドクス　→アポリア
　　ゼノンの——　22n.45, 141, 172, 174, 185, 188, 188n.8, 191n.28, n31, 201-2, 213n.3, 214n.13, 第4章 [6-9], 幕間2 [3]
　　ソクラテスの——　224, 235
　　多の——　207, 210-1
　　探究の——　20n.25
反例　　6-7, 12-3, 15, 20n.22, 21n.34, 55, 92, 109-10
『緋色の習作』(アーサー・コナン・ドイル)　217
非過去形　⇒過去
悲劇　→物語
　　——の定義　259
　　——の目的　266
　　ギリシャ——　254-5, 258, 264-6, 272
非形式論理　⇒論理
必然　　24, 26, 30-1, 43-5, 49-50, 52, 56, 61, 71n.70, n.74, 72n.88, 75, 84, 92, 95-6, 101, 109, 117-8, 123n.16, 124n.37, 141-3, 146, 222, 261, 263, 267-8, 270
　　——様相　7, 55, 63, 第3章
　　推論の——　105
　　物理的な——　55
否定(否定命題)
　　——辞　36-42, 68n.40
　　——の規則　37-42, 49, 53, 60-2, 68n.40　→RCPの例外
　　部分——　68n.40

ピュシコース　　4, 14, 16-7, 19n.11, 238, 242, 247, 282　→ロギコース
ピュシス　⇒自然
ヒンティカのジレンマ　　85, 第3章 [3], 91
不完全　→完全
　　——推論　⇒推論
　　——(未完了)な行為(運動)　134, 149n.3
複合体　⇒結合体
不合理　　50, 52-3, 55, 264-7　→不条理
プシューケー　⇒魂
不条理
　　今にかんする——　153, 155
　　運動にかんする——　176-8, 184, 195, 199, 202, 207
　　『詩学』における——　264-8
　　決定論の——　25, 54, 69n.49, 71n.71
　　メガラ派にかんする——　140
付帯性(付帯的)　　7, 79, 110, 121, 129, 164　→属性
不定称(不定称命題)　　24, 33, 36, 38-41, 45-6, 58-9, 62, 65n.9, 66n.27, n.28, 69n.54, 70n.56　→量化
不動の動者　　1, 171, 187, 213　→神
普遍　　4, 9, 21n.40, 24, 33, 36, 38, 43, 45-6, 52, 101, 142, 233, 238, 245-6, 250n.26, 259, 261, 266, 271, 273, 276-8, 280, 287n.30　→全称
　　——的命題の例化　51
プラーグマ(事柄・事態・事実)
　　第2章 [5-6], 64n.2, 70n.60, 71n.76, n.79, 72n.88, 82, 99, 101, 120, 129, 131, 193-5, 199-200, 203-5, 208-9, 211-2, 277, 282, 284
プロット　　254, 257　→物語
文法　　13, 63, 72n.86, 179, 193

文脈
    自然学の―― 201-2, 205-6, 212
    前書の――主義 107-8, 112, 114, 118-9
    著作集の―― 201, 204, 206, 212
    パラドクスの―― 201-2, 213
ポイエーシス ⇒製作・創作
ポリス的動物 19n.13, n.17, 234, 247
本質（実体） 7, 13-4, 79-80, 92, 95-6, 100, 110, 121, 139, 142-5, 276
    ――主義 96, 110, 126n.53
    ――存在［実体］ 18n.1, 21n.40
    人間の―― 253, 259
    悲劇の―― 254-5, 260, 266, 286n.25

ま行――

『魔の山』（トーマス・マン） 151
ミーメーシス ⇒模倣
未確定性［真理値の］ 31, 35, 45-7, 50, 57-60, 68n.35
未完了 125n.42, 134, 138, 149n.3, 184-5, 193, 200, 206, 211 →完了
    ――過去 195-7, 200, 214n.21
ミュートス ⇒物語
未来 15, 21n.43, 24, 30, 43-7, 49-51, 54, 58-62, 64n.6, 65n.12, 68n.35, 72n.83, 97, 99, 124n.36, 146, 155, 160, 164, 169, 181, 188n.7, n.8, 211-2, 280
    ――形 72n.85, 193
    ――時制 16-7, 31, 第2章［4］, 57, 59-60, 66n.22, n.23, 70n.65, 205-6, 214n.17
    ――単称 23-5, 30-1, 34, 43, 45-51, 53-4, 57-8, 61, 65n.10, 68n.35, 71n.78, 214n.17
見る［エネルゲイアとしての］ 132-3, 135, 137-8, 151

見る［歴史家の仕事としての］ 275
無規定的 95-7 →偶然
無時間 ⇒時間
無時制 ⇒時制
矛盾律 39-41, 69n.43, 200
矛盾対立 28, 31-5, 38, 40-1, 45, 66n.21, n.27, 67n.32, 68n.33, n.34 →RCP
無様相 ⇒事実様相
無抑制（アクラシアー） 5, 第6章
名辞論理 ⇒論理
命題（言明）
    ――論理 ⇒論理
    単称―― 46, 48, 51, 65n.8
    全称―― 45-7, 70n.55, n.56, 94, 118, 120, 126n.56
    特称―― 70n.57
明瞭さ
    自然における―― 8-11, 15, 18
    われわれにおける―― 8-12, 14-5, 17-8
メガラ派 140, 145
『メノン』（プラトン） 20n.25
目的
    ――の内在性・外在性 130, 138, 185
    ――論（的世界） 145, 147, 212, 214n.14
モダリティ 63, 131 →様相
モデル論 ⇒意味論
物語（ミュートス） 5-6, 48, 254, 256, 262-81, 286n.21, n.25, 287n.33
    ――の統一性 266, 269, 277
    ――の（有機的）構造（構成） 254, 260, 262-9, 277-8, 281, 286n.21
『物語と時間』（リクール） 279, 287n.37, n.43

模倣（ミーメーシス）　4-5, 145, 258-64,
　269-70, 272, 286n.25
　　行為の——　5, 277, 281
　　自然の——　5, 19n.19, 264　→技術
問答法（ディアレクティケー）　29, 32, 34

や行——

有機的構造　263-4, 267-9, 275, 283
　→生物学
様相（モダリティ）
　——階梯図　118-120
　——概念区分図（様相区分図）　83-4,
　　86, 99-100, 124n.37
　——論理　5, 16-7, 66n.21, 第3章,
　　122n.4, n7, n.9, 123n.22, 125n.41, 129
欲望　217, 220-3, 225, 231, 237, 239-46,
　249n.22, 250n.26, 251n.35

ら行——

量（どれだけ）　7
量化　7, 21n.37, 33, 45, 50, 58-9, 62, 65n.9,
　76, 127n.63
『李陵』（中島敦）　253
理論　131, 141, 147
　——と実践　273-4
　前——　281
　文学——　266
倫理学［政治学につながる］　4-5, 19n.13,
　n.17, 220, 228-30, 232-4
類種関係　79, 96
類比（的）　81, 98, 139-40, 143, 146-7,
　149n.5, 151, 159, 170, 182, 190n.24, 202,
　236-7, 242, 247, 248n.7, 249n22, 250n.27,
　253, 264, 266, 268, 281　→帰納

例化［普遍的命題の］　⇒普遍
『レイテ戦記』（大岡昇平）　23
レーマ（動詞）　36, 60, 62, 66n.25, 68n.36,
　204-5　→オノマ
歴史（歴史記述）　261-4, 269-81, 287n.28,
　n.30, n.35
　——哲学　271
　——法則　271, 273-4
　物語的——　269, 271-2, 287n.33
『歴史』（トゥキュディデス）　23, 64n.1
レゴメナ　⇒パイノメナ
ロギコース　4, 14, 17, 19n.11, 281
　→ピュシコース
『ロゴスとイデア』（田中美知太郎）　289
論証　17, 19n.13, 22n.48, 29, 73, 102-3,
　120-1, 205, 242
　——的推論　⇒推論
　——的知識　⇒エピステーメー
論理（ロゴス）　第1章, 19n.11, 20n.24,
　n.27, n.31, 21n.42, 27, 30, 36, 38-9, 64,
　73-4, 80, 97, 100-1, 103, 105-9
　エレア派の——　209-10, 214n.20,
　形式——（記号論理）　1, 7-8, 10, 12,
　　16, 68n.40, 92, 94, 101
　非形式——（日常論理）　7, 10
　時制——　70n.64
　述語——　37, 77, 88, 91, 113-4, 122n.4,
　　123n.17, 126n.57, n.58
　名辞——　67n.32
　命題——　39, 42, 67n.32, 68n.40, n.41
『論理哲学論考』（ウィトゲンシュタイン）
　20n.31, 129

人名索引

- 「アリストテレス」は除外している。
- 本書での表記に従って、欧語表記名と日本語表記名とに分けて掲載する。

Akrill, J.　66n.27, 132-3, 149n.10
Ammonius　64n.4
Anscombe, G. E. M.　70n.66
Barnes, J.　68n.36, 103, 125n.39, n.42, 175, 190n.26, 191n.30, 286n.14
Becker, A　122n.9, 125n.41
Belfiore, E. S.　286n.22, 287n.42
Binnick, R.　191n.34
Black, M.　191n.30
Bocheński, I. M.　122n.9
Bodéüs, R.　249n.18
Boethius　24
Bolton, R.　20n.26
Bonitz, H.　21n.38
Bostock, D.　189n.10
Bradley, A. C.　286n.10
Burnet, J.　248n.8
Burnyeat, M.　19n.11, n.13, 72n.86, 148n.2, 190n.16, 248n.5, 249n.16, 249n.24, 250n.30
Butcher, S. H.　287n.34
Cahn, S. M.　64n.3
Cambiano, G.　249n.10
Charles, D.　249n.21
Charlton, W.　20n.26
Chomsky, N.　213n.1
Code, A.　287n.42
Conen, P.　190n.19
Conly, S.　249n.17
Coope, U.　69n.53, 70n.59, 190n.19
Cooper, J. M.　249n.12, n.13
Corcoran, J.　125n.43
Croix, G. E. M.　286n.14

Culler, J.　149n.8
Dupont-Roc, R.　285n.5
Ebert, T.　125n.46, 126n.56
Else, G. F.　285n.4, 286n.18
Frede, D.　65n.14, 249n.10
Frede, M.　21n.38, 72n.86
Gallop, D.　286n.22, 287n.42
Geach, P.　67n.29, 68n.36
Gill, M. L.　192n.43
Graham, D.　21n.40, 214n.11, n.12, n.20, n.21
Halliwell, S.　286n.13
Hintikka, J.　123n.20
Honderich, T.　64n.4
Hughes, G. H.　248n.4
Hussey, E.　190n.21
Jenkins, K.　287n.30
Jones, J.　286n.21
Kaufmann, W. A.　254-5, 257, 285n.3
Kenny, A.　248n.6
Kellogg, R.　286n.27
Kirk, G.　191n.28
Kneal, M. & W.　65n.12, 66n.21
Kretzmann, N.　66n.24
Lallot, J.　285n.5
Lear, J.　192n.40
Lebar, M.　249n.17
Lennox, L. G.　18n.3
Lorenz, H.　248n.3
Lucas, D. W.　286n.21, n.23
Łukasiewicz, J.　1, 68n.40
Makin, S.　18n.10, 148n.2

人名索引

Marx, K.　249n.18
McCall, S.　122n.9
McTaggart, J.　189n.9
Mignucci, M.　66n.23
Mishel, W.　248n.2
Most, G. W.　189n.10, 190n.18
Nortmann, U.　125n.46, n.56, n.59
O'Shaughnessy, B.　64n.4
Owen, G. E. L.　20n.30, 190n.20, 191n.36
Pakaluk, M.　248n.8
Patterson, R.　122n.4
Patzig, G.　125n.42, n.44
Penner, T.　132-3, 149n.11
Pickavé, M.　249n.21, 250n.26, n.27, 251n.34
Raven, J　191n.28
Ricœur, P.　287n.37, n.43
Rini, A.　122n.4, 126n.53
Roark, T.　288n.50
Robinson, R.　249n.14
Rorty, A. O.　285n.4, 286n.19
Ross, W. D.　20n.26, 21n.38, 103-4, 106, 119, 124n.28, 125n.40, n.41, n.46, 126n.56, 189n.10, 190n.18, n.24, n.25, n.27, 191n.28, 194, 213n.4, 214n.11, 310
Ryle, G.　122n.6, 132-3, 149n.9, 191n.29
Scholes, R.　286n.27
Sherman, N.　286n.8
Shields, C.　251n.31
Simplicius　191n.32, n.33
Smith, R.　125n.39, n.41, 127n.62
Sorabji, R.　159-60, 189n.10, 191n.34, n.37, 192n.41, 214n.12
Striker, G.　124n.26, 126n.52
Thom, P.　20n.21, 122n.4, 126n.53, 309
Torstrik, A.　190n.24
Vernant, J.-P.　286n.19
Vlastos, G.　191n.31, n.33, n.36

Waterlow, S.　192n.39
Weidemann, H.　24, 64n.5, 65n.13, 67n.29, 69n.44, 71n.78
Whitaker, C. W. A.　20n.23, 26-9, 31-2, 35, 38, 40-2, 44, 46, 51, 57, 60, 65n.14, 66n.24, n27, 68n.34, 69n.50, 71n.78
White, H.　287n.33
Whiting, J.　249n.21, 250n.26, n.27, 251n.34
Wittgenstein, L.　20n.31, 68n.37
Woodruff, P.　286n.13

あ行──
青山拓央　64n.4
アキレウス　173-4, 179, 182, 184
イソップ　251n.32
井上和子　72n.85
岩田靖夫　253-4, 285n.2
ウィトゲンシュタイン　20n.31, 28n.37
ヴィンター　250n.27
植村恒一郎　191n.28
牛田徳子　132-40, 143-4, 148n.2, 149n.12, n.13, n.14, n.15, n.16, n.17, n.18, n.21, 150n.25
内山勝利　192n.40
エンペドクレス　242
オイディプス　256-7, 259
大岡昇平　23
大森荘蔵　192n.42
岡 道男　285n.4, 286n.20

か行──
カー　287n.29
加藤信朗　69n.43, 248n.9
カラー　141, 149n.3
カリアス　48

335

神崎繁　18n.8, 19n.12, 20n.31, 148n.2, 248n.9, 249n.10, 250n.27, 307
ルイス・キャロル　191n.33
桑子敏雄　132-4, 136-7, 139-40, 143-4, 149n.12, n.19, n.20, n.22, 150n.23, n.26, n.27

さ行

シェイクスピア　73
篠憲二　288n.46
シャルチェ　287n.31, n.33, n.39
杉原丈夫　122n.9, 123n.13
スパルタ　219
ゼノン（エレア派の）　22n.45, 141, 150n.24, 172-4, 176, 178-80, 181, 186, 188, 188n.8, 191n.28, n.31, n.33, n.37, 201-2, 207, 210-1, 213n.3
ソクラテス　48, 80, 205, 224-7, 235-7, 245-6, 249n.14
ソポクレス（ソフォクレス）　253-4, 256-7, 268

た行

高田三郎　248n.9
立花幸司　248n.9
田中美知太郎　65n.20, 289
溪内謙　287n.30
タレス　283
丹治信春　124n.31
千葉恵　19n.11
チョムスキー　193, 213n.1
土屋賢二　190n.21
ディオゲネス・ラエルティオス　18n.7
テオグニス　258
デカルト　283
デモクリトス　188n.6, 217
トゥキュディデス（ツキディデス）　23, 286n.27

戸部良一　287n.36
ド・モルガン　68n.41

な行

永井龍男　191n.31
中島敦　253
中畑正志　18n.1, n.8, 19n.12, 20n.27, 250n.29, 307
野家啓一　188n.8, 287n.42
野口武彦　287n.35
野矢茂樹　66n.22, 68n.37

は行

朴一功　248n.9
パルメニデス　141, 258
バンヴェニスト　68n.37
ピンドロス　258
ヒンティカ　85
藤澤令夫　18n.8, 21n.32, n.33, 132-7, 139-40, 142-4, 149n.12, n.14, n.19, 150n.26, 190n.26, 285n.6, 286n.9, n.16, 307
フライ　286n.8
プラトン　133, 141-3, 224, 257-8, 260-3, 267, 269-70, 276
フレーゲ　68n.36
フロイト　254
ブローデル　287n.38
ヘーゲル　271, 286n.27
ヘラクレイトス　258, 279
ヘロドトス　286n.27
ホーキング　288n.47
ボヘンスキー　122n.9, 123n.14
ホメロス　258, 265, 273
堀尾耕一　19n.13
堀米庸三　287n.28
ボルヘス　289

ま行──
松沢哲郎　　129
松永雄二　　65n.20
マルクス　　249
トーマス・マン　　151
ミシェル　　248n.2, 250n.27
宮崎市定　　287n.40
村上春樹　　73
メガラ派　　140, 145

や行──
山川偉也　　191n.28, n.31, n.33, 192n.40
山口義久　　148n.2

ら行──
ライオス　　256
ランケ　　271
リクール　　287n.37, n.43

わ行──
渡辺邦夫　　248n.9

『アリストテレス著作集』出典索引

Categoriae

29, 64n.2, 70n.60, 80
5　4a36-b13　64n.2
10　67n.29

De Interpretatione

2, 17, 23, 26-7, 29, 32, 36, 38-9, 41-2, 47-8, 52, 59, 60-3, 64n.2, n.6, 65n.14, n.20, 66n.21, n.25, n.27, 68n.36, n41, 69n.43, 70n.56, n.60, n61, 71n.70, n.74, 73, 75, 82, 94, 99, 101, 120-1, 122n.3, 131, 149n.6, 204-6, 281-2, 284-5

1　20n.27
　16a2　27
　16a3-9　285
　16a8　60
2　16a20　63
　16b2-3　69n.51
　16b6　63
　16b6-9　69n.51
　16b8　63
　16b12　63
　16b18　63
　16b26　27
4　28, 64n.6
　17a1-2　70n.62
5　39, 66n.21
　17a8　36
　17a8-9　36
　17a11-12　69n.51
　17a24　60, 69n.51
6　39, 41, 53, 60, 66n.21
　17a25-26　37
　17a26-29　39
　17a29-30　60, 69n.51
　17a30-31　32

17a31-35　69n.45
17a32　70n.62
17a32-33　36
17a33-34　39
17a33-35　28
7　29, 32, 34-5, 40-2, 60, 66n.21, n.27
　17b2　60
　17b4　60
　17b6-7　37
　17b7-12　34, 35
　17b16-22　69n.45
　17b18-20　36, 37
　17b20-24　38
　17b23　68n.34
　17b23-24　32
　17b24-26　38, 69n.45
　17b26-29　38, 69n.45
　17b29-32　38
　17b29-34　69n.45
　17b30　32, 70n.56
　17b34-37　66n.26
　17b37-40　69n.45
　18a2-7　36
　18a4-6　37
　18a8-12　40
　18a10　70n.62
8　29, 32-5, 40, 43-4, 66n.25, 68n.34
　18a12　36
　18a14-17　36-7
　18a20-21　33
　18a25　67.n.29
　18a25-26　68n.39
　18a26-27　28, 32, 69n.45, 69n.51
9　16, 18, 23-4, 27-9, 34, 40-1, 43-4, 48, 58
　18a28-34　69n.49

18a28-35	24, 43		19a32-b4	57
18a33-35	69n.49		19a34	70n.65
18a34	51, 70n.62		19a36-39	70n.58
18a34-b25	69n.49		19a36-b2	28
18a35-b4	50		19a38	70n.65
18a37	70n.62		19b1	70n.62
18a37-38	49, 51		19b1-2	28
18b4	49, 51	10	66	
18b5	54		19b27-20a1	68n.40
18b5-7	50		20a39-b3	68n.40
18b5-9	70n.65	11	66, 69n.47, 122n.10	
18b9-16	25		20b22-30	29
18b15-16	50, 70n.65	12	123n.15	
18b16	54	13	74, 123n.15	
18b17-25	52, 68n.35		23a16-17	66n.27
18b24	70n.65	***Analytica Priora***		
18b24-25	51		2, 5- 7, 17, 20n.22, 20n.24, 21n.35,	
18b25-19a6	69n.49		22n.47, 29, 64, 68n.36, 71n.79, 73-6, 78,	
18b26	50, 70n.66		84, 87-8, 90, 92, 94, 97, 100-12, 114-5,	
18b26-29	52		118-21, 122n.3, n.4, 123n.22, 124n.25,	
18b27	70n.62		n.28, 125n.43, 126n.57, 131, 149n.6	
18b27-28	49	A	125n.41	
18b30	70n.65	A 1-7	66n.21	
18b31-33	54	A 1	24a10-11	102
18b35	70n.65		24b22-24	105
18b36-38	65n.12	A 2	25a1-2	112
18b37-38	53	A 3	108	
19a7	26		25a28-29	117
19a7-9	55		25a37-38	117, 127n.61
19a7-22	25, 69n.49		25b14-18	86
19a9-10	54	A 4-7	104	
19a19	70n.65	A 4-22	103	
19a21	55	A 4	25b26-31	102
19a23-24	45, 72n.87		25b32-35	105
19a23-b4	69n.49		26a17-28	125n.44
19a29-32	57	A 5	26b36-38	125n.47
19a30	61	A 6	28a12-14	125n.47

339

A 7   29a31-36   106
A 8-10   104
A 8-12   104
A 8-22   74
A 8   66
   29b29-30   112
   29b 34-35   112
A 9   30a16-17   88
   30a22   78
A 13-22   104
A 13   16, 75, 85
   32a18-20   117, 126n.56
   32a19-20   84, 127n.61
   32a31-32   123n.17
   32a36   123n.16, 127n.61
   32b4-13   95
   32b4-22   95
   32b15-17   124n.27
   32b18-19   126n.51
   32b23-32   113
   32b23-37   79
   32b26   114
   32b28-32   96
   32b31   114
   32b32-36   113
A 14   32b40   113
   32b40-3a1   113
   33a25   126n.56
   33b16-17   123n.16
   33b17   127n.61
   33b21-22   127n.61
   33b23   117
A 15   33b28   117
   33b30   117
   33b33   117
   34a1-33   126n.59
   34a2-3   111

34a19-21   125n.44
34a34-b2   116
34b7-18   118
34b16   127n.61
34b27-28   117
34b36-37   123n.16
35a24   92
A 16   35b30-32   112
   36a5-7   114
   36a15-17   112
   36b9   92
   36b11   92
A 17   85
   37a8-9   123n.16
   37a9-31   85
   37a14-17   125n.48
   37a15-17   85, 117
   37a35-37   85
   37b9-10   123n.16, 127n.61
A 19   38a26-b4   93, 109
   38a35-36   123n.16, 127n.61
A 23   41a23-26   86
A 24   41b29-31   112
A 27   43b1-11   110
A 34   126n.52
Analytica Posteriora
   20n.24, 69n.43, 73, 76, 102-3, 120-1, 141
A 1   71a29   20n.25
A 2   103
A 4   103
   72b12   121
A 6   74b12   127n.61
   75a31   127n.61
B 19   121
Topica
   7, 14, 20n.23, 29, 32, 66n.21, 76

A 5	102a18-30	122n.5
B 4	111a33-b12	21n.42

De Sophisticis Elenchis
    29, 66n.21

Physica
    2, 5, 10-1, 19n.18, 22n.44, 72n.81, n.82, 102, 130, 141, 148, 172, 174, 184-5, 188n.8, 206, 210, 213, 285

A 1	184a10-16	20n.28
	184a23-b14	20n.26, 20n.29
A 2	185a10	172
	185a12-14	173
B 2	194a21-22	19n.16, 286n.17
B 8	199a15-17	19n.16
Γ 1	200b20-21	22n.45
	201a10-11	21n.41, 205
Δ	152, 202, 199	
Δ 10	218a3-8	181
	218a6-7	188n.8
	218a8	153, 188n.8
	218a8-30	150
	218a9	188n.6
	218a11-21	153
	218a25-26	155
	218a25-30	153
	218a31	157
	218b9-20	159, 190n.18
Δ 11	218b21-9a2	159
	219a2-10	159
	219a10-11	164
	219a19	164
	219a19-b2	159
	219a22-30	160, 163
	219a23	189n.11
	219a26-29	160
	219b1-2	22n.44
	219b2	158
	219b2-5	160
	219b6-9	167
	219b12	190n.24
	219b14-15	165
	219b20-21	164
	219b23-25	165
	219b28	165
	219b29	170
	219b33-220a4	167
	220a1-4	184
	220a3-4	189n.14
	220a14-16	167
	220a14-17	189n.12
	220a18-19	169
	220a21-24	164
Δ 12	220a27-32	169
	220a32-b5	190n.18
	220b17	189n.14
	220b18-20	168
	221b2	189n.14
	221b11	189n.14
Δ 13	222a20-22	155
Δ 14	223a25-6	285
	223a19	189n.14
	223a28-29	168
	223a29-b12	190n.18
	223a30	189n.14
	223a33	189n.14
	223b12-4a2	170, 184
	223b14-15	168
E	202, 213n.3	
E 1	189	
	225a1-2	164
E 3	214n.18	
Z	22n.45, 152, 182-4, 187, 213n.3	
Z 1	184, 214n.18	
	231b28-2a1	149n.4, 214n.14

Z 2	172, 175-8, 183, 191n.31		263a15	175
	233a21-31 173		263a17-18 173	
	232b24-25 158		263b6 187	
Z 3	234a24 149n.4, 188n.3		263b9-264a6 193, 213n.3	
	234b8 164		263b9-15 194	
Z 4	234b10-11 184		263b15-21 195	
	235a13-14 22n.45		263b21-26 195	
Z 5	178		263b26-4a1 196	
	235b30-6a7 178		264a1-6 193	
	236a32-b22 178		264a9-11 212	
	236b2-4 22n.45		Θ 10 187	
	236b19 22n.45		266a13-14 22n.45	
Z 6	178		*De Caelo*	
Z 8	192n.38		124n.36	
	239a13-14 192n.38		A 9	278a27-28 97
	239b1-2 181			279a10-11 97
Z 9	172, 175-7, 181, 183, 191n.31			279a15 189n.14
	239b5-40a8 173		A 10	280a2-10 124n.32
	239b8-9 180-1, 188n.8		A 12	97
	239b11-13 191n.32			282a4-13 124n.37
	239b13-14 175			282a28-29 124n.33
	239b22-24 191n.31			282a29-30 124n.34
	239b26 175			282b9-13 124n.37
	239b26-29 191n.31			283a4-5 124n.35
	239b30 190n.27			283a32-b1 125n.38
	239b31-32 180, 188n.8			283b4-5 71n.72
Θ	124n.32, 175, 183			283b13-14 72n.83, 124n.36
Θ 1	251a5-8 183		*Meteorologica*	
	251b12 189n.14		Δ 3	381b6 19n.16
	251b19-20 183		*De Anima*	
	252a12-14 171			18n.6, 20n.27, 214n.16, 284-5
Θ 3	253b5-6 173		A 2	405a19-21 288n.48
	253b27 149n.4, 188n.3		B 2	412a27-28 287n.45
Θ 6	187			413a11-16 20n.26
Θ 7	183		Γ 6	430b4-5 66n.23
Θ 8	172, 175-6, 183, 193, 198		Γ 9	433a1-8 251n.31
	263a4-b9 174			

De Sensu et Sensibilibus

1	436a19-b1	19n.19
7	447a12-14	188n.6
	448b16-9a20	188n.6
	448b19-22	188n.6

Metaphysica

2-4, 18n.10, 69n.43, 70n.60, 131, 141, 144, 149n.6, 206, 253, 267-8

A 1	121	
Γ 1	1003a21	18n.2
Γ 2	1003a33-34	72n.87
Γ 3	1005b19-21	39
Δ 7	122n.10, 130	
	1011b28	66n.23
Δ 25	188n.8	
E	280	
E 1	3	
E 2	130	
Z	13	
Z 1	1	
	1028b2-4	18n.1
Z 3	1028b33-36	21n.40
	1029a2-3	21n.40
	1029a20-21	21n.39
Z 4	1030b10-11	72n.87
Z 7-8	142	
Z 8	1033b32-4a2	286n.24
Z 16	1140b16	72n.87
Θ	130-1, 148n.2	
Θ 3	140	
Θ 6	72n.86, 130, 134-5, 147, 148n.2, 149n.14, 151	
	1048a35-36	149n.5
	1048b7	149n.5
	1048b29	149n.3
Θ 7	13	
	1049a18-20	21n.36
Θ 8	130, 145, 188n.2	

Ethica Nicomachea

2, 5, 19n.18, 218, 220, 225, 229-30, 248n.6, 249n.16

A 2	229	
	1094a24-26	229
	1094a26-27	229
	1094b4-11	229
A 7	1098a20-24	229
A 13	218	
	1102a5-10	219
	1102a10-13	220
B 2	1104a1-2	229
B 3	1104b8-13	224
B 9	245	
Γ 1	1109b34	248n.8
Γ 5	1113b6-14	226
E 8	267	
Z	218	
Z 1	3	
Z 2	1139b5-11	69n.53
Z 3	62	
	1139b15-17	72n.84
H	217-8, 231-2	
H 1	218, 227	
	1145a15	217
	1145b8-12	220
	1145b12-13	235
	1145b12-14	220
	1145b14-17	221
	1145b17-19	221
	1145b19-20	221
H 2	218, 227, 231	
	1145b21-22	225, 251n.32
	1145b25	227
	1145b26-27	225, 235
	1145b26-31	226, 236

	1145b27	227	
	1145b30	251n.32	
	1145b35	249n.12	
	1146a9-16	243	
H 3	218, 227, 235-6, 244, 246, 248n.5		
	1146b7-8	218, 237	
	1146b24-31	238	
	1146b25	251n.32	
	1146b31-35	230	
	1146b31-7b17	238	
	1146b34	239	
	1146b35	239	
	1147a1-2	239	
	1147a2	239	
	1147a3-4	239	
	1147a10-18	236	
	1147a14-18	237	
	1147a18-24	230, 242	
	1147a24	251n.32	
	1147a29	250n.26	
	1147a29-30	250n.26	
	1147a31	250n.26	
	1147a31-34	241	
	1147a32	250n.26	
	1147a32-33	250n.26	
	1147a33	240, 250n.26	
	1147a34	250n.26	
	1147b1	251n.32	
	1147b4	251n.32	
	1147b6-7	249n.20	
	1147b6-9	241	
	1147b13-17	249n.14, 242	
	1147b18	246, 251n.32	
H 4	249n.19		
	1147b21-23	249n.12	
H 7	1147b6-7	231	
H 8	1150b19-28	249n.21	

	1150b29-31	243	
H 10	249n.15		
	1152a20-21	219, 247	
K	19n.17, 147, 228-9, 232		
K 3	130, 134, 151		
K 4	130, 134, 151		
	1174a14-15	188n.4	
	1174b4	149n.3	
	1174b5-6	188n.4	
	1174b9	188n.4	
K 9	230, 232		
	1179a33-35	229	
	1179a35-b4	230	
	1179b4	249n.16	
	1179b7-20	230	
	1179b20	249n.16	
	1179b20-80a5	233	
	1180a1-4	228	
	1180a15	249n.16	
	1181b15-23	234	

Ethica Eudemia
  248n.6

Politica
  20n.26, 218, 220
A 2   234
E 9   1310a12-38   249n.18

Rhetorica
  19n.13, 20n.23
A 1   4
  1355a4-5   19n.13
  1355a8   19n.13
A 2   4, 127n.61
  1355b31-34   19n.13
  1356a32-33   19n.14
A 3   21n.43
A 8   20n.27
B 19   21n.43

出典索引

Poetica
2, 4, 5, 19n.15, 248, 253-9, 261, 264-70, 272, 274-9, 281, 285n.7, 286n.13, n.14, n.27

3	272	
4	272	
5	253	
	1449b12-13	285n.1
	1449b13	279
6	1449b24	262
	1449b24-25	286n.11
	1449b36	262
	1450a3-4	262
	1450a4	19n.15
	1450a4-5	262, 286n.25
	1450a15	266
	1450a16-17	262
	1450a22-23	266
	1450a23-25	266
	1450a38-39	263
	1450a39	266
8	1451a31	19n.15
	1451a33-34	263
9	1451a36-b7	261
	1451a37-38	263
	1451b2	286n.27
	1451b10-11	286n.27
	1451b15-23	273
	1451b27-29	263
	1451b29	19n.15
	1451b29-32	262
	1451b30-32	272
11	265	
13	267	
14	1453b10-14	286n.15
15	1454b7	265
23	1459a18-21	277
	1459a19-20	287n.41
	1459a20-21	263
	1459a21-24	278
	1459a25-26	286n.27
25	1460b33-34	268

345

＜著者略歴＞

篠澤　和久（しのざわ・かずひさ）
1956 年宮城県生まれ。1988 年、東北大学大学院文学研究科博士課程単位取得退学。
博士（文学）。専門はギリシャ哲学。
山形大学人文学部准教授を経て、現在、東北大学大学院情報科学研究科准教授。
主な著書：
『高校倫理からの哲学』（共著、岩波書店、2012 年）、
『倫理学の地図』（共編著、ナカニシヤ出版、2010 年）、
『人文社会情報科学入門』（共編著、東北大学出版会、2009 年）など。

アリストテレスの時間論
Aristotle's Theory of Time
　　　　　　　　　©Kazuhisa Shinozawa, 2017

2017 年 12 月 26 日　初版第 1 刷発行

著　者　篠澤 和久
発行者　久道 茂
発行所　東北大学出版会
　　　　〒980-8577　仙台市青葉区片平 2-1-1
　　　　TEL：022-214-2777　FAX：022-214-2778
　　　　http://www.tups.jp　E-mail：info@tups.jp

印　刷　社会福祉法人　共生福祉会
　　　　萩の郷福祉工場
　　　　〒982-0804　仙台市太白区鈎取御堂平 38
　　　　TEL：022-244-0117　FAX：022-244-7104

ISBN978-4-86163-290-7　C3031
定価はカバーに表示してあります。
乱丁、落丁はおとりかえします。

JCOPY　＜出版者著作権管理機構 委託出版物＞
本書の無断複製は著作権法上での例外を除き禁じられています。複製される場合は、そのつど事前に、出版者著作権管理機構（電話 03-3513-6969、FAX 03-3513-6979、e-mail: info@jcopy.or.jp）の許諾を得てください。